Vorfeldermittlungen im Spannungsverhältnis von Rechtsstaat und der Bekämpfung Organisierter Kriminalität

Europäische Hochschulschriften
Publications Universitaires Européennes
European University Studies

Reihe II
Rechtswissenschaft

Série II Series II
Droit
Law

Bd./Vol. 2609

PETER LANG
Frankfurt am Main · Berlin · Bern · New York · Paris · Wien

Corinne Hoppe

Vorfeldermittlungen im Spannungsverhältnis von Rechtsstaat und der Bekämpfung Organisierter Kriminalität

PETER LANG
Europäischer Verlag der Wissenschaften

Die Deutsche Bibliothek - CIP-Einheitsaufnahme

Hoppe, Corinne:

Vorfeldermittlungen im Spannungsverhältnis von Rechtsstaat und der Bekämpfung organisierter Kriminalität / Corinne Hoppe. - Frankfurt am Main ; Berlin ; Bern ; New York ; Paris ; Wien : Lang, 1999
(Europäische Hochschulschriften : Reihe 2, Rechtswissenschaft ; Bd. 2609)
Zugl.: Hamburg, Univ., Diss., 1998
ISBN 3-631-34073-7

D 18
ISSN 0531-7312
ISBN 3-631-34073-7

Meinen Eltern

Vorwort

Die vorliegende Arbeit wurde im März 1998 abgeschlossen und im Sommersemester 1998 vom Fachbereich Rechtswissenschaft I der Universität Hamburg als Dissertation angenommen.

Mein ganz besonderer Dank gilt Herrn Prof. Dr. Dr. h.c. Ingo von Münch für die Betreuung der Arbeit sowie für die rasche Erstellung des Erstgutachtens. Auch dem Zweitgutachter, Herrn Prof. Dr. Gerhard Fezer, schulde ich Dank für die besonders zügige Begutachtung der Arbeit.

Unverzichtbar für die Entstehung der Arbeit waren vor allem die verläßliche Unterstützung, wertvolle Beiträge und die ständige Diskussionsbereitschaft von Hendrik Pressmar, dem mein herzlichster Dank gilt.

Für zahlreiche wichtige und hilfreiche Anregungen und Hinweise sowie auch für die moralische Unterstützung danke ich Dr. rer. pol. Heidrun Hoppe und Julia Titze, LL.M. Auch Adrian Teetz, M.A. schulde ich Dank für seinen Beitrag zum Gelingen der Arbeit.

Hamburg, im Dezember 1998 Corinne Hoppe

Inhaltsverzeichnis

Abkürzungsverzeichnis

a. A.	anderer Ansicht
aaO.	am angegeben Ort
Abs.	Absatz
AE PolG	Alternativentwurf einheitlicher Polizeigesetze des Bundes und der Länder
AK	Alternativkommentar
ALR	Allgemeines Landrecht für die Preußischen Staaten
Alt.	Alternative
Art.	Artikel
AöR	Archiv des öffentlichen Rechts
ASOG Bln	Allgemeines Gesetz zum Schutz der öffentlichen Sicherheit und Ordnung in Berlin
Aufl.	Auflage
AuslG	Ausländergesetz
BA	Bundesarchiv Koblenz
BayPAG	Bayerisches Polizeiaufgabengesetz
BayVBl.	Bayerische Verwaltungsblätter
BayVerfGH	Bayerischer Verfassungsgerichtshof
BayVerfSchG	Bayerisches Verfassungschutzgesetz
BayVGH	Bayerischer Verwaltungsgerichtshof
BB	Betriebsberater
Bd.	Band
Bearb.	Bearbeiter
BGBl.	Bundesgesetzblatt
BGH	Bundesgerichtshof
BGHSt	Amtliche Sammlung der Entscheidungen des Bundesgerichtshofs in Strafsachen
BGSG	Bundesgrenzschutzgesetz
BK	Bonner Kommentar
BKA	Bundeskriminalamt
BKAG	Gesetz über die Errichtung eines Bundeskriminalpolizeiamtes
Bl.	Blatt
BremPolG	Bremisches Polizeigesetz
BT-Dr.	Bundestagsdrucksache
BundesG	Bundesgesetz
BVerfG	Bundesverfassungsgericht
BVerfGE	Amtliche Sammlung der Entscheidungen des Bundesverfassungsgerichts
BVerfSchG	Bundesverfassungsschutzgesetz

BVerwG	Bundesverwaltungsgericht
BVerwGE	Amtliche Sammlung der Entscheidungen des Bundesverwaltungsgerichts
bzw.	beziehungsweise
CDU	Christdemokratische Union
cilip	Polizei und Bürgerrechte
CR / CuR (bis 1986)	Computer und Recht
ders.	derselbe
d.h.	das heißt
dies.	dieselbe
Diss.	Dissertation
DJ	Deutsche Justiz
DÖV	Die Öffentliche Verwaltung
DRiZ	Deutsche Richterzeitung
DuD	Datenverarbeitung und Datenschutz
DuR	Demokratie und Recht
DVBl.	Deutsches Verwaltungsblatt
DVR	Datenverarbeitung im Recht
DVWG	Deutsche Verwaltungsgeschichte
ebda.	ebenda
EMRK	(Europäische) Konvention zum Schutze der Menschenrechte und Grundfreiheiten
etc.	et cetera
EuGRZ	Europäische Grundrechte-Zeitschrift
Europol	Europäische Polizeiorganisation
f., ff.	folgend(e)
Fn.	Fußnote
G 10	Gesetz zur Beschränkung des Brief-, Post und Fermeldegeheimnisses
GA	Goldtammer's Archiv für Strafrecht
gem.	gemäß
GG	Grundgesetz
GVBl.	Gesetz- und Verordnungsblatt
HambPolDVG	Hamburger Gesetz über die Datenverarbeitung der Polizei
HbdPolR	Handbuch des Polizeirechts
HbdStR	Handbuch des Staatsrecht
HbdVerfR	Handbuch des Verfassungsrechts
HSOG	Hessisches Gesetz über die Sicherheit und Ordnung
Hrsg.	Herausgeber
i. Erg.	im Ergebnis
i.V.m.	in Verbindung mit
JA	Juristische Arbeitsblätter
JR	Juristische Rundschau

Jura	Juristische Ausbildung
JuS	Juristische Schulung
JW	Juristische Wochenschrift
JZ	Juristenzeitung
Kap.	Kapitel
KJ	Kritische Justiz
KrimJour	Kriminologisches Journal
KritV	Kritische Vierteljahresschrift für Gesetzgebung und Rechtswissenschaft
LKV	Landes- und Kommunalverwaltung
LS	Leitsatz
LVwG SH	Landesverwaltungsgesetz von Schleswig-Holstein
MDR	Monatsschrift für Deutsches Recht
ME PolG	Musterentwurf eines einheitlichen Polizeigesetzes des
Bundes	und der Länder
m.w.N.	mit weiteren Nachweisen
NGefAG	Niedersächsisches Gefahrenabwehrgesetz
NJW	Neue Juristische Wochenschrift
Nr.	Nummer
NS	Nationalsozialismus
NStZ	Neue Zeitschrift für Strafrecht
NVwZ	Neue Zeitschrift für Verwaltungsrecht
NWVBl.	Nordrhein-Westfälische Verwaltungsblätter
o.	oben
OK	Organisierte Kriminalität
OLG	Oberlandesgericht
OrgKG	Gesetz zur Bekämpfung des illegalen Rauschgifthandels und anderer Erscheinungsformen der Organisierten Kriminalität
OVG	Oberverwaltungsgericht
OVGE	Amtliche Sammlung der Entscheidungen des preußischen Oberverwaltungsgerichts sowie der Oberverwaltungsgerichte Lüneburg und Münster
PolG Bbg	Polizeigesetz von Brandenburg
PolG RP	Polizeigesetz von Rheinland-Pfalz
PolG BW	Polizeigesetz von Baden-Württemberg
PolG NW	Polizeigesetz von Nordrhein-Westfalen
preuß.	preußisch
PrPVG	Preußisches Polizeiverwaltungsgesetz
RGBl.	Reichsgesetzblatt
RGSt	Amtliche Sammlung des Reichsgerichts in Strafsachen
Rn.	Randnummer
RuP	Recht und Politik

S., s.	Seite, Satz, siehe
SächsPolG	Sächsisches Polizeigesetz
SächsVerfGH	Sächsischer Verfassungsgerichtshof
SächsVBl.	Sächsische Verwaltungsblätter
sog.	sogenannte(r)
SOG LSA	Gesetz über die öffentliche Sicherheit und Ordnung des Landes Sachsen-Anhalt
SOG MV	Gesetz über die öffentliche Sicherheit und Ordnung in Mecklenburg-Vorpommern
SPD	Sozialdemokratische Partei Deutschlands
SPolG	Saarländisches Polizeigesetz
StGB	Strafgesetzbuch
StPO	Strafprozeßordnung
std. Rspr.	ständige Rechtsprechung
StV / StrafVert (bis 1986)	Strafverteidiger
SZ	Süddeutsche Zeitung
ThürPAG	Thüringisches Polizeiaufgabengesetz
Univ.	Universität
VE ME PolG	Vorentwurf zur Änderung des Musterentwurfs eines einheitlichen Polizeigesetzes des Bundes und der Länder
VerwArch	Verwaltungsarchiv
VG	Verwaltungsgericht
VGH	Verwaltungsgerichtshof
vgl.	vergleiche
Vorb.	Vorbemerkung
VwBl.	Verwaltungsblatt
z.B.	zum Beispiel
ZRP	Zeitschrift für Rechtspolitik
ZStW	Zeitschrift für die gesamte Strafrechtswissenschaft

Einleitung

A. Gegenstand der Untersuchung

Die Diskussion um Strategien für eine wirksame Bekämpfung der sog. Organisierten Kriminalität ist seit Jahren mit unverminderter Intensität in Gang. Zwar besteht sowohl über die Erscheinungsformen Organisierter Kriminalität in Deutschland als auch über das Ausmaß der durch sie hervorgerufenen Bedrohung für Staat und Bürger Uneinigkeit[1]. Dessen ungeachtet werden in Politik und Öffentlichkeit sowie vor allem von Seiten der Polizei immer neue Forderungen hinsichtlich einer Ausweitung bestehender Befugnisse und einer Effektivierung des Kampfes gegen diese Erscheinungsform des Verbrechens erhoben. Erwähnt seien hier die Einführung des Einsatzes technischer Mittel zur akustischen Überwachung von Wohnungen, des sog. großen Lauschangriffs[2], nach vorangegangener kontroverser Diskussion[3], der Erlaß von Gesetzen, welche die Bekämpfung der Organisierten Kriminalität betreffen[4], sowie die Überlegungen zu einer Erweiterung der Befugnisse der Nachrichtendienste auf den Bereich der Straftataufklärung[5].

Das „Gesetz zur Bekämpfung des illegalen Rauschgifthandels und anderer Erscheinungsformen der organisierten Kriminalität (OrgKG)“[6], durch das neben Än-

---

[1] Vgl. z.B. die Angaben des Bundesinnenministers Manfred Kanther, der von einer „rasanten Entwicklung der Organisierten Kriminalität“ spricht und nach dessen Ansicht die Profite der Organisierten Kriminalität in Deutschland und in Europa ein „ungeheures Machtpotential“ darstellen, SZ Nr. 124 vom 3.6.1997, S. 6; dagegen warnt der Frankfurter Generalstaatsanwalt Christoph Schaefer auf der Tagung der Deutschen Sektion der Internationalen Juristen-Kommission über „Organisierte Kriminalität und Verfassungsstaat“ im September 1997 vor einer „Panikmache“ und der Darstellung eines „Schreckensszenarios“, SZ Nr. 218 vom 22.9.1997, S. 4.

[2] Vgl. § 100 c I Nr. 3 StPO, eingefügt durch das Gesetz zur Verbesserung der Bekämpfung der Organisierten Kriminalität vom 4.5.1998 (BGBl. I, 845) sowie Art. 13 Abs. 3, geändert durch das Gesetz zur Änderung des Grundgesetzes (Artikel 13) vom 26.3.1998 (BGBl. I, 610).

[3] S. z.B. die Berichte und Interviews in: Der Spiegel, Nr. 7 / 9.2.1998, S. 22 ff.

[4] Gesetz zur Bekämpfung des illegalen Rauschgifthandels und anderer Erscheinungsformen der organisiserten Kriminalität vom 15.9.1992 (BGBl. 1992 I, S. 1302) und Gesetz zur Verbesserung der Bekämpfung der Organisierten Kriminalität vom 4.5.1998 (BGBl. 1998 I, S. 845).

[5] Bayern hat bereits sein Verfassungsschutzgesetz dahingehend geändert, daß auch die Beobachtung der Organisierten Kriminalität Aufgabe des bayerischen Nachrichtendienstes sein soll; vgl. Gesetz zur Änderung des BayVerfSchG vom 8.7.1994, GVBl. 1994, 551; dazu Koch, ZRP 1995, S. 24 ff.

[6] BGBl. 1992 I, S. 1302.

derungen des Strafgesetzbuches und des Betäubungsmittelgesetzes Vorschriften über die Rasterfahndung, den Einsatz technischer Mittel zur Überwachung und Aufzeichnung im Strafverfahren sowie den Einsatz Verdeckter Ermittler in die Strafprozeßordnung eingefügt wurden, trat am 15.9.1992 in Kraft. Am 26.3.1998 wurde Art. 13 Abs. 3 GG dahingehend geändert, daß der Einsatz technischer Mittel zur akustischen Überwachung von Wohnungen unter bestimmten Voraussetzungen richterlich angeordnet werden darf[7]. Schließlich folgte der Erlaß des „Gesetzes zur Verbesserung der Bekämpfung der Organisierten Kriminalität", in welchem u.a. durch Änderung des § 100 c StPO in Absatz 1 Nummer 3 der Vorschrift die Zulässigkeit des sog. großen Lauschangriffs geregelt wurde.

Auch die Polizeigesetze der Länder haben in jüngster Zeit Rechtsgrundlagen für verschiedene Formen der verdeckten Informationserhebung geschaffen. Insbesondere haben die novellierten Polizeigesetze im Anschluß an den Vorentwurf zur Änderung des Musterentwurfes eines einheitlichen Polizeigesetzes des Bundes und der Länder aus dem Jahre 1986 (VE ME PolG)[8] Maßnahmen zur „vorbeugenden Bekämpfung von Straftaten" aufgenommen. Es handelt sich dabei um Befugnisse zur Datenerhebung und -verarbeitung, die im sog. Vorfeld einer Gefahr bzw. eines Verdachts angesiedelt sind. Die Besonderheit dieser Maßnahmen liegt daher darin, daß weder der traditionelle Begriff der Gefahrenabwehr im Sinne des Polizeirechts, noch der Begriff der Strafverfolgung im Sinne des Strafprozeßrechts sie zutreffend zu umschreiben vermögen; denn während die Gefahrenabwehr traditionell an das Vorliegen einer Gefahrenlage und die Strafverfolgung an einen Tatverdacht gebunden ist, hat sich der Bereich der vorbeugenden Bekämpfung von Straftaten von diesen beiden Eingriffsschwellen gelöst. Als Voraussetzung dieser Eingriffsbefugnisse ist weder eine konkrete Gefahrenlage noch ein Tatverdacht im Sinne der Strafprozeßordnung normiert. Dennoch weisen Maßnahmen zur vorbeugenden Bekämpfung von Straftaten durchaus einen Bezug sowohl zum repressiven als auch zum präventiven Aufgabenbereich der Polizei auf. Trotz einer gesetzlichen Regelung in den Länderpolizeigesetzen und der offenbar dahinterstehenden Entscheidung des Gesetzgebers, die vorbeugende Bekämpfung von Straftaten der Prävention zuzuordnen, scheinen mehr Fragen offen geblieben, als abschließend geklärt zu sein. Nicht nur über die Zuordnung der

---

7 Durch das Gesetz zur Änderung des Grundgesetzes (Artikel 13) vom 26.3.1998, BGBl. 1998 I, S. 610.

8 Abgedruckt bei Kniesel/Vahle, VE ME PolG.

Vorfeldermittlungsmaßnahmen zur Prävention oder zur Repression besteht Streit, auch die Zulässigkeit derartiger Maßnahmen schlechthin wird kontrovers diskutiert.

B. Gang und Zielsetzung der Untersuchung

Die vorliegende Arbeit befaßt sich mit den rechtlichen Problemen, die im Zusammenhang mit der vorbeugenden Bekämpfung von Straftaten stehen.

Im ersten Teil der Arbeit werden die Grundzüge der neuen polizeilichen Informationserhebungsbefugnisse dargestellt. Die Arbeit beschränkt sich dabei auf eine Betrachtung derjenigen Maßnahmen, die die unmittelbare Datenerhebung betreffen. Regelungen über die weitere Datenverarbeitung, wie Datenabgleich oder andere Formen der Kombination und Auswertung erhobener Daten mit Hilfe der elektronischen Datenverarbeitung, sowie über die Speicherung und Aufbewahrung erhobener Daten, sollen hier außer acht bleiben. Zwar besteht ein enger Zusammenhang zu den in dieser Arbeit erörterten Problemen. Auch sollen drohende Freiheitsgefährdungen durch diese Formen der Datenverarbeitung nicht geleugnet werden. Aber die Frage nach der Aufbewahrung und Weiterverwendung erhobener Daten wirft spezifische Rechtsprobleme datenschutzrechtlicher Art auf[9]. Die Zulässigkeit der Speicherung von Daten und die Verfügungsbefugnisse über diese Daten müßten daher von einem anderen Blickwinkel aus betrachtet werden. Um so eine Konzentration auf die Rechtsprobleme der Vorfeldermittlungen zu ermöglichen, soll die Arbeit daher insoweit eingegrenzt werden.

Anhand der Darstellung der „herkömmlichen" Aufgabenbereiche der Polizei - Gefahrenabwehr und Strafverfolgung - wird untersucht, ob und inwiefern sich der Aufgabenbereich „vorbeugende Bekämpfung von Straftaten" von diesen unterscheidet. Sodann wird herausgearbeitet werden, daß der Bereich der vorbeugenden Bekämpfung von Straftaten im Vergleich zu den „herkömmlichen" polizeilichen Aufgaben tatsächlich etwas substantiell anderes darstellt. Dieses Ergebnis gibt Anlaß, die richtige systematische Zuordnung der vorbeugenden Bekämpfung von Straftaten im folgenden zu diskutieren.

---

[9] S. dazu etwa Wolter, GA 1988, S. 49 ff.; Denninger, in: Hohmann (Hrsg.), Freiheitssicherung durch Datenschutz, S. 127 ff.

Diese Diskussion bildet den Inhalt des zweiten Teils der Arbeit. Im Anschluß an die Darstellung der bislang zu dieser Problematik vertretenen Auffassungen soll im Lichte der geschichtlichen Entwicklung der „vorbeugenden Verbrechensbekämpfung", die bereits in der Weimarer Republik ihren Ausgangspunkt hat, eine kritische Würdigung der vertretenen Thesen vorgenommen werden. Diese wird zeigen, daß lediglich ein Teilbereich der vorbeugenden Bekämpfung von Straftaten, nämlich die Verhütung von Straftaten im Vorfeld einer Gefahr, nicht jedoch die Vorsorge für die Verfolgung künftiger Straftaten, für zulässig erachtet werden kann.

Es wird sodann dargelegt, daß die Maßnahmen zur Verhütung von Straftaten im Vorfeld einer Gefahr als Abwehr neuartiger Gefahren unter den polizeirechtlichen Gefahrenbegriff zu fassen sind. Um diese Maßnahmen jedoch in die Systematik des Gefahrenbegriffs einzugliedern, wird hier vorgeschlagen, den anerkannten Gefahrenarten die neue Kategorie des „Verdachts einer abstrakten Gefahr" als Unterfall der polizeirechtlichen Gefahr im herkömmlichen Sinne zur Seite zu stellen.

Im dritten Teil der Arbeit soll der Versuch unternommen weden, die inhaltlichen Anforderungen, die an Maßnahmen der vorbeugenden Bekämpfung von Straftaten gestellt werden müssen, zu konkretisieren. Es wird gezeigt werden, daß die bestehenden Regelungen in wesentlichen Teilen Bedenken hinsichtlich einer Vereinbarkeit mit dem Grundsatz der Verhältnismäßigkeit sowie dem Bestimmtheitsgebot ausgesetzt sind. Vorgeschlagen werden daher Begrenzungen und Präzisierungen sowohl hinsichtlich des sachlichen als auch des personellen Anwendungsbereiches der vorbeugenden Bekämpfung von Straftaten. Diese Begrenzungen sollen insbesondere mit einem Blick auf die Bekämpfung der Organisierten Kriminalität erfolgen. Abschließend werden die absoluten verfassungsrechtlichen Grenzen des erwähnten Abwägungsvorganges aufgezeigt.

1. Teil: Vorfeldermittlungen und Gefahrenabwehr

A. Begriffsklärung: „Vorbeugende Bekämpfung von Straftaten“ und „Vorfeldermittlungen“

Die Formulierung „vorbeugende Bekämpfung von Straftaten“ taucht erstmalig im Musterentwurf eines einheitlichen Polizeigesetzes des Bundes und der Länder vom 25.11.1977 (ME PolG)[10] auf, nachdem der neugefaßte § 5 Abs. 1 BKAG[11] noch von „vorbeugender Verbrechensbekämpfung“ sprach[12]. Nach § 10 Abs. 1 Nr. 2 ME PolG können erkennungsdienstliche Maßnahmen zum Zweck der „vorbeugenden Bekämpfung von Straftaten“ vorgenommen werden. Der Vorentwurf zur Änderung des ME PolG vom 12.3.1986 (VE ME PolG)[13] übernimmt diese Formulierung und liefert in § 1 Abs. 1 S. 2 eine Legaldefinition. Danach hat die Polizei im Rahmen der Aufgabe der Gefahrenabwehr „auch für die Verfolgung von Straftaten vorzusorgen und Straftaten zu verhüten (vorbeugende Bekämpfung von Straftaten) sowie Vorbereitungen zu treffen, um künftige Gefahren abwehren zu können (Vorbereitung auf die Gefahrenabwehr)“. Hieraus wird zunächst deutlich, daß die Vorbereitung auf die Gefahrenabwehr[14], aus dem Bereich der vorbeugenden Bekämpfung von Straftaten ausgeklammert ist. Aus diesem Grunde soll sie im folgenden auch keine Berücksichtigung finden. Deutlich wird aber auch, daß die vorbeugende Bekämpfung von Straftaten aus zwei Teilen besteht: zum einen aus der Vorsorge für die Verfolgung künftiger Straftaten und zum anderen aus der Verhütung künftiger Straftaten. Die vorbeugende Bekämpfung von Straftaten ist Tatbestandsmerkmal einer ganzen Reihe von Eingriffsermächtigungen zur polizeilichen Datenverarbeitung im VE ME PolG. Dies erfolgt entweder

[10] Abgedruckt bei Heise/Riegel.

[11] In der Fassung des Bundeskriminalamtgesetzes vom 29.6.1973 (BGBl. I, S. 704); geändert durch Gesetz vom 2.3.1974 (BGBl. I, S. 469) und durch Gesetz vom 9.12.1974 (BGBl. I, S. 3393); der Entwurf 1994 eines Bundeskriminalamtgesetzes, Stand 14.12.1994, hat den Begriff der „vorbeugenden Verbrechensbekämpfung“ allerdings aufgegeben und spricht stattdessen von der „Verhütung und Verfolgung von Straftaten“.

[12] Zum Übergang von der Formulierung „vorbeugende Verbrechensbekämpfung“ zum Ausdruck „vorbeugende Bekämpfung von Straftaten“ vgl. Rachor, S. 10 ff.

[13] Abgedruckt bei Kniesel/Vahle, VE ME PolG.

[14] Hier verstanden als „Gefahrenvorsorge“ im Sinne „Vorsorge für die Abwehr zukünftiger Gefahren“; vgl. zum Begriff der „Gefahrenvorsorge“ und unterschiedlichem Begriffsverständnis vor allem auch Weßlau, S. 131 ff.; Kniesel/Tegtmeyer/Vahle, Rn. 28 ff.; Loschelder, Der Staat 1981, S. 354 ff.; Staats, DÖV 1979, S. 159 ff.; Scholz/Pitschas, S. 170 ff.

unmittelbar durch ausdrückliche Erwähnung der vorbeugenden Bekämpfung von Straftaten[15] oder aber durch Verweis auf die Aufgabennorm[16].

Die neueren Länderpolizeigesetze haben die vorbeugende Bekämpfung von Straftaten in unterschiedlicher Weise geregelt. Eine Reihe von Polizeigesetzen bieten ähnlich wie der VE ME PolG eine Legaldefinition der vorbeugenden Bekämpfung von Straftaten in der generellen Aufgabennorm. Inhaltlich bestehen allerdings Unterschiede: Teilweise wird der Legaldefinition des VE ME PolG gefolgt, und die Vorsorge für die Verfolgung künftiger Straftaten wird ebenso unter die vorbeugende Bekämpfung von Straftaten gefaßt wie die Verhütung von Straftaten[17]. Teilweise beschränkt die Legaldefinition aber die vorbeugende Bekämpfung von Straftaten auf die Verhütung von (zu erwartenden) Straftaten[18]. Zum Teil erscheint die vorbeugende Bekämpfung von Straftaten weder in der Aufgabennorm noch in der Generalklausel, sondern lediglich in speziellen Tatbeständen der Datenerhebung[19]. Aber auch die Polizeigesetze, welche die vorbeugende Bekämpfung von Straftaten in der generellen Aufgabennorm erwähnen, haben diese Formulierung in die Tatbestände von Datenerhebungsbefugnissen aufgenommen[20].

Bei den polizeirechtlichen Maßnahmen zur vorbeugenden Bekämpfung von Straftaten handelt es sich ausnahmslos um Maßnahmen der Datenverarbeitung in den Formen der Datenerhebung, -speicherung, -veränderung, -nutzung sowie -übermittlung und des Datenabgleichs[21]. Es geht also um die Beschaffung und Verwendung von Informationen. Daher hat das Polizeirecht sich mit den vorgenommenen Novellierungen „in großen Teilen zu einem Informations- und Ermittlungsrecht

---

[15] So in §§ 8 a Abs. 2; 8 c Nr. 2; 8 d Abs. 1; 10 Abs. 1 Nr. 2; 10 a Abs. 3 und Abs. 4 VE ME PolG.

[16] So in §§ 10 a Abs. 1; 10 c Abs. 1, Abs. 3, Abs. 4 und Abs. 7; 10 e Abs. 1 S. 2 VE ME PolG.

[17] So in § 1 Abs. 1 S. 2 PolG NW; § 1 Abs. 3 ASOG Bln; § 1 Abs. 1 S. 2 PolG Bbg; § 7 Abs. 1 Nr. 4 SOG MV; § 1 Abs. 1 S 2 NGefAG; § 1 Abs. 1 S. 3 PolG RP; § 1 Abs. 1 Nr. 2 SächsPolG; § 1 Abs. 1 ThürPAG.

[18] So in § 1 Abs. 4 HSOG; § 2 Abs. 1 SOG LSA; auch in § 1 Abs. 5 BGSG.

[19] So in § 20 Abs. 3, § 22 Abs. 2 und 3 PolG BW; § 27 ff. BremPolG; § 26 Abs. 2, § 28 f. SPolG; § 185 Abs. 2 LVwG SH.

[20] §§ 25 ff. ASOG Bln; §§ 29 ff. PolG Bbg; §§ 15 ff. HSOG; § 33 SOG MV; §§ 34 ff. NGefAG; §§ 16 ff.; PolG NW; §§ 25 a ff. PolG RP; §§ 39 ff. SächsPolG; § 17 f.; SOG LSA; §§ 34 ff. ThürPAG.

[21] Vgl. Rachor, S. 21: „Vorbeugende Bekämpfung von Straftaten ist Datenverarbeitung"; Warschko, S. 5.

gewandelt“[22]. Informationelle polizeiliche Befugnisse sind immer mehr in den Mittelpunkt polizeilicher Tätigkeit gerückt.

Nicht die informationellen Befugnisse der Polizei im allgemeinen, sondern die „vorbeugende“ informationelle Tätigkeit steht hier aber im Mittelpunkt der Betrachtung. Die Bekämpfung von Straftaten erfolgt insofern „vorbeugend“, als nicht mehr an das Vorliegen einer konkreten Gefahr oder aber eines Anfangsverdachts im Sinne der Strafprozeßordnung angeknüpft wird. Die Eingriffsschwelle wird zeitlich vorverlegt. Auf diese Weise wird das „Vorfeld“ der Gefahr bzw. des Verdachts als polizeilicher Handlungsspielraum eröffnet. Daher werden die Informationserhebungsmaßnahmen, die der vorbeugenden Bekämpfung von Straftaten dienen, auch als „Vorfeldermittlungen“ bezeichnet.

„Vorbeugend“ ist die Bekämpfung von Straftaten aber auch in dem Sinne, daß es sich um „künftige“ Straftaten handelt. Bekämpft werden sollen Straftaten, deren Begehung in der - näheren oder ferneren - Zukunft liegt.

B. Darstellung einzelner im Vorentwurf zur Änderung des Musterentwurfs eines einheitlichen Polizeigesetzes des Bundes und der Länder vorgesehenen Maßnahmen zur vorbeugenden Bekämpfung von Straftaten

Die neuen Länderpolizeigesetze orientieren sich weitgehend an den im Vorentwurf zur Änderung des Musterentwurfs eines einheitlichen Polizeigesetzes des Bundes und der Länder (VE ME PolG) vorgeschlagenen Regelungen[23].

Wegen des Mustercharakters des VE ME PolG für die Länderpolizeigesetze soll daher anhand der hier vorgeschlagenen Regelungen zunächst eine kurze Darstellung der einzelnen zur vorbeugenden Bekämpfung von Straftaten vorgesehenen Maßnahmen erfolgen.

---

[22] Peitsch, Die Polizei 1991, S. 308.

[23] Vgl. Denninger, in: Lisken/Denninger (Hrsg.), HbdPolR, Kap., E, Rn. 156 ff.

I. Datenerhebung zur vorbeugenden Bekämpfung von Straftaten nach § 8 a Abs. 2 VE ME PolG (informationsrechtliche Grundnorm)

Die in § 8 a Abs. 2 VE ME PolG getroffene Regelung stellt die informationsrechtliche Grundnorm für die vorbeugende Bekämpfung von Straftaten dar[24]. Danach kann die Polizei personenbezogene Daten erheben, wenn dies „aufgrund tatsächlicher Anhaltspunkte erfahrungsgemäß zur vorbeugenden Bekämpfung von Straftaten erforderlich ist". In Nr. 1 bis 4 der Regelung werden die Personenkreise, bei denen eine Datenerhebung möglich sein soll, umschrieben.

Nach § 8 a Abs. 2 Nr. 1 VE ME PolG kann die Polizei personenbezogene Daten von Personen erheben, bei denen Anhaltspunkte bestehen, daß sie künftig Straftaten begehen werden. Nr. 2 regelt die Datenerhebung von Kontakt- und Begleitpersonen der in Nr. 1 genannten Personen, weitet den Kreis der möglichen Betroffenen demnach schon in erheblichem Maße aus.

In Nr. 3 der Vorschrift wird die Befugnis ausgesprochen, Daten bei Personen, bei denen Anhaltspunkte bestehen, daß sie Opfer von Straftaten werden, zu erheben, während Nr. 4 auch Zeugen, Hinweisgeber oder sonstige Auskunftspersonen in den möglicherweise von einer Datenerhebung betroffenen Personenkreis einbezieht. Die Umschreibung dieses Personenkreises geht somit weit über die herkömmlichen Begrenzungen für derartige Eingriffe auf Störer bzw. Notstandspflichtige oder aber Verdächtige im Sinne der Strafprozeßordnung hinaus.

Die „tatsächlichen Anhaltspunkte", deren Vorliegen Voraussetzung der Datenerhebung nach § 8 a Abs. 2 VE ME PolG sein soll, müssen sich noch nicht zu einer konkreten Gefahr der Begehung einer Straftat verdichtet haben. Die Anforderungen, die an diese tatsächlichen Anhaltspunkte gestellt werden, sind in der Begründung zum VE ME PolG formuliert. Danach brauchen die Hinweise „nicht so konkret zu sein, daß die näheren Umstände der geplanten Straftat (wie Tatbeteiligte, Opfer, Zeit und Ort) schon ganz genau bekannt sind"[25]. Ausreichend ist hier demnach bereits das bloße Risiko, daß eine Straftat begangen werden soll[26].

Daraus wird deutlich, daß die Regelung Eingriffe durch Datenerhebungen bereits weit im Vorfeld einer konkreten Gefahr oder gar eines Verdachts ermöglicht und damit den Handlungsspielraum der Polizei erheblich erweitert.

---

[24] Kniesel/Vahle, DÖV 1987, S. 956.

[25] S. Begründung zu § 8 a, in: Kniesel/Vahle, VE ME PolG, S. 53.

[26] Backes, KritV 1986, S. 333.

In der im A-Vorschlag der SPD-regierten Bundesländer formulierten Alternative[27] wird der Kreis der in Betracht kommenden Straftaten durch eine katalogförmige Aufzählung begrenzt und damit im Vergleich zum B-Vorschlag der CDU-regierten Länder[28], der keine Eingrenzung vornimmt, eingeengt, bleibt aber dennoch außerordentlich weit gezogen[29]. Auch nach diesen Vorschlägen können noch insgesamt 123 Straftatbestände die Datenerhebung rechtfertigen, darunter der einfache Diebstahl gem. § 242 StGB und die einfache Körperverletzung gem. § 223 StGB, „wenn zu erwarten ist, daß diese Straftaten in erheblichem Umfang begangen werden“[30].

II. Datenerhebung bei öffentlichen Veranstaltungen, Ansammlungen und Versammlungen nach § 8 b VE ME PolG

§ 8 b VE ME PolG regelt die Erhebung personenbezogener Daten bei oder im Zusammenhang mit öffentlichen Veranstaltungen, Ansammlungen und Versammlungen. Formen der Datenerhebung dürften hier vornehmlich die Observation sowie das Photo- oder Videographieren von Teilnehmern oder Teilnehmergruppen sein[31].

In Absatz 1 der Vorschrift ist die Zulässigkeit einer Datenerhebung bei öffentlichen Veranstaltungen oder Ansammlungen, die nicht dem Versammlungsgesetz unterliegen, geregelt. Voraussetzung ist, daß tatsächliche Anhaltspunkte die Annahme rechtfertigen, daß Gefahren für die öffentliche Sicherheit oder Ordnung entstehen.

Es handelt sich dabei mithin um eine Regelung, die der Polizei eine Standardermächtigung für Eingriffe im Vorfeld einer konkreten Gefahr liefert, dabei aber dennoch eine gewisse Nähe zu der Entstehung einer Gefahr voraussetzt[32].

In § 8 b Abs. 1 S. 2 VE ME PolG ist die Aufbewahrung der Unterlagen geregelt, die spätestens zwei Monate nach Ablauf der Veranstaltung oder Ansammlung vernichtet werden müssen. Eine Ausnahme von diesem Grundsatz soll aber beste-

[27] Abgedruckt bei Kniesel/Vahle, VE ME PolG, S. 5 f.

[28] Abgedruckt bei Kniesel/Vahle, VE ME PolG, S. 6 f.

[29] D. Neumann, S. 40.

[30] S. dazu Weßlau, cilip, Heft 24 (Nr. 2/1986), S. 65; D. Neumann, S. 40

[31] Vgl. Kniesel/Vahle, DÖV 1987, S. 957.

[32] S. die Begründung zu § 8 b, in: Kniesel/Vahle, VE ME PolG, S. 54.

hen, soweit die Unterlagen im Einzelfall zur vorbeugenden Bekämpfung von Straftaten mit erheblicher Bedeutung erforderlich sind. Mit dieser Ausnahme wird die gefahrenvorsorgerische Regelung der Datenerhebung mit der vorbeugenden Bekämpfung von Straftaten kombiniert, indem Daten, die zunächst zu Zwecken der Gefahrenvorsorge erhoben wurden, bei Erforderlichkeit einer vorbeugenden Bekämpfung von Straftaten mit erheblicher Bedeutung zu Kriminalpräventionsdaten werden können[33].

In Absatz 2 der Vorschrift wird die Erhebung personenbezogener Daten bei Versammlungen im Sinne des Versammlungsgesetzes geregelt, die dann zulässig sein soll, wenn tatsächliche Anhaltspunkte die Annahme rechtfertigen, daß erhebliche Gefahren für die öffentliche Sicherheit oder Ordnung entstehen. Der A-Vorschlag läßt dagegen einschränkend nur tatsächliche Anhaltspunkte dafür genügen, daß bei oder im Zusammenhang mit der Versammlung Straftaten begangen werden[34]. Die Anfertigung von Bild- oder Tonaufnahmen soll danach sogar nur dann zulässig sein, wenn tatsächliche Anhaltspunkte dafür bestehen, daß die Begehung einer Straftat unmittelbar bevorsteht[35].

Die angefertigten Unterlagen sind nach Beendigung der Versammlung unverzüglich zu vernichten, wenn die Störung, bzw. nach dem A-Vorschlag die Straftat[36], nicht eingetreten ist.

III. Besondere Formen der Datenerhebung nach § 8 c VE ME PolG

§ 8 c VE ME PolG regelt die Datenerhebung mit den in Absatz 2 der Vorschrift genannten „besonderen Mitteln“ und bildet damit das „eigentliche Zentralstück“[37] der neuen polizeilichen Eingriffsbefugnisse.

Die Straftaten, anläßlich deren vorbeugender Bekämpfung eine Datenerhebung mit besonderen Mitteln zulässig sein soll, werden in Absatz 1 Nr. 2 a und b katalogförmig aufgelistet. Der in Nr. 2 a aufgeführte Katalog umfaßt die in § 100 a StPO sowie die in den §§ 176 bis 181 a, 243, 244, 260, 263 oder 324 bis 330 a StGB genannten Straftaten und berechtigt die Polizei zur Erhebung personenbezo-

---

33 D. Neumann, S. 41.

34 Abgedruckt bei Kniesel/Vahle, VE ME PolG, S. 7.

35 ebda.

36 ebda.

37 D. Neumann, S. 42.

gener Daten, wenn tatsächliche Anhaltspunkte die Annahme rechtfertigen, daß eine dieser Straftaten begangen werden soll.

Damit scheint die Datenerhebung mit besonderen Mitteln nur zur vorbeugenden Bekämpfung schwerster Straftaten zulässig zu sein, was vor allem der Verweis und die Anknüpfung an § 100 a StPO implizieren, der für besonders schwere, ebenfalls in einem Katalog abschließend aufgeführte Straftaten die Überwachung des Fernmeldeverkehrs gestattet[38].

Nr. 2 b läßt aber auch eine Datenerhebung zur vorbeugenden Bekämpfung anderer Straftaten zu, unter der Einschränkung, daß tatsächliche Anhaltspunkte vorliegen müssen, die die Annahme rechtfertigen, daß die Straftat gewerbsmäßig, gewohnheitsmäßig oder von Banden begangen werden soll. Damit wird der Katalog erheblich erweitert und umfaßt auch weniger schwere Straftaten. Dies wird insbesondere deutlich, wenn man sich vergegenwärtigt, daß es zur Annahme des Tatbestandsmerkmals einer „Bande" ausreicht, daß sich mehrere Personen, wobei nach der Rechtsprechung bereits zwei genügen[39], aufgrund ausdrücklicher oder stillschweigender Vereinbarung und für eine gewisse Dauer zur Begehung mehrerer selbständiger, im einzelnen noch ungewisser Taten verbunden haben[40]. Da für das Vorliegen von tatsächlichen Anhaltspunkten bereits ausreichend ist, daß bloße Vermutungen bestehen, ohne daß diese sich zu einem Verdacht verdichtet haben müssen, könnte eine Erhebung personenbezogener Daten mit besonderen Mitteln bei fast jeder Straftat, wie z.B. beim Taschendiebstahl, durchgeführt werden[41].

Eine Einschränkung liegt lediglich in der weiteren Voraussetzung, daß die Datenerhebung ohne Gefährdung der Aufgabenerfüllung auf andere Weise nicht möglich sein und die Maßnahme nicht außer Verhältnis zur Bedeutung des aufzuklärenden Sachverhaltes stehen darf.

Außer bei Gefahr im Verzuge erfolgt in diesen Fällen die Anordnung der Maßnahme durch den Behördenleiter, den Leiter der Dienststelle oder einen von ihm beauftragten Beamten.

---

38 S. auch Backes, KritV 1986, S. 334.

39 Vgl. etwa BGHSt 23, 239; BGHSt 28, 150.

40 Vgl. BGH GA 1974, S. 308; BGH MDR 1978, S. 624 bei Holtz; OLG Hamm NJW 1981, S. 2207.

41 Backes, KritV 1986, S. 334 mit Hinweis auf BGHSt 23, 239 f.

§ 8 c Abs. 3 VE ME PolG regelt die Erhebung personenbezogener Daten mit besonderen Mitteln in oder aus Wohnungen. Voraussetzung für eine solche Maßnahme ist, daß die Datenerhebung zur Abwehr einer gegenwärtigen Gefahr für Leib, Leben oder Freiheit einer Person oder für erhebliche Sach- oder Vermögenswerte unerläßlich ist. Nach dem A-Vorschlag wird die Zulässigkeit einer Datenerhebung mit besonderen Mitteln in oder aus Wohnungen auf Fälle einer gegenwärtigen Gefahr für Leib, Leben oder Freiheit einer Person beschränkt[42]. Die Anordnung dieser Maßnahme muß außer bei Gefahr im Verzuge durch den Richter erfolgen, es sei denn, daß der Einsatz ausschließlich zur Abwehr einer Gefahr für Leib oder Leben der bei einem polizeilichen Einsatz in der Wohnung tätigen Person erfolgt, ohne daß technische Aufzeichnungen angefertigt werden.

Die Eingriffsvoraussetzung einer gegenwärtigen Gefahr soll unter Berücksichtigung des besonderen Schutzes der Wohnung durch Art. 13 GG verhindern, daß eine Datenerhebung in oder aus Wohnungen auch zu Zwecken der Vorfeldermittlung erfolgen kann[43]. Hier handelt es sich mithin nicht um eine Maßnahme der vorbeugenden Bekämpfung von Straftaten[44].

Die besonderen Mittel der Datenerhebung nach § 8 c VE ME PolG sind in Absatz 2 der Vorschrift genannt. Es handelt sich dabei um Befugnisse zur verdeckten und damit vom Betroffenen unbemerkten Ausforschung von Personen. Lediglich die längerfristige Observation kann auch offen und so für den Betroffenen erkennbar erfolgen.

1. Längerfristige Observation

Besonderes Mittel im Sinne dieser Regelung ist zunächst nach Nr. 1 des Absatzes 2 die längerfristige Observation.

---

[42] Abgedruckt bei Kniesel/Vahle, VE ME PolG, S. 9; zur - berechtigten - Kritik an der Einbeziehung von gegenwärtigen Gefahren für Sach- oder Vermögenswerte vgl. Kniesel/Vahle, DÖV 1987, S. 958.

[43] § 40 Abs. 1 Satz 2 SächsPolG sieht allerdings den „großen Lauschangriff" auch im Rahmen von Vorfeldermittlungen vor; diese Regelung wurde aber vom SächsVerfGH als Verstoß gegen Art. 30 SächsVerf (Grundrecht auf Unverletzlichkeit der Wohnung) bewertet, vgl. SächsVerfGH, LKV 1996, S. 273 ff.; s. auch die Rezensionen von Knemeyer/Keller, SächsVBl. 1996, S. 197 ff. sowie von Habermehl, SächsVBl. 1996, S. 201 ff.

[44] Vgl. zur Zulässigkeit der polizeilichen Datenerhebung in oder aus Wohnungen mit Hilfe technischer Mittel zur Abwehr einer gegenwärtigen Gefahr z.B. Schwabe, JZ 1993, S. 867 ff.

Unter Observation ist die gezielte Beobachtung von Personen oder Orten zum Zwecke der Wahrnehmung eines gegenwärtigen Verhaltens oder Geschehens zu verstehen[45].

Unterschieden werden kann zwischen offener und verdeckter Observation, wobei jeweils unterschiedliche Zielrichtungen festzustellen sind[46]. Eine offene Observation soll von der beobachteten Person bemerkt werden und sie unter Umständen zu einem bestimmten Verhalten veranlassen. Um dieses Ziel zu erreichen, muß die offene Observation für eine gewisse Dauer und mit einer gewissen Intensität und Systematik durchgeführt werden[47]. Durch diese Form der Observation kann daher ein erheblicher Druck auf die Zielperson ausgeübt werden. Dieser ausgeübte Druck begründet im Zusammenhang mit der aus ihm resultierenden Veranlassung zu einem bestimmten Verhalten eine Beeinträchtigung bzw. Gefährdung der persönlichen Entscheidungsfreiheit[48].

Die verdeckte Observation hingegen soll von der Zielperson gerade nicht bemerkt, sondern heimlich durchgeführt werden. Sofern sie sich als planmäßige, gezielte Beobachtung einer Person oder einer Personengruppe darstellt und auf die Ermittlung und Ausforschung von Lebensumständen abzielt, muß sie ebenfalls als eine erhebliche Gefährdung von Rechtspositionen des oder der Betroffenen betrachtet werden[49].

Abgegrenzt werden muß desweiteren die längerfristige von der kurzfristigen Observation, welche bereits bei Vorliegen der Voraussetzungen des § 8 a VE ME PolG zulässig sein soll. Wesensmerkmale der längerfristigen Observation sind ein planmäßiges Vorgehen der Polizei über einen längeren Zeitraum und der Versuch, entweder sämtliche Betätigungen einer Person oder zumindest bestimmte wesentliche Bereiche gezielt wahrzunehmen[50]. Erforderlich ist also ein Beobachten „rund um die Uhr", oder ein zumindest zeitlich zunächst unbegrenztes Beobachten einzelner wiederkehrender Handlungen einer Person[51].

---

45 H.-J. Meyer, S. 5 f.; Deutsch, S. 7; Benfer, Rn. 998.

46 S. zu dieser Unterscheidung z.B. Deutsch, S. 144.

47 S. dazu Deutsch, S. 144; Kniesel, Die Polizei 1989, S. 231 ff.; Braun, Die Polizei 1990, S. 49 ff.; Götz, NVwZ 1990, S. 112 ff.; Riegel, NVwZ 1990, S. 745 ff.

48 Deutsch, S. 144; Schickedanz, BayVBl. 1984, S. 707.

49 Vahle, S. 32; Deutsch, S. 144; Denninger, in: Hohmann, Freiheitssicherung durch Datenschutz, S. 144; Benfer, Rn. 998; Alberts/Merten, § 9, Rn. 1.

50 S. die Begründung zu § 8 c, in: Kniesel/Vahle, VE ME PolG, S. 55; vgl. auch Benfer, Rn. 1002.

51 ebda., S. 56.

Das Merkmal der Längerfristigkeit ist in den neuen Polizeigesetzen - im Gegensatz zum VE ME PolG, der die nähere Ausgestaltung des Begriffs offen läßt - teilweise definiert worden. So soll etwa nach § 15 Abs. 1 Nr. 1 HSOG sowie nach § 9 Abs. 1 S. 1 HambPolDVG eine längerfristige Observation dann vorliegen, wenn sie innerhalb einer Woche länger als 24 Stunden oder über den Zeitraum einer Woche hinaus durchgeführt wird. In § 16 Abs. 1 PolG NW wird der Begriff der Längerfristigkeit enger gefaßt, indem eine längerfristige Observation begrifflich bereits bei einer Beobachtung an mehr als zwei Tagen vorliegt[52]. Während eine tägliche zweistündige Beobachtung nach dieser Regelung also bereits nach zwei Tagen als eine längerfristige Observation anzusehen ist, müßte in Hessen und Hamburg eine Beobachtung für einen Zeitraum von zwei Stunden pro Tag über eine Woche lang durchgeführt werden, um die Voraussetzungen der Längerfristigkeit zu erfüllen.

Anzumerken ist hier aber, daß auch im Wege einer kurzfristigen Observation bereits erhebliche Ausforschungen betrieben werden können[53]. Da eine solche aber bereits bei Vorliegen der Voraussetzungen des § 8 a VE ME PolG möglich wäre, führt eine weite Fassung des Begriffs der Längerfristigkeit wie in § 15 Abs. 1 Nr. 1 HSOG und in § 9 Abs. 1 S. 1 HambPolDVG im Grunde zu einer Aufweichung der strengeren Anforderungen des § 8 c Abs. 1 VE ME PolG.

2. Verdeckter Einsatz technischer Mittel

§ 8 c Abs. 2 Nr. 2 VE ME PolG erlaubt den Einsatz technischer Mittel zur Datenerhebung. Insbesondere soll es sich dabei um Mittel zur Anfertigung von Bildaufnahmen oder -aufzeichnungen sowie zum Abhören oder Aufzeichnen des gesprochenen Wortes auf Tonträger handeln. Technische Mittel im Sinne dieser Regelung sind demnach im wesentlichen (Video-) Kameras, Photoapparate, Abhörgeräte (sog. „Wanzen"), (Richt-) Mikrophone sowie Tonbänder[54].

Folglich ermöglicht Nr. 2 die Erhebung von Informationen durch die Polizei mit Hilfe sog. nachrichtendienstlicher Mittel, die bisher ausschließlich den Nachrich-

52 Ähnlich geregelt auch in Art. 28 d Abs. 1 BayPAG.

53 S. Bäumler, in: Lisken/Denninger (Hrsg.), HbdPolR, Kap. J, Rn. 426.

54 Zum visuell-akustischem Instrumentarium der Polizei s. vor allem die (auch technische) Darstellung bei Geiger, S. 27 ff. und 59 ff.

tendiensten zur Verfügung standen[55]. Ein solcher „verdeckter“ Einsatz nachrichtendienstlicher Mittel stellt zwangsläufig immer eine heimliche Maßnahme der Polizei dar.

Durch den Einsatz technischer Mittel erhält die Informationserhebung in zweifacher Hinsicht eine neue Qualität. Zum einen erschließen sich durch technische Mittel neue Erhebungsmethoden. Mit Hilfe technischer Mittel können natürliche Schranken überwunden werden, die einer optischen oder akustischen Wahrnehmung ohne Hilfsmittel entgegenstünden[56]. Die Grenzen der natürlichen Wahrnehmbarkeit müssen daher nicht mehr zwangsläufige und unüberwindbare Hindernisse darstellen. Entsprechende Einrichtungen wie Mikrophone und Kameras ermöglichen es etwa erst, Vorgänge in geschlossenen Räumen sowohl optisch als auch akustisch zu überwachen. Auch kann durch den Einsatz von Videokameras und Mikrophonen zur Unterstützung einer Observation die Effektivität der Maßnahme erheblich gesteigert werden[57].

Zum anderen erhält die Informationserhebung mit Hilfe technischer Mittel aber auch durch die Möglichkeit der Fixierung von Informationen eine neue Qualität. Durch die Aufnahme bzw. Aufzeichnung werden flüchtige Worte und Bilder dauerhaft festgehalten[58]. Eine solche Fixierung steigert die Möglichkeiten einer Verwendung von Daten erheblich[59]; denn aufgezeichnete Daten können nicht nur jederzeit, sondern auch außerhalb ihres ursprünglichen Zusammenhangs beliebig wiederholt werden. Im Gegensatz zu flüchtigen Wahrnehmungen bleiben die fixierten Informationen für eine genauere Untersuchung und Auswertung erhalten. Über das Festhalten einzelner Momente hinaus kann eine Aufzeichnung mit Hilfe von Kameras und Tonbändern so zur Erfassung und Fixierung eines ganzen Sachverhaltes führen. Die Intensität der Maßnahme erhöht sich durch eine Fixierung von Wort und Bild gegenüber dem bloßen Belauschen und Beobachten erheblich[60].

---

55 S. zu Begriff und Definition der nachrichtendienstlichen Mittel Gusy, DVBl. 1991, S. 1288; auch Staff, ZRP 1992, S. 387.

56 Vgl. Deutsch, S. 7, 138; Vahle, S. 40 f.

57 Vgl. Vahle, S. 36; Weßlau, S. 92; Gössner/Herzog. S. 197 und zur polizeilichen Praxis des Einsatzes von Videotechnik bei Observationen Geiger, S. 67 ff.

58 Deutsch, S. 140; Kowalczyk, S. 122 f.; Schatzschneider, S. 224.

59 Weßlau, S. 92; Gössner/Herzog, S. 197.

60 Kowalczyk, S. 122 f.; Vahle, S. 41.

Hinsichtlich der akustischen Überwachung mit Hilfe technischer Mittel ist zu differenzieren. Abhörmaßnahmen können einerseits das öffentlich gesprochene Wort, andererseits aber auch nicht-öffentlich geführte Gespräche betreffen[61]. Obwohl die Intensität der Beeinträchtigungen beim Betroffenen in den letzteren Fällen eine ungleich höhere ist, wird aber in der Vorschrift des § 8 c Abs. 2 Nr. 2 VE ME PolG keine Unterscheidung getroffen.

Festzuhalten bleibt auch, daß die Aufnahme der Selbstdarstellung einer Person durch Sprache weitergehende Aufschlüsse zu geben vermag, als die Aufnahme von Bildern, die zwangsläufig lediglich Außenansichten liefern können. Eine Analyse der Inhalte des Gesprochenen kann dagegen auch Einblicke in innere Vorgänge einer Person verschaffen, insofern als auf sprachlichem Wege Gedanken, Ansichten, Motivationen etc. geäußert werden[62].

Das Merkmal „verdeckt“ ist ausdrücklich in die Vorschrift aufgenommen worden, so daß ein offenes Handeln der Polizei keine Maßnahme im Sinne des § 8 c Abs. 2 Nr. 2 VE ME PolG darstellen könnte. Als verdeckt ist eine Maßnahme dann zu bezeichnen, wenn sie nicht als polizeiliche erkennbar sein soll, wenn also ein gewisser „Verdeckungsaufwand“ betrieben wird, der über die bloße Nichterkennbarkeit der Maßnahme durch den Bürger hinausgeht[63].

Der Einsatz technischer Mittel insbesondere auch im Bereich der vorbeugenden Bekämpfung von Straftaten kommt aufgrund der technischen Weiterentwicklungen in den letzten 20 Jahren verstärkt zum Einsatz[64]. Es wird versucht, alle Möglichkeiten einer durch den Fortschritt der Technik verbesserten Informationsgewinnung auszunutzen und für eine wirksame Ermittlungstätigkeit im Vorfeld einzusetzen.

3. Einsatz Verdeckter Ermittler

Nach § 8 c Abs. 2 Nr. 3 VE ME PolG können auch verdeckte Ermittler zur Datenerhebung eingesetzt werden.

---

[61] Weßlau, S. 93; Vahle, S. 40; Staff, ZRP 1992, S. 387.

[62] S. dazu auch Deutsch, S. 141.

[63] Alberts/Merten, § 10, Rn. 3.

[64] Vgl. Weßlau, S. 92; Busch/Funk/Kauß/Narr/Werkentin, S. 126 ff..

Verdeckte Ermittler sind Polizeibeamte, die unter einer Legende Einsatz im kriminellen Milieu finden. Mit Hilfe einer vorgetäuschten Identität wird der verdeckte Ermittler in kriminelle Strukturen eingeschleust, um eine direkte Kontaktaufnahme herstellen und damit Einblicke in diese Strukturen erhalten zu können[65]. Die Abgeschottetheit nach außen, die das Erkennen und Durchschauen krimineller Kreise durch die Polizei häufig verhindert, soll auf diese Weise überwunden werden[66].

Die Aufgabe der verdeckten Ermittler besteht demnach vornehmlich in der Beschaffung von Informationen, die ohne ein Eindringen in die entsprechenden kriminellen Strukturen für die Polizei nur schwer bis gar nicht zugänglich wären[67]. Daher kann als die „klassische" Funktion eines verdeckten Ermittlers die Informationsgewinnung „von innen heraus" über Strukturen, Entscheidungskompetenzen, Vernetzungen innerhalb einer als kriminell einzustufenden „Szene" bezeichnet werden[68]. Dabei geht es weniger um das Aufgreifen zufällig offenbarter Informationen. Die betroffenen Personen sollen vielmehr gezielt veranlaßt werden, Wissen und Informationen preiszugeben[69].

Dabei handelt der „klassische" verdeckte Ermittler im Auftrag der Polizei und ist dementsprechend an die sich aus diesem Auftrag ergebenden polizeirechtlichen Pflichten und beamtenrechtlichen Vorschriften gebunden[70]. Trotz Lenkung und Kontrolle der Tätigkeit eines verdeckten Ermittlers durch die Polizei bleibt die Ausführung seines konkreten Ermittlungsauftrages aber im wesentlichen relativ frei, so daß dennoch nicht von einer gänzlich unselbständigen Aufgabenerfüllung gesprochen werden kann[71].

Die als verdeckte Ermittler eingesetzten Beamten erhalten im Gegensatz zu den sog. V-Leuten eine spezielle Ausbildung sowie entsprechende Ausrüstung. Dadurch wird nicht nur die höhere Zuverlässigkeit der Auftragserfüllung, sondern auch eine größere Gewähr der Richtigkeit der auf diese Weise erlangten Informa-

---

65 M. Schmitz, S. 71; s. zur Definition auch Hund, StV 1993, S. 380; Benfer, Rn. 1052.

66 Rogall, JZ 1987, S. 852; Rebmann, NJW 1985, S. 2; Hertlein, Die Polizei 1984, S. 323.

67 Riehle, KrimJour 1985, S. 46; Rebmann, NJW 1985, S. 2; Geißdörfer, Kriminalistik 1993, S. 679; M. Schmitz, S. 71.

68 Vgl. Haas, S. 7 f.; M. Schmitz, S. 71; Riegel, Datenschutz bei den Sicherheitsbehörden, S. 121; Weßlau, S. 86 f.

69 Vgl. Hund, StV 1993, S. 379.

70 Rogall, JZ 1987, S 847; Haas, S. 7 f.

71 Haas, S. 22; Weßlau, S. 88.

tionen und damit insgesamt eine höhere Verläßlichkeit der verdeckten Ermittler sichergestellt[72].

Mit der dem § 8 c Abs. 2 Nr. 3 VE ME PolG entsprechenden Regelungen, die Aufnahme in fast alle der novellierten Polizeigesetze fanden[73], folgten die jeweiligen Gesetzgeber im Grunde den Feststellungen der Rechtsprechung, die die Existenz und Notwendigkeit Verdeckter Ermittler schon lange vor einer gesetzlichen Regelung anerkannt hat[74].

Der Einsatz Verdeckter Ermittler soll gem. § 8 c Abs. 1 Nr. 2 i.V.m. Abs. 2 Nr. 3 VE ME PolG zulässig sein, sofern er zur vorbeugenden Bekämpfung der in Nr. 2 a) und b) katalogförmig aufgelisteten Straftaten erforderlich erscheint. Die vorbeugende Bekämpfung von Straftaten bzw. die Vorfeldermittlungen bieten sich insofern als Aufgabenbereich insbesondere für verdeckte Ermittler an, als ihr Einsatz besonders für die Erlangung von Hinweisen geeignet ist, die erst die Strukturen und Zusammenhänge betreffen, die sich als kriminell oder gefahrerzeugend herausstellen könnten und damit noch nicht unbedingt an einen Tatverdacht oder das Vorliegen einer Gefahr anknüpfen[75].

Die Frage nach der Zulässigkeit des Einsatzes Verdeckter Ermittler zur vorbeugenden Bekämpfung von Straftaten wird - eingebettet in die Diskussion um die Zugehörigkeit derartiger Maßnahmen zur Gefahrenabwehr oder zur Strafverfolgung - unterschiedlich beantwortet. So wird einerseits die Auffassung vertreten, daß der Einsatz Verdeckter Ermittler im Bereich der vorbeugenden Bekämpfung von Straftaten der Gefahrenabwehr zuzurechnen sei, da das Vorfeld eines konkreten Tatverdachts „strafprozessual noch gar nicht faßbar" sei[76]. Hier wird demnach eine Negativabgrenzung vorgenommen, um die Tätigkeit Verdeckter Ermittler im

---

[72] Rogall, JZ 1987, S. 847 f.; Utecht, in: Bull, Sicherheit durch Gesetze ?, S. 89; Hertlein, Die Polizei 1984, S. 380.

[73] Etwa in § 28 SPolG; § 16 Abs. 2 HSOG; § 20 Abs. 1 Nr. 2 PolG NW; § 12 Abs. 1 HambPolDVG; Art. 28 d Abs. 1 BayPAG; § 35 Abs. 1 Nr. 2 PolG Bbg; eine entsprechende Regelung findet sich allerdings nicht im NGefAG: § 30 Abs. 3 S. 4 NGefAG enthält das Verbot der Anwendung von Mitteln oder Methoden der Datenerhebung, die nach Art oder Schwere des Eingriffs den besonderen Mitteln oder Methoden vergleichbar sind. Gem. Punkt 30.3 zu § 30 der Ausführungsbestimmungen zum NGefAG betrifft dieses Verbot insbesondere den Einsatz Verdeckter Ermittler. Auch im LVwG SH ist der Einsatz Verdeckter Ermittler nicht vorgesehen; s. dazu auch Bäumler, NVwZ 1992, S. 640; Lisken, NWVBl 1990, S. 330.

[74] S. dazu BVerfGE 57, 276; BVerfG NJW 1987, S. 1874 f.

[75] Haas, S. 60 f. speziell zum Einsatz von V-Leuten; Weßlau, S. 89; Deutsch, S. 231; Geißer, GA 1983, S. 386.

[76] So Krüger, JR 1984, S. 492; ders. NJW 1982, S. 857; ähnlich auch Vahle, S. 46 f.

Vorfeld von Gefahr und Verdacht einzuordnen. Demgegenüber wird aber vorgebracht, daß die Tätigkeit der verdeckten Ermittler im vorprozessualen Bereich nicht der Beseitigung einer Gefahrenlage diene, sondern bereits repressiven Charakter aufweise[77]. Auch diese Argumentation beruht folglich auf einer - in die Gegenrichtung weisenden - Negativabgrenzung. Konsequenzen aus der Feststellung des repressiven Charakters dieses Einsatzbereiches Verdeckter Ermittler ziehen in aller Deutlichkeit nur Weßlau und ihr nachfolgend M. Schmitz, die die Zulässigkeit eines Einsatzes Verdeckter Ermittler im Bereich der Vorfeldermittlungen aufgrund fehlender Ermächtigungsgrundlage im Strafverfahrensrecht ausschließen[78].

Es wird also deutlich, daß es bei dieser Diskussion im Grunde um die Frage der generellen Einordnung von Vorfeldermittlungen geht, die entsprechend dem dazu bestehenden Meinungsstand unterschiedlich beantwortet wird. Eine Auseinandersetzung mit den Meinungen sowie eine eigene Stellungnahme können daher an dieser Stelle noch nicht vorweggenommen werden[79].

Aufgrund ihrer spezifischen Vorgehensweise bei der Informationsbeschaffung scheinen verdeckte Ermittler nun insbesondere zur vorbeugenden Bekämpfung von Kriminalitätsformen geeignet zu sein, die sich durch organisierte, konspirative Begehensformen, Abschottung nach außen sowie ein Vorgehen, das auf kriminelle Strukturen schließen läßt, auszeichnen - mithin also zur Bekämpfung der sog. Organisierten Kriminalität. Die Ausforschung und Durchleuchtung aller Formen von Organisierter Kriminalität kann gerade aufgrund dieser Besonderheiten ihrer Strukturen und Begehungsweisen nur durch ein Eindringen der Polizei in Form von verdeckten Ermittlern in diese Strukturen erfolgen[80].

Auch hier stellt sich aber das Problem, daß äußerst weitreichende Maßnahmen, nämlich der Einsatz Verdeckter Ermittler für Vorfeldermittlungen, nach dem Vorschlag des VE ME PolG für die vorbeugende Bekämpfung einer Vielzahl von Straftaten, die sich keineswegs auf „typische" Deliktsformen des organisierten Verbrechens beschränken, möglich sein soll. Daher wird zum Teil angenommen,

---

[77] So Weßlau, S. 90 f.; Haas, S. 62; Geißer, GA 1983, S. 386; Lüderssen, Festschrift für Ulrich Klug, S. 533.

[78] Weßlau, S. 90 ff.; für Vorfeldermittlungen generell: S. 158 ff.; S. 238; M. Schmitz, S. 70 ff. - allerdings ist M. Schmitz hier dahingehend zu kritisieren, daß sie die Möglichkeit einer Zugehörigkeit zum präventiven Bereich offenbar völlig übersieht.

[79] S. dazu unten, S. 95 ff.

[80] Rogall, JZ 1987, S. 852; Stümper, in Lüderssen: V-Leute. Die Falle im Rechtsstaat, S. 67; Riegel, Datenschutz bei den Sicherheitsbehörden, S. 121; Deutsch, S. 231.

daß eine solche Widerspruch zum Übermaßverbot stehe[81]. Die dem § 8 c Abs. 2 Nr. 2 VE ME PolG entsprechenden Regelungen in den novellierten Polizeigesetzen[82] müßten danach im Wege einer teleologischen Reduktion dahingehend verfassungskonform interpretiert werden, daß sie einen Einsatz Verdeckter Ermittler zur vorbeugenden Bekämpfung von Straftaten ausschließlich im Bereich der Organisierten Kriminalität zulassen[83].

4. Einsatz sog. V-Personen

§ 8 c Abs. 2 Nr. 4 VE ME PolG läßt auch den Einsatz sog. V-Leute zur Datenerhebung im Vorfeld zu. V-Leute sind nicht beamtete Personen, die freiwillig und gewollt für eine gewisse Dauer der Polizei Informationen unter der Zusage der Vertraulichkeit beschafft[84]. Die Zusammenarbeit der V-Leute mit der Polizei ist demnach Dritten nicht bekannt.

Die Aufgabenstellung der V-Leute deckt sich im wesentlichen mit derjenigen der verdeckten Ermittler, denn auch hier geht es um die Beschaffung von Informationen aus dem Inneren krimineller Strukturen. So kann im wesentlichen auf das bereits oben Gesagte verwiesen werden[85].

Der wesentliche Unterschied zu den verdeckten Ermittlern liegt aber darin, daß es sich bei den V-Leuten um amtsfremde Personen handelt[86]. Dennoch muß trotz fehlender hoheitlicher Befugnisse auch die Aufgabenerfüllung der V-Leute der Tätigkeit der Polizei zugerechnet werden, da sie systematisch von der Polizei eingesetzt werden und ihre Tätigkeit von daher ebenfalls der polizeilichen Aufgabenerfüllung dient[87].

In den meisten Fällen werden Personen als V-Leute eingesetzt, die bereits Verbindungen zu einem kriminellen Milieu haben, so daß die bei den verdeckten Ermitt-

---

81 Gegen eine Vereinbarkeit der Regelung in dieser Form mit dem Übermaßverbot Deutsch, S. 231; auch Kowalczyk, S. 157, die eine Präzisierung der Vorschrift vorschlägt.

82 S. z.B. § 12 Abs. 1 HambPolDVG.

83 So Deutsch, S. 231; ähnlich auch Alberts/Merten, § 12, Rn. 7; Kowalczyk, S. 157.

84 Haas, S. 2, 7; Riegel, Datenschutz bei den Sicherheitsbehörden, S. 119; Rebmann, NJW 1985, S. 2; J. Meyer, ZStW 95 (1983), S. 835 f.; Benfer, Rn. 1051.

85 S. oben, S. 37 ff.

86 Riegel, Datenschutz bei den Sicherheitsbehörden, S. 119.

87 Haas, S. 22; Weßlau S. 88; Krüger, NJW 1982, S. 856; Vahle, S. 32; a. A. aber Amelung/Schall, JuS 1975, S. 568.

lern bestehende Schwierigkeit, Zugang zu diesem Milieu zu finden, bereits wegfällt. Damit stellt ein zentrales Element der Arbeit von V-Leuten der von vornherein bestehende Kontakt der Polizei zu dem zu kontrollierenden kriminellen Milieu dar[88]. So kann der Einsatz einer bereits aus der kriminellen „Szene" kommenden V-Person als eine „spezifische Methode der Überwindung von Milieuschranken" bezeichnet werden[89].

Gerade diese bereits bestehende Integration der V-Leute in kriminelle Strukturen wirft aber noch mehr als beim Einsatz Verdeckter Ermittler das Problem der Zulässigkeit von Mitwirkung an bzw. Initiierung von strafbaren Handlungen auf[90]; denn wichtige Voraussetzung einer erfolgreichen Tätigkeit von V-Leuten, ist das unauffällige und damit dem kriminellen Milieu angepaßte Verhalten[91].

Eine eingehendere Beschäftigung mit dieser Problematik kann in diesem Zusammenhang allerdings nicht erfolgen.

IV. Polizeiliche Beobachtung nach § 8 d VE ME PolG

In § 8 d VE ME PolG ist schließlich die Zulässigkeit der Polizeilichen Beobachtung geregelt.

Danach ist die Polizei befugt, die Personalien oder das Kennzeichen des benutzten oder eingesetzten Kraftfahrzeuges von in § 8 a Abs. 2 Nr. 1 VE ME PolG genannten Personen, also Personen, bei denen Anhaltspunkte bestehen, daß sie künftig Straftaten begehen werden, zur vorbeugenden Bekämpfung von Straftaten in einer Datei zu speichern. Diese Speicherung soll dazu dienen, daß andere Polizeidienststellen das Antreffen der Person oder des Fahrzeuges bei Gelegenheit einer Überprüfung aus anderem Anlaß melden können. Von dieser Meldung werden auch mitgeführte Sachen, Begleitpersonen und andere relevante Umstände erfaßt. Daten über etwaige Begleitpersonen werden allerdings nicht in der Datei gespeichert[92].

---

88 Riehle, KrimJour 1985, S. 56; Geißdörfer, Kriminalistik 1993, S. 680.

89 Riehle, KrimJour 1985, S. 46.

90 S. dazu z.B. Gössner/Herzog, S. 85 ff.; auch Haas, S. 101 f.

91 Rebmann, NJW 1985, S. 2; Weßlau, S. 86 f.; dies., Neue Kriminalpolitik, Heft 3/1991, S. 10, die das Agieren im kriminellen Milieu bei gleichzeitigem Heraushalten aus der Begehung strafbarer Handlungen als „unrealistische Vorstellung" bezeichnet.

92 S. auch die Begründung zu § 8 d, in: Kniesel/Vahle, VE ME PolG, S. 56 f.

Im Gegensatz zur längerfristigen Observation erfolgt die Datenerhebung anläßlich der Polizeilichen Beobachtung nur zufällig, da Erkenntnisse nur bei einer Personenkontrolle der entsprechenden Person erhoben werden können[93].

Teilweise wird die Polizeiliche Beobachtung lediglich als eine Sonderform der Observation bezeichnet[94], während von anderer Seite angeführt wird, daß es sich bei der Polizeilichen Beobachtung im Gegensatz zur Observation nicht um die Erhebung, sondern vielmehr um die Sammlung und Aufbewahrung von Daten zu bestimmten Zwecken handele[95]. Richtig ist wohl, daß die Polizeiliche Beobachtung nicht primär der bloßen Informationserhebung, sondern Zwecken dient, die sich als eine Kombination aus Erhebung, Speicherung, Übermittlung und Nutzung von Daten darstellt[96].

Mit Hilfe der Polizeilichen Beobachtung sollen Bewegungsbilder erstellt werden, aus denen Rückschlüsse auf Vernetzungen, Wege und Arbeitsmethoden von kriminellen Strukturen gewonnen werden können.

Auch wenn die Intensität der Polizeilichen Beobachtung aufgrund der Abhängigkeit der durch sie erzielten Erfolge von Zufälligkeiten nicht mit derjenigen der Observation gleichgesetzt werden kann, so steht trotz dieser unvermeidbaren Überwachungslücken dennoch fest, daß die Polizeiliche Beobachtung eine erhebliche Beeinträchtigung des Beobachteten bedeuten kann[97]; denn die Überregionalität der Maßnahme in Verbindung mit ihrer durch die elektronische Datenverarbeitung unterstützten Durchführung eröffnet sehr weitreichende Anwendungsmöglichkeiten. So können durch Registrierung und systematische Aufbereitung mit Hilfe des Computers die erhobenen und übermittelten Daten zu einem „Mosaikbild“ verdichtet werden[98].

Folglich ist es für die Beurteilung der Intensität nicht von Belang, ob die Einzelmaßnahme für sich gesehen nur eine „unbedeutende Augenblicksbeobachtung“[99]

---

[93] ebda., S. 56; vgl. auch Benfer, Rn. 1088 ff..

[94] So jedenfalls Kniesel/Tegtmeyer/Vahle, Rn. 554; H.-J. Meyer, S. 6; Vahle, S. 35.

[95] Vgl. Deutsch, S. 9.

[96] So auch Alberts/Merten, § 13, Rn. 1.

[97] S. dazu Bölsche, S. 71; Vahle, S. 35; H.-J. Meyer, S. 41.

[98] Vahle, S. 35; Kniesel/Tegtmeyer/Vahle, Rn. 556; H.-J. Meyer, S. 41; Simitis, NJW 1971, S. 676; W. Schmidt, JZ 1974, S. 242.

[99] Vahle, S. 35; Kniesel/Tegtmeyer/Vahle, Rn. 556.

darstellt, da sie als Teil einer systematischen, umfassenden Beobachtung zu betrachten ist.

Rechtliche Probleme können sich außerdem nicht nur aus der Ausdehnung auf Unbeteiligte und eine etwaige anderweitige polizeiliche Nutzung der erhobenen Daten ergeben[100]. Schon die Speicherung von Daten unbeteiligter Personen in einer polizeilichen Datei ist nicht mit der alltäglichen Datenerhebung sonstiger Behörden (etwa durch das Einwohnermeldeamt oder das Finanzamt) gleichzusetzen; denn die Speicherung der eigenen Daten in einer Datei, die - jedenfalls im Ergebnis - der Verbrechensbekämpfung zu dienen bestimmt ist, ist keine neutrale, wertfreie Speicherung, sondern rückt den unbeteiligten Betroffenen in die Nähe von Straftätern. Sie vermag deshalb stigmatisierend zu wirken[101]. Eine solche stigmatisierende Datenerhebung wäre mit den im Urteil des Bundesverfassungsgerichts zum Volkszählungsgesetz aufgestellten Grundsätzen[102] nicht vereinbar.

Für die Zulässigkeit der Polizeilichen Beobachtung muß nach § 8 d VE ME PolG entweder die Gesamtwürdigung der Person erwarten lassen, daß sie auch künftig Straftaten von erheblicher Bedeutung begehen wird, oder es müssen tatsächliche Anhaltspunkte dafür vorliegen, daß die Person in nicht unerheblichem Umfang Straftaten im Sinne von § 8 c Abs. 1 Satz 1 Nr. 2 a oder aber nach § 47 a AuslG begehen wird.

In Absatz 2 der Vorschrift ist ausdrücklich die Erforderlichkeit der Maßnahme zur vorbeugenden Bekämpfung von Straftaten als weitere Zulässigkeitsvoraussetzung genannt.

Die Anordnung der Maßnahme erfolgt entweder durch den Behördenleiter, den Leiter der Dienststelle oder einen Beamten des höheren Dienstes, bzw. nach dem A-Vorschlag ausschließlich durch den Richter[103].

C. Der Eingriffscharakter von Vorfeldermittlungsmaßnahmen

Vor einer näheren Untersuchung der Zulässigkeit der Regelung von Vorfeldermittlungsbefugnissen in den Länderpolizeigesetzen muß die Frage nach dem Eingriffs-

---

[100] S. dazu Bölsche, S. 62 ff.; H. Wagner, DuR 1989, S. 173.
[101] S. dazu Alberts/Merten, § 13, Rn. 2, 4.
[102] Vgl. BVerfGE 65, 1 ff.
[103] S. Kniesel/Vahle, VE ME PolG, S. 10.

charakter derartiger Maßnahmen geklärt werden; denn erst nach Beantwortung dieser Frage kann die Rechtmäßigkeit der gesetzlichen Grundlage abschließend beurteilt werden. Bei Vorfeldermittlungsmaßnahmen handelt es sich wesensnotwendig regelmäßig um verdeckte, also heimlich durchgeführte Maßnahmen[104]. Der Eingriffscharakter von Maßnahmen zur verdeckten Informationserhebung wurde aber keineswegs stets bejaht und war bis zum Erlaß des Volkszählungsurteils des Bundesverfassungsgerichts[105] Gegenstand kontroverser Diskussion[106].

I. Problematik: Weder mittelbare noch faktische Wirkung beim Betroffenen durch heimliche Informationserhebungsmaßnahmen

Durch verdeckt durchgeführte Informationserhebungen verlangt der Staat dem Bürger weder ein bestimmtes Handeln noch ein Dulden ab; denn aufgrund fehlender Kenntnis zum Zeitpunkt der Durchführung der Maßnahme wird der Betroffene zum einen nicht zu einem bestimmten Verhalten, zum anderen aber auch nicht zu bewußter Hinnahme staatlicher Tätigkeit veranlaßt. Es ergeht kein staatlicher Befehl an den Bürger, und die Maßnahme wird auch nicht unter Einwirkung von Zwang durchgeführt. Aufgrund dieser Besonderheiten ist die Eingriffsqualität von Maßnahmen zur verdeckten Informationserhebung als begründungsbedürftig zu betrachten; denn der klassische Eingriffsbegriff setzte voraus, daß ein rechtlicher Hoheitsakt mit Befehl oder Zwang angeordnet bzw. durchgesetzt wird und unmittelbar und final die rechtliche Stellung des Betroffenen in belastender Weise regelte[107]. Teilweise wurde für das Vorliegen der Unmittelbarkeit sogar gefordert, daß ein Hoheits-, insbesondere ein Verwaltungsakt an den Betroffenen adressiert ist[108]. Verdeckt und damit unbemerkt durchgeführte Informationserhebungen richten sich zwar unmittelbar und auch zielgerichtet gegen den Betroffenen, es handelt sich aber nicht um Rechtsakte mit rechtlicher Wirkung. Die klassischen Elemente eines Grundrechtseingriffs Befehl oder Zwang sowie rechtliche Wirkung werden somit nicht erfüllt. Die Entwicklungen der Grundrechtsdogmatik haben aber zu

[104] Als Ausnahme kann hier allenfalls die offene Observation genannt werden, s. dazu oben, S. 33 f.

[105] BVerfGE 65, 1 ff.

[106] S. dazu D. Neumann, S. 120 ff.; Kowalczyk, S. 43 ff.; Kniesel/Tegtmeyer/Vahle, Rn. 483 ff.

[107] Vgl. BVerwGE 87, 37 (41); 90, 112 (121); sowie Isensee, in Isensee/Kirchhof (Hrsg.), HbdStR Bd. V, § 111, Rn. 61; Lübbe-Wolff, S. 42; Bleckmann/ Eckhoff, DVBl. 1988, S. 373 f.; Hoppe, DVBl. 1981, S. 311; Ramsauer, VerwArch 72 (1981), S. 92.

[108] S. Bleckmann/Eckhoff, DVBl. 1988, S. 373.

Erweiterungen des Eingriffsbegriffs geführt. So ist heute anerkannt, daß ein Eingriff stets dann vorliegt, wenn dem einzelnen ein Verhalten, das vom Schutzbereich des Grundrechts umfaßt ist, unmöglich gemacht oder wesentlich erschwert wird[109]. Diese Wirkung muß auf einem zurechenbaren Verhalten des Staates beruhen, kann aber auch mittelbar, unbeabsichtigt oder faktisch erfolgen[110]. Beispiel für einen unbeabsichtigten faktischen Eingriff ist etwa die fehlgehende Kugel eines auf einen flüchtenden Tatverdächtigen schießenden Polizeibeamten, die eine unbeteiligte Passantin trifft.

Auch eine faktische Wirkung durch verdeckte Informationserhebungen ist aber beim Betroffenen nicht feststellbar; denn diese staatliche Tätigkeit vollzieht sich quasi ohne jegliche Beteiligung des betroffenen Bürgers. Weder wird er zu einem bestimmten Handeln veranlaßt, noch wird er dazu gebracht, eine staatliche Maßnahme zu dulden. Sofern aber verdeckte Informationserhebungen beim Betroffenen nicht einmal eine mittelbare oder eine faktische Beeinträchtigung hervorrufen, stellt sich die Frage, ob überhaupt ein Eingriff in Grundrechtspositionen angenommen werden kann.

II. Meinungsstand zur Eingriffsqualität von Maßnahmen zur Informationserhebung vor Erlaß des Urteils des Bundesverfassungsgerichts zum Volkszählungsgesetz

Bis zum Erlaß des Volkszählungsurteils des Bundesverfassungsgerichts, teilweise aber auch bis in die heutige Zeit hinein, wurden verschiedene Auffassungen zur Frage der Eingriffsqualität verdeckter Informationserhebungsmaßnahmen vertreten. An dieser Stelle soll ein kurzer Überblick über die Entwicklung des Meinungsstandes bis zum Erlaß des Volkszählungsurteils, das die Frage nach der Eingriffsqualität von Informationserhebungsmaßnahmen grundlegend entschieden hat, genügen. Im Anschluß werden die Kriterien nach dem Volkszählungsurteil dargestellt.

---

[109] Bleckmann/Eckhoff, DVBl. 1988, S. 373 ff.; Lübbe-Wolff, S. 32 ff.

[110] Lübbe-Wolff, S. 47, 264; Hoppe, DVBl. 1981, S. 311; Stern, Staatsrecht III/1, § 72 III 4 a; Roth, S. 33.

1. Lehre von der Verwaltungsinternalität

Die Lehre von der Verwaltungsinternalität betrachtet verdeckte Informationserhebungsmaßnahmen als lediglich schlicht-hoheitliches Handeln, das demzufolge keinen Grundrechtseingriff beinhalte[111]. Vielmehr handele es sich bei derartigen Maßnahmen um bloße Beeinträchtigungen, die als Ausdruck des allgemeinen Lebensrisikos keine grundrechtliche Relevanz für den Betroffenen aufwiesen. Schließlich fehle es auch an der Außenwirkung, die als klassisches Element für die Annahme eines Grundrechtseingriffs vorhanden sein müßte[112]. Die Informationserhebung stelle daher lediglich einen behördlichen Willensbildungsprozeß dar, der eine hoheitliche Maßnahme vorbereitet. Dieser Prozeß sei aber nur eine verwaltungsinterne Maßnahme[113]. Ein Eingriff im Zusammenhang mit verdeckter Informationserhebung könne sich vielmehr erst aus den Folgeerscheinungen ergeben. Erst der Durchführung konkreter polizeilicher Maßnahmen auf der Grundlage der erlangten Informationen könne also Eingriffscharakter zuerkannt werden.

Übersehen wird dabei zunächst schon, daß auch schlichtes Verwaltungshandeln zu Grundrechtseingriffen führen kann. Es besteht weitgehend Einigkeit, daß die durch verbindlichen Rechtsakt erzielte Außenwirkung nicht mehr das alleinige Kriterium für die Eingriffsqualität einer hoheitlichen Maßnahme bildet. Vielmehr können auch faktische Grundrechtsbeeinträchtigungen durch schlicht-hoheitliches Handeln Grundrechtseingriffe darstellen[114]. Im Zuge zunehmender Bedeutung schlicht-hoheitlichen Handelns in vielen Bereichen kann schon aus Gründen eines effektiven Rechtsschutzes der Eingriffsbegriff nicht mehr auf imperative hoheitliche Tätigkeiten beschränkt werden.

Die Qualifizierung polizeilicher Informationserhebungen als Verwaltungsinterna spielt daher für die Beantwortung der Frage nach ihrer Eingriffsqualität keine Rolle[115].

---

[111] So Kloepfer, S. 24; Ramsauer, VerwArch 72 (1981), S. 104.

[112] Steinke, MDR 1980, S. 457.

[113] Kloepfer, S. 24.

[114] Vgl. auch Ramsauer, VerwArch 72 (1981), S. 93 f.; Gallwas, passim; Roth, insbesondere S. 230 ff.

[115] So auch Kniesel/Tegtmeyer/Vahle, Rn. 489.

2. Schwellentheorie

Die Schwellentheorie wurde ursprünglich zu § 163 Abs. 1 StPO entwickelt, fand aber auch Anwendung auf Informationserhebungsbefugnisse der Polizeigesetze. Nach dieser Ansicht ist für die Frage des Eingriffscharakters die Erheblichkeit der Maßnahme von entscheidender Bedeutung[116]. Ein Eingriff liege danach nur vor, sofern die Maßnahmen eine gewisse Erheblichkeits- bzw. Intensitätsschwelle überschreiten.

Fraglich bleibt hier allerdings, ab welcher Intensitätsstufe ein Eingriff in Grundrechtspositionen zu bejahen ist. Die Grenzziehung zwischen Maßnahmen, deren Intensität zu der Annahme eines Grundrechtseingriffs führt und solchen, deren Intensität unterhalb dieser Schwelle bleibt, stellt sich in der Praxis als äußerst schwierig dar. Aus diesem Grunde könnte schon das Gebot der Normenklarheit gegen die Schwellentheorie sprechen[117].

Auf die Frage, inwieweit aber Intensität bzw. Erheblichkeit bei der Klärung des Eingriffscharakters verdeckter Informationserhebungsmaßnahmen zu beachten ist, muß an späterer Stelle noch zurückgekommen werden[118].

3. Sphärentheorie

Anknüpfend an das Rechtsgut der Privatsphäre entwickelte vor allem Evers[119] die sog. Sphärentheorie, die ähnlich auch vom Bundesverfassungsgericht bis zum Erlaß des Volkszählungsurteils[120] vertreten wurde[121]. Danach wird die Frage nach dem Eingriffscharakter von verdeckter Informationserhebung mit Hilfe der Entwicklung unterschiedlicher Sphären beantwortet; denn aufgrund der Gemeinschaftsgebundenheit des Einzelnen müsse sich dieser gewisse Einschränkungen seines Rechtsguts der Privatsphäre gefallen lassen[122]. Unterschieden werden hier

---

[116] So Ahlf, Die Polizei 1983, S. 50 f.; s. auch Vahle, S. 30 ff.

[117] Vgl. Kniesel/Tegtmeyer/Vahle, Rn. 491.

[118] Vgl. unten, S. 52 ff.

[119] S. 43 ff.

[120] BVerfGE 65, 1 ff.

[121] Konsequent seit BVerfGE 27, 1 (7) - Mikrozensus; 27, 344 (350 ff.) - Scheidungsakten; 32, 373 - Beschlagnahme von Krankenblättern; 34, 238 - Verwertung einer Tonbandaufnahme im Strafverfahren; 35, 202 - Lebachurteil; 44, 353 - Beschlagnahme von Klientenakten einer Suchtberatungsstelle; 54, 148 (153) - Fall Eppler; 63, 131 - Gegendarstellung im Rundfunk.

[122] Evers, Privatsphäre und Ämter für Verfassungsschutz, S. 43; BVerfGE 27, 1 (7).

die Privatsphäre als unantastbarer „Kernbereich“ der Persönlichkeit und die Öffentlichkeitssphäre als Bereich mit sozialem Bezug[123]. Die Privatsphäre als „innerster Lebensbereich“ oder „unantastbarer Bereich privater Lebensgestaltung“[124] sei als absolut schutzwürdig zu betrachten und gewähre dem Bürger ein Recht auf Freiheit vor staatlicher Informationssammlung. Dagegen wird etwa für eine Observation in der Öffentlichkeit die Eingriffsqualität verneint, da hier lediglich der weniger schutzwürdige Öffentlichkeitsbereich betroffen sei[125]; denn „sobald einer unbeschränkten Öffentlichkeit die Kenntnisnahme möglich ist“, ende die Freiheit vor staatlicher Informationserhebung[126]. An einem Eingriff in die geschützte Privatsphäre fehle es danach auch, sofern die Kenntnisnahme von personenbezogenen Informationen lediglich auf flüchtigem oder zufälligem Wege erfolge[127].

Zu beachten ist aber, daß der Schutzbereich und die Einschränkungsmöglichkeiten von Grundrechten nicht verwechselt werden dürfen; denn im Grunde kann der Gesichtspunkt, ob eine Maßnahme eine mehr oder eine weniger schutzbedürftige Sphäre betrifft, nicht etwas über die Berührung eines grundrechtlichen Schutzbereiches aussagen, sondern vielmehr nur bei der Frage nach den Einschränkungsmöglichkeiten herangezogen werden[128].

4. Lehre vom Informationseingriff

Vertreten wurde aber auch bereits vor Erlaß des Volkszählungsurteils die Lehre vom Informationseingriff, nach der jede Maßnahme der Informationserhebung und -verarbeitung einen Grundrechtseingriff darstelle[129]. Unterschieden wird weder nach der Intensität der Maßnahme, noch nach der Qualität der gewonnenen Information. Auch die Erlangung belanglosester Informationen sei demnach als ein Eingriff in die Freiheitsrechte des Betroffenen anzusehen[130]; denn die Datenerhe-

[123] BVerfGE 27, 1 (7); Evers, Privatsphäre und Ämter für Verfassungsschutz, unterscheidet insgesamt vier Bereiche mit abgestufter Schutzwürdigkeit, S. 43 ff.; s. dazu auch Deutsch, S. 38 ff.

[124] BVerfGE 27, 1 (6).

[125] BVerfGE 27, 1 (7).

[126] Evers, Privatsphäre und Ämter für Verfassungsschutz, S. 44.

[127] Evers, ebda.

[128] So auch Schatzschneider, S. 136.

[129] So Schwan, VerwArch 66 (1975), 127 ff.; Schatzschneider, S. 136 ff.; Simon/Taeger, JZ 1982, S. 141.

[130] Simon/Taeger, JZ 1982, S. 141.

bung verletze den Betroffenen durch Beeinträchtigung seines Rechtes auf ungestörte Kommunikation zwangsläufig in seiner Persönlichkeitssphäre[131]. Da hier nicht zwischen weniger geschützter Öffentlichkeits- und absolut geschützter Privatsphäre unterschieden wird, muß dies auch dann gelten, wenn die Informationserhebung in der Öffentlichkeit erfolgt[132]. Das Fehlen klassischer Merkmale eines Grundrechtseingriffs wie Befehl oder Zwang überwindet die Eingriffstheorie mit der Argumentation, in Maßnahmen der verdeckten Informationserhebung sei „stets der Befehl enthalten, den tatsächlichen Eingriff zu dulden“[133].

III. Kriterien nach dem Urteil des Bundesverfassungsgerichts zum Volkszählungsgesetz

In seinem im Jahre 1983 ergangenen Urteil zum Volkszählungsgesetz[134] hat das Bundesverfassungsgericht das Recht auf informationelle Selbstbestimmung im Wege konkretisierender Verfassungsinterpretation aus dem allgemeinen Persönlichkeitsrecht in Art. 2 Abs. 1 i.V.m. Art. 1 Abs. 1 GG hergeleitet[135]. Spätestens seit diesem Urteil hat das Recht auf informationelle Selbstbestimmung allgemeine Anerkennung gefunden. Dennoch fehlt eine klare Umreißung des Schutzbereiches, dessen Umfang daher anhand der vom Bundesverfassungsgericht aufgestellten Kriterien einer näheren Bestimmung bedarf.

1. Analyse des Schutzbereiches des Rechts auf informationelle Selbstbestimmung

Den Aussagen des Bundesverfassungsgerichts zufolge umfaßt das allgemeine Persönlichkeitsrecht den Schutz des Einzelnen gegenüber unbegrenzter Erhebung, Speicherung, Verwendung und Weitergabe seiner persönlichen Daten[136]. Das Recht auf informationelle Selbstbestimmung gewährleistet danach die Befugnis

---

[131] Simon/Taeger, ebda.

[132] Schwan, VerwArch 66 (1975), S. 131.

[133] Evers, ZRP 1980, S. 111.

[134] BVerfGE 65, 1 ff.

[135] Vgl. dazu die Urteilsbesprechungen von R. Baumann, DVBl. 1984, S. 612; Simitis, NJW 1984, S. 398 ff.; Hufen, JZ 1984, S. 1072 ff.; sehr kritisch Krause, JuS 1984, S. 268 ff.; auch Schlink, Der Staat 1986, S. 233 ff.

[136] BVerfGE 65, 1 (LS 1); vgl. auch Vogelgesang, S. 54 f.; R. Baumann, DVBl. 1984, S. 612.

des Einzelnen, grundsätzlich selbst darüber zu entscheiden, ob und innerhalb welcher Grenzen Informationen über persönliche Lebenssachverhalte offenbart werden[137]. Diese Entscheidungsfreiheit ist Teil der freien Entfaltung der Persönlichkeit und wird vom Bundesverfassungsgericht noch ergänzt um die Maßgabe, daß der Bürger jederzeit in der Lage sein muß, zu erkennen, wer was wann und bei welcher Gelegenheit über ihn weiß[138]. Eine undurchschaubare Informationssammlung würde einerseits die persönliche Entfaltungsfreiheit des einzelnen Bürgers beeinträchtigen; denn müßte er jederzeit damit rechnen, daß persönliche Informationen erhoben, gespeichert und gegebenenfalls verwendet werden können, hätte dies unter Umständen eine Anpassung seiner Verhaltensweisen zur Folge. Andererseits würde diese Möglichkeit aber auch eine Beeinträchtigung des Gemeinwohls bedeuten, da die Selbstbestimmung als eine elementare Funktionsbedingung eines auf Handlungs- und Mitwirkungsfähigkeit seiner Bürger begründeten freiheitlichen demokratischen Gemeinwesens betrachtet wird[139].

Fraglich ist aber, ob aus den Ausführungen des Bundesverfassungsgerichts abgeleitet werden kann, daß mit dem Recht auf informationelle Selbstbestimmung ein allumfassendes Recht am eigenen Datum in der Form eines absoluten „Eigentumsrechts" gewährleistet werden soll[140]. Das hätte zur Folge, daß jedes personenbezogene Datum absoluten Schutz gegenüber jedermann genießen würde[141]. Eine solche Deutung würde aber die Gemeinschaftsgebundenheit des Individuums außer acht lassen; denn innerhalb der Gesellschaft ist die Kommunikation zwischen den Individuen als Teil dieser Gesellschaft unverzichtbar. Eine absolute Verfügungsbefugnis des Einzelnen über seine Daten würde aber eine Kommunikation quasi unmöglich machen[142]. Daher kann das Recht auf informationelle Selbstbestimmung nicht als ein absolutes Herrschaftsrecht über die eigenen Daten angesehen werden.

Hinsichtlich des Inhalts des informationellen Selbstbestimmungsrechts lassen sich folglich zwei Aspekte unterscheiden. Zum einen wird die „Selbstdarstellung nach außen" geschützt, womit die grundsätzliche Verfügungsbefugnis des Einzelnen

---

[137] BVerfGE 65, 1 (42).

[138] BVerfGE 65, 1 (43); auch BVerfGE 67, 100 (142 f.).

[139] BVerfGE 65, 1 (43).

[140] S. dazu Vogelgesang, S. 140 f.; Deutsch, S. 77 f.

[141] Vogelgesang, S. 141.

[142] Vogelgesang, S. 142; Deutsch, S. 78.

über personenbezogene Daten in den oben herausgearbeiteten Grenzen sichergestellt wird[143]. Zum anderen gewährleistet das Recht auf informationelle Selbstbestimmung den Schutz des Einzelnen vor einem Eindringen in den persönlichen Innenbereich[144]. Ein solches liegt insbesondere bei einem heimlichen Vorgehen seitens des Staates vor[145]. Es liegt in der Natur der Sache, daß der Betroffene bei einem derartigen Vorgehen nicht die Möglichkeit hat, seinen persönlichen Innenbereich gegen den Staat abzuschirmen. Wer nicht weiß und auch nicht damit rechnen muß, daß er beispielsweise belauscht wird, hat nicht die Freiheit zu entscheiden, was er dem Staat preisgibt.

Fraglich ist nun, ob das Recht auf informationelle Selbstbestimmung tatsächlich die Nachfolge der Sphärentheorie antritt und damit ihre Ablösung bedeutet[146]. Dabei ist zu berücksichtigen, daß es laut Volkszählungsurteil für die Bestimmung des Schutzbereiches des Rechts auf informationelle Selbstbestimmung maßgeblich auf die Nutzbarkeit und die Verwendungsmöglichkeiten der erhobenen Daten abzustellen ist[147]. Die Qualität oder das Ausmaß der Daten bleiben hier dagegen außer acht; denn auch zunächst unwichtig erscheinende Informationen können mit Hilfe der weiteren Verarbeitung und Verknüpfung dazu beitragen, Teil- oder Gesamtbilder einer Persönlichkeit zu erstellen. Daher gebe es „kein belangloses Datum“ mehr[148]. Zusammenfassend läßt sich also festhalten, daß das Bundesverfassungsgericht mit den Ausführungen im Volkszählungsurteil zwar an die Sphärentheorie anknüpft, diese aber endgültig ablöst[149].

2. Mindestmaß an Erheblichkeit der Maßnahmen ?

Die Analyse des Schutzbereiches des Rechts auf informationelle Selbstbestimmung hat zu der Erkenntnis geführt, daß verdeckte Informationserhebung grundsätzlich einen Eingriff in diesen Schutzbereich darstellt. Fraglich ist aber, ob der

---

[143] Aulehner, CR 1993, S. 450.

[144] Aulehner, CR 1993, S. 450.

[145] S. dazu Deutsch, S. 35.

[146] So Schlink, Der Staat 1986, S. 241; deutlich Benda, DuD 1984, S. 88; Steinmüller, DuD 1984, S. 93; anders aber Krause, JuS 1984, S. 271, der im Ansatz des informationellen Selbstbestimmungsrechts lediglich eine Modifizierung der Sphärentheorie sieht.

[147] BVerfGE 65, 1 (45).

[148] BVerfGE 65, 1 (45).

[149] So auch Geis, JZ 1991, S. 112, der aber für die Aufrechterhaltung der Sphärentheorie plädiert.

Schutzbereich tatsächlich als so weit interpretiert werden kann, daß jegliche staatliche Erlangung von Informationen darunter zu fassen ist, oder ob hier nicht doch ein Mindestmaß an Intensität und Erheblichkeit der Maßnahme zu fordern ist. Dies wird besonders deutlich, wenn man sich Formen der Kenntniserlangung durch zufällige Beobachtungen während polizeilicher Streifenfahrten, durch Fragen eines Polizisten nach einer bestimmten Straße oder durch einen Blick in öffentliche Fernsprechbücher vor Augen führt. Die Qualifizierung derartiger Informationsgewinnung als Grundrechtseingriff erscheint übertrieben. Anhand des Normzwecks des Rechts auf informationelle Selbstbestimmung ist daher zu überprüfen, wo die Grenze für die Annahme eines Grundrechtseingriffes zu ziehen ist.

a) Normzweck des Rechts auf informationelle Selbstbestimmung

Das Recht auf informationelle Selbstbestimmung schützt vor allem die Entscheidungsfreiheit des einzelnen über die Offenbarung persönlicher Lebenssachverhalte. Damit wird auch die Erwartung des einzelnen, von staatlicher Erhebung personenbezogener Informationen verschont zu bleiben, geschützt[150]. Diese Erwartung kann aber nur so weit gehen, wie der einzelne sich sicher sein kann, daß die Wahrnehmung von Informationen anderen verwehrt ist. Das Normalmaß öffentlicher Kommunikation ist somit grundsätzlich vom Schutzbereich des Rechts auf informationelle Selbstbestimmung ausgenommen. Wer sich in diesem Rahmen bewegt, kann nicht erwarten, von staatlicher Wahrnehmung gänzlich verschont zu bleiben, so daß ein weitergehendes Schutzbedürfnis hier nicht anerkannt werden kann. Dem steht auch nicht entgegen, daß es nach den Ausführungen des Bundesverfassungsgericht „kein belangloses Datum" mehr gibt[151]; denn nicht die Qualität der Information soll hier ausschlaggebend sein, sondern vielmehr die angestrebte Verwendungsmöglichkeit.

b) Kriterien für Erheblichkeit der Maßnahmen

Es steht nach dem Normzweck des Rechts auf informationelle Selbstbestimmung demnach fest, daß die Maßnahmen zur Informationserhebung eine gewisse Erheblichkeit erreichen müssen, um einen Grundrechtseingriff darzustellen. Außer der

---

[150] Vgl. dazu Vogelgesang, S. 53 f.

[151] S. nochmals BVerfGE 65, 1 (45).

angestrebten Verwendungsmöglichkeit, also des Zwecks der Maßnahme, spielen hier auch Umfang und Aufwand der Informationserhebung eine Rolle.

aa) Zweck der Maßnahme

Eine staatliche Informationserhebungsmaßnahme erreicht dann eine grundrechtsrelevante Erheblichkeit, wenn ihr Zweck in der systematischen, geplanten und gezielten Erhebung persönlicher Daten des Betroffenen liegt[152]. Damit scheiden Wahrnehmungen, die auf bloßer Zufälligkeit oder Flüchtigkeit beruhen, aus; denn der Schutzbereich des Rechts auf informationelle Selbstbestimmung kann erst dann als betroffen gelten, wenn über eine zufällige oder flüchtige Wahrnehmung hinaus mit der Informationserhebung ein bestimmter Zweck verfolgt wird, der eine bestimmte Person betrifft. Damit können beispielsweise polizeiliche Wahrnehmungen während einer Streifenfahrt oder der Beobachtung des Verkehrsgeschehens, die nicht zielgerichtet erfolgen, nicht als Grundrechtseingriff qualifiziert werden.

bb) Intensität der Maßnahme

Bedeutsam für die Qualifizierung als Grundrechtseingriff ist aber auch die Intensität der Maßnahme[153]. Sobald ein besonderer Aufwand in technischer oder organisatorischer Hinsicht betrieben wird, überschreitet die Maßnahme die Intensitätsschwelle, unterhalb derer ein grundrechtsrelevantes staatliches Verhalten ausscheidet; denn die geschützte Erwartung des Bürgers, von staatlicher Informationserhebung verschont zu bleiben, wird enttäuscht, sofern unter Einsatz besonderen Aufwandes etwa die Grenzen natürlicher Wahrnehmbarkeit im öffentlichen Kommunikationsraum überschritten werden. Das gleiche gilt, sofern die Erhebung oder Verwendung von Daten weiter geht, als der betroffene Bürger annehmen kann. So hat der Bürger zwar den Blick des Polizeibeamten in ein öffentliches Fernsprechbuch hinzunehmen, nicht aber die Ermittlung von Informationen in großem Umfang und mit großem technischen Aufwand. Auch die Zeitdauer der Informationserhebung ist hier von Bedeutung. Eine flüchtige Wahrnehmung wird dann zu einer Maßnahme mit Eingriffscharakter, wenn daraus

---

[152] Vgl. Denninger, in: Hohmann, Freiheitssicherung durch Datenschutz, S. 152; Deutsch, S. 144.
[153] Vgl. Denninger, in: Hohmann, Freiheitssicherung durch Datenschutz, S. 151.

eine länger andauernde Beobachtung wird; denn in diesen Fällen wird der Rahmen des Normalmaßes öffentlicher Kommunikation überschritten.

3. Maßnahmen zur Informationserhebung ohne Eingriffscharakter ?

Damit steht fest, daß es durchaus Maßnahmen polizeilicher Informationserhebung ohne Eingriffscharakter gibt. Als Beispiele sind hier normale Streifentätigkeit[154], Verkehrsbeobachtung oder auch die informatorische Befragung[155] zu nennen. Letztere ist im Gegensatz zur polizeilichen Befragung[156] nicht als Grundrechtseingriff zu werten, da sie nicht gegen den Willen des Betroffenen stattfindet[157]. Voraussetzung ist hier die Einwilligung des Befragten, so daß sie auf freiwilliger Auskunfterteilung beruht[158]. In diesem Falle ist ein Schutzbedürfnis nicht gegeben. Etwas anderes gilt aber dann, wenn die informatorische Befragung verdeckt durchgeführt wird, der Befragte also keine Kenntnis davon hat, daß es sich um eine polizeiliche Maßnahme handelt. Dann beruht der Eingriffscharakter der Maßnahme darauf, daß die Einwilligung des Befragten zur Auskunftserteilung auf einer Täuschung beruht. Hier ist das schutzwürdige Recht des Bürgers betroffen, sich seinen Kommunikationspartner auszusuchen[159].

Auch ein Eingriff in Grundrechtspositionen durch Einsatz technischer Mittel ist dann zu verneinen, wenn die Aufnahme als sozialadäquat zu betrachten ist[160]. Dies ist dann der Fall, wenn der Betroffene in der konkreten Situation damit zu rechnen hat, daß Aufzeichnungen mit Hilfe technischer Mittel angefertigt werden[161]. Entscheidend ist demnach, ob der Betroffene sich unbeobachtet fühlen darf oder ob er von der Möglichkeit optischer und akustischer Überwachung bzw. Aufzeichnung ausgehen muß. So ist etwa die kenntlich gemachte Überwachung von Bankräumen, Tankstellen, etc. durch Videokameras nicht als ein Eingriff in Grundrechtspositionen der aufgenommenen Personen zu betrachten.

---

[154] Zur zielgerichteten Streifentätigkeit als „Strategiemodell“ in der Polizeitätigkeit vgl. J. Schröder, Die Polizei 1997, S. 258 ff.

[155] Zur Abgrenzung der informatorischen Befragung von der Vernehmung einerseits und von der polizeilichen Befragung andererseits vgl. Müller, S. 22 ff.

[156] Zur Grundrechtsrelevanz der polizeilichen Befragung vgl. nochmals Müller, S. 45 ff.

[157] Vgl. dazu Müller, S. 22 f.; Gusy, NVwZ 1991, S. 618 ff.

[158] Gusy, NVwZ 1991, S. 619.

[159] Gusy, ebda.

[160] S. dazu Schmidt-Aßmann, AöR 106 (1981), S. 212.

[161] Gusy, VerwArch 74 (1983), S. 99; Alberts/Merten, § 10, Rn. 3.

4. Formen polizeilicher Informationserhebung mit Eingriffscharakter

Für die den Regelungen im VE ME PolG nachgebildeten polizeilichen Befugnisse zu Vorfeldermittlungen muß nach allem gelten, daß es sich regelmäßig um Maßnahmen mit Eingriffscharakter handelt. Sämtliche Vorfeldermittlungsmaßnahmen überschreiten die oben herausgebildete Grenze der Erheblichkeit. Datenerhebungen zur vorbeugenden Bekämpfung von Straftaten erfolgen jeweils zielgerichtet und unter Verfolgung eines bestimmten Zweckes. Damit liegen diese Datenerhebungen jenseits der Grenze der Zufälligkeit und Flüchtigkeit. Sofern die Informationssammlung verdeckt erfolgt, ist dem Betroffenen die Möglichkeit verwehrt, zu erkennen, bei welcher Gelegenheit und in welchem Umfang Daten über ihn erhoben werden. Eine verdeckte Datenerhebung bewegt sich damit außerhalb des Rahmens der Erkennbarkeit und der Berechenbarkeit für den Bürger.

Die besonderen Formen der Datenerhebung nach § 8 c VE ME PolG sind darüberhinaus jeweils mit einem besonderen Aufwand in technischer sowie auch personeller Hinsicht verbunden. Der Einsatz dieser besonderen Mittel erfordert eine vorausgehende Planung und unter Umständen eine entsprechende Ausrüstung, durch welche die Intensitätsschwelle, unterhalb derer ein grundrechtsrelevantes Vorgehen ausscheidet, überschritten wird. Durch den Einsatz technischer Mittel wie Kameras und Mikrophone werden die Grenzen natürlicher Wahrnehmbarkeit überwunden. An dieser Grenze beginnt aber der Schutz der Selbstdarstellung nach außen durch das Recht auf informationelle Selbstbestimmung. Der Bürger muß nicht damit rechnen, daß Informationen über ihn erhoben werden können, die auf natürliche Weise nicht wahrnehmbar wären. Anders als mit dem Einsatz technischer Mittel hat man aber mit der Wahrnehmung von dritter Seite durch die natürlichen Sinnesorgane jederzeit zu rechnen.

IV. Ergebnis

Als Ergebnis ist daher festzuhalten, daß die im VE ME PolG vorgesehenen Maßnahmen zur vorbeugenden Bekämpfung von Straftaten jeweils einen Eingriff in das Recht auf informationelle Selbstbestimmung bedeuten, sofern sie nicht unterhalb der aufgezeigten Intensitäts- und Erheblichkeitsschwelle bleiben. Trotz fehlender mittelbarer und auch faktischer Wirkung beim Betroffenen kann den Vorfeldermittlungsmaßnahmen daher im Regelfall der Eingriffscharakter nicht abgesprochen werden. Damit steht aber auch fest, daß Vorfeldermittlungen nach dem

Grundsatz des Vorbehalts des Gesetzes zwingend einer gesetzlichen Grundlage bedürfen. Auf der Grundlage dieses Ergebnisses kann daher die weitere Prüfung erfolgen, ob die bestehenden gesetzlichen Grundlagen auch allen sonstigen Anforderungen genügen.

Es stellt sich daher zunächst die Frage, unter welchen Voraussetzungen das Recht auf informationelle Selbstbestimmung beschränkt werden kann.

V. Einschränkbarkeit des Rechts auf informationelle Selbstbestimmung

Wie bereits oben verdeutlicht, gewährleistet das Recht auf informationelle Selbstbestimmung dem Einzelnen keine unbeschränkte Verfügungsbefugnis über seine Daten im Sinne eines absoluten Eigentumsrechts[162]. Einschränkungen dieses Grundrechts sind dann hinzunehmen, wenn sie im überwiegenden Allgemeininteresse erfolgen[163]; denn das Bundesverfassungsgericht geht von dem Einzelnen als einem sozialen Wesen aus, das sich innerhalb einer Gemeinschaft entfaltet und auf Kommunikation angewiesen ist[164]. Auch personenbezogene Daten des Einzelnen stellen einen Teil der sozialen Realität dar[165]. Anerkannt wird aber ein letztlich unantastbarer Bereich privater Lebensgestaltung, der der öffentlichen Gewalt entzogen sein und bleiben soll[166]. So darf eine Informationserhebung nicht dazu führen, daß annähernd vollständige Persönlichkeitsbilder erstellt werden[167]; denn damit würde der Mensch zum bloßen „Datenobjekt" in Staat und Gesellschaft herabgewürdigt. Dies wäre aber mit der Würde des Menschen, die den Schutzbereich des Rechts auf informationelle Selbstbestimmung mitprägt, nicht mehr zu

162 Nochmals BVerfGE 65, 1 (43 ff.).

163 BVerfGE 65, 1 (43 f.).

164 Vgl. Vogelgesang, S. 56; R. Baumann, DVBl. S. 612; Heußner, BB 1990, S. 1282; Geis, JZ 1991, S. 114.

165 Vgl. Deutsch, S. 68; Heußner, BB 1990, S. 1282; Raum/Palm, JZ 1994, S. 453.

166 Vgl. dazu aus der Rechtsprechung des Bundesverfassungsgerichts BVerfG DVBl. 1990, S. 1041 (zur unzulässigen Bekanntgabe von Daten der Betroffenen im Planfeststellungsverfahren); BVerfG MDR 1991, S. 865 (zur rechtswidrig verlangten Offenlegung einer Entmündigung); BVerfG NJW 1991, S. 2952 (zur Rechtmäßigkeit des gesetzlichen Verbots der Mikroverfilmung von Patientendaten im Wege der Auftragsdatenverarbeitung); BVerfG NJW 1991, S. 2339 (zum Verhältnis von Meinungsfreiheit und Persönlichkeitsrecht); s. auch Schmitt Glaeser, in: Isensee/Kirchhof (Hrsg.), HbdStR Bd. VI, § 129, Rn. 101; Gola, NJW 1993, S. 3110.

167 BVerfGE 65, 1 (42); dazu Schmitt Glaeser, in: Isensee/Kirchhof (Hrsg.), HbdStR Bd. VI, § 129, Rn. 101.

vereinbaren[168]. Nicht die Möglichkeit der Informationserhebung um jeden Preis, sondern der Schutz von Würde und Persönlichkeit des Menschen steht im Mittelpunkt der Verfassung und bildet die Grundvoraussetzung für eine freie und demokratische Gesellschaft. Ein Eingriff in den Menschenwürdegehalt des Rechts auf informationelle Selbstbestimmung könnte daher nicht gerechtfertigt werden und bedeutete immer eine Verletzung des Grundrechts. Ansonsten bedarf aber nach den Ausführungen des Bundesverfassungsgerichts jede Beschränkung des Rechts auf informationelle Selbstbestimmung einer gesetzlichen Grundlage, die dem rechtsstaatlichen Gebot der Normenklarheit sowie dem Grundsatz der Verhältnismäßigkeit entsprechen muß[169].

D. Wandel der Polizeiaufgaben - Entwicklungslinien des Begriffs und der Aufgaben der Polizei

Um den Bereich der Vorfeldermittlungen genauer zu erfassen, ist dieser im Zusammenhang mit dem Bereich der herkömmlichen Aufgaben der Polizei zu betrachten. So kann eine Klärung erfolgen, ob die Vorfeldermittlungen in den herkömmlichen polizeilichen Aufgabenkreis einzugliedern sind bzw. ob und inwieweit sie sich von diesen Aufgaben unterscheiden. Für diese Abgrenzung ist eine genaue Darstellung der herkömmlichen Aufgabenbereiche und ihrer Grenzen erforderlich. Zum Verständnis der polizeilichen Aufgaben und insbesondere des Begriffes der Polizei ist zunächst die geschichtliche Entwicklung nachzuzeichnen. Diese Darstellung des Wandels in Begriff und Aufgaben der Polizei verdeutlicht die Hintergründe der Entstehung des heutigen Polizeirechts und seiner Grundsätze und liefert Hinweise auf dessen Grenzen. Im Vordergrund der Betrachtung der Vorfeldermittlungen steht deren Stellung zum präventiven Aufgabenkreis der Polizei, so daß auch die Darstellung der Entwicklung sich auf den gefahrenabwehrenden Teil der Polizei beschränkt.

---

[168] Vgl. Schmitt Glaeser, in: Isensee/Kirchhof (Hrsg.), HbdStR Bd. VI, § 129, Rn. 101; Heußner, BB 1990, S. 1284 f.

[169] BVerfGE 65, 1 (44).

I. Entwicklung der polizeilichen Aufgaben bis heute

Der Begriff der Polizei erfuhr im Laufe der Zeit recht unterschiedliche inhaltliche Ausprägungen, so daß nicht von einem von vornherein feststehenden Begriff ausgegangen werden kann[170]. Um Inhalt und Bedeutung des Begriffes in der heutigen Zeit verstehen und auch hinterfragen zu können, muß daher die Linie der unterschiedlichen Vorstellungen durch die einzelnen rechtsgeschichtlichen Epochen erläutert werden.

1. 15.-18. Jahrhundert

Mit Entstehung und Aufkommen der Städte im Mittelalter werden neue Formen der Ordnung menschlichen Zusammenlebens notwendig, und das Phänomen der Polizei entsteht als Reaktion auf diese Problematik[171].

Der Begriff "Polizei“ tauchte in der deutschen Rechtssprache erstmalig in einer Urkunde von Kaiser Friedrich an die Reichsstadt Nürnberg von 1466 in der Wortverbindung „pollizey und regirung“ auf[172]. Vom Gesetzgeber wurde der Begriff „Policey“ erstmalig im Jahre 1476 in einer Vorschrift des Bischofs Rudolf von Scherenberg, die er als Landesherr von Würzburg erließ, verwendet[173]. Abgeleitet wurde dieser Begriff vom griechischen Ausdruck "politeia" aus der aristotelischen Staatslehre, der die Verfassung des städtischen Gemeinwesens und den bürgerschaftlichen Status bezeichnete[174]. Man verstand unter „Policey“, entsprechend den Staatstheorien zu Beginn der Neuzeit, die von einer umfassenden Wohlfahrtspflege des Staates ausgingen, zunächst den Zustand guter Ordnung in einem Gemeinwesen[175]. Gemeint war damit eine vom Staat herzustellende materielle Ordnung, die den Wohlstand der Bürger sicherte[176].

Damit blieben Begriff und Aufgaben der Polizei als Institution aber zunächst noch im wesentlichen unbestimmt.

---

170 Drews/Wacke/Vogel/Martens, S. 2; Boldt, in: Lisken/Denninger (Hrsg.), HbdPolR, Kap. A, Rn. 1.

171 Boldt, aaO., Rn. 2 f.; Harnischmacher/Semerak, S. 8.

172 Vgl. Maier, S. 94; Just, S. 6; Knemeyer, Polizeirecht, Rn. 2.

173 Vgl. Just, S. 6; Knemeyer, Polizeirecht, Rn. 2.

174 Von Unruh, DVBl. 1972, S. 469.

175 Maier, S. 96; Drews/Wacke/Vogel/Martens, S. 3; Götz, Polizeirecht, Rn. 6; Knemeyer, Polizeirecht, Rn. 2; Harnischmacher/Semerak, S. 17; Just, S. 7.

176 Preu, S. 20 ff.; Knemeyer, AöR 92 (1967), S. 155 ff.

Im Laufe des 16. Jahrhunderts wurden dann auswärtige und das Militär betreffende Angelegenheiten aus dem Polizeibegriff ausgeklammert[177].

2. Absolutismus: "Polizeistaat" und Begriff der Wohlfahrtspflege

Im Zeitalter des Absolutismus erfuhr der Polizeibegriff bedeutsame Erweiterungen und Veränderungen. Er umfaßte das Hoheitsrecht des absoluten Herrschers und als materieller Begriff auch die gesamte innere Staatsverwaltung und wurde damit nahezu allumfassend[178].

Die Polizeigewalt, die „ius politiae", wurde der wichtigste Teil der absoluten Staatsgewalt in einem polizeistaatlichen System, in dem der absolute Herrscher ohne Bindung an eine Verfassung, an parlamentarische Gesetzgebung oder Gewaltenteilung und ohne die Möglichkeit gerichtlichen Rechtsschutzes seine Macht über die Untertanen ausüben konnte[179]. Im Polizeistaat fehlte es an jeder Begrenzung und Abgrenzung des Rechts. Schon hier tendierte die Polizei zusätzlich dazu, ihre Kompetenzen selbsttätig noch weiter auszudehnen, eine Tendenz, die sich auch im Verlauf der weiteren geschichtlichen Entwicklung immer wieder zeigen wird.

Inhaltlich war die Polizei sowohl für die Gewährleistung der Sicherheit im Staat, als auch für die Förderung der öffentlichen Wohlfahrt zuständig[180]. Letzteres Ziel polizeilicher Tätigkeit ist auf den Einfluß der Naturrechtsphilosophie zurückzuführen und brachte eine Unterscheidung zwischen "Wohlfahrtspolizei" und "Sicherheitspolizei" gegen Ende des 18. Jahrhunderts hervor[181]. Die Sorge um die Wohlfahrt der Bürger stand aber im Mittelpunkt der polizeilichen Aufgabenstellung in dieser auch als "wohlfahrtsstaatlich" bezeichneten Epoche.

In dieser Zeit liegen die Wurzeln der Polizeiwissenschaft[182]: Staatstheoretiker wie Johann Heinrich Gottlieb von Justi, Johann Bernhard Hoffer oder Johann Jacob

---

177 Vgl. Preu, S. 21.

178 Preu, S. 23 f.; Knemeyer, AöR 92 (1967), S. 167 f.; Just, S. 7.

179 Harnischmacher/Semerak, S. 24; Drews/Wacke/VogelMartens, S. 3; Götz, Polizeirecht, Rn. 7.

180 Vgl. Just, S. 7.

181 Drews/Wacke/Vogel/Martens, S. 4; Boldt, in: Lisken/Denninger (Hrsg.), HbdPolR, Kap. A, Rn. 15 f.

182 Knemeyer, AöR 92 (1967), S. 166.

Moser begannen erstmalig, das Phänomen der Polizei wissenschaftlich zu betrachten[183].

3. Aufklärung und liberaler Rechtsstaat: Polizeibegriff des ALR und die Rechtsprechung des Preußischen OVG

Gegen die unbeschränkte Machtausübung des Absolutismus wandte sich schließlich die Philosophie der Aufklärung, die das Vertrauen auf die individuelle Vernunft und die Forderung nach Selbstbestimmung ohne staatliche Bevormundung hervorbrachte. Verlangt wurden eine Beschränkung der Macht durch das Gesetz sowie eine unabhängige Gerichtsbarkeit[184].

Die staatstheoretischen Auffassungen der Aufklärungsphilosophie führten zu einer Einschränkung des Staatszwecks und damit auch des Polizeibegriffs[185]. Der ursprüngliche Zweck des Staates lag danach in der Gewährleistung und Erhaltung der Sicherheit, nicht aber in der Sorge um die Wohlfahrt der Bürger. In der Folge wurde die Wohlfahrtspflege aus den Aufgaben und Befugnissen der Polizei ausgeklammert[186].

Beeinflußt wurde diese Entwicklung auch von staatsphilosophischen Denkern, die die Individualrechte der Bürger "entdeckten" und in den Mittelpunkt der Staatsbetrachtung rückten, wie z.B. Hugo Grotius oder Wilhelm von Humboldt, der versuchte, den Staatszweck auf den individuellen Rechtsschutz zu reduzieren.

Die Aufgabe der Polizei wurde auf die Formel "Fürsorge zur Abwehr künftiger Übel" (cura avertendi mala futura)[187] gebracht. Dieser neue, eingeschränkte Polizeibegriff fand Aufnahme in das Preußische Allgemeine Landrecht von 1794 (ALR), dessen Generalklausel des § 10 Titel 17, Theil II lautet:

> "Die nöthigen Anstalten zur Erhaltung der öffentlichen Ruhe, Sicherheit und Ordnung und zur Abwendung der dem Publico oder

[183] Zu von Justi vgl. vor allem Preu, S. 149 ff.

[184] Harnischmacher/Semerak, S. 38.

[185] Drews/Wacke/Vogel/Martens, S. 4; zu den damaligen polizeirechtswissenschaftlichen Auffassungen vgl. vor allem die umfangreiche Darstellung bei Preu, S. 91 ff..

[186] Götz, Polizeirecht, Rn. 10; Harnischmacher/Semerak, S. 38.

[187] Vgl. Preu, S. 167 mit dem Hinweis auf Johann Stephan Pütter, "Institutiones iuris publici Germanici", 1770, 6. A. 1802, Cap. III, § 331.

einzelnen Mitgliedern desselben bevorstehenden Gefahren zu treffen, ist das Amt der Polizei."

Das ALR unterscheidet deutlich zwischen Gefahrenabwehr und Wohlfahrtspflege und wies der Polizei die Aufgabe der Gefahrenabwehr zu[188].

Jedoch blieb die Unterscheidung zwischen Sicherheits- und Wohlfahrtspolizei zunächst noch eher theoretischer Natur, und die Herstellung einer Ordnung, die den Wohlstand der Bürger gewährleisten sollte, stand noch bis weit ins 19. Jahrhundert hinein im Mittelpunkt der polizeilichen Aufgaben[189].

Im 19. Jahrhundert brachten Bevölkerungszunahme, technische und wirtschaftliche Entwicklung, industrielle Revolution und Soziale Frage neuartige Probleme gesellschaftlichen Zusammenlebens und damit neuartige Aufgaben für die Polizei hervor. Der Zunahme der Kriminalität aufgrund der Verelendung der Bevölkerung und des rapiden Anwachsens der Städte sowie den neuartigen Gefährdungen durch die Industrie mußte begegnet werden.

Es bildeten sich Fachpolizeien und eine "geheime" oder "politische" Polizei zur effektiven Kriminalitätsbekämpfung heraus[190]. Der Bereich der Gefahrenabwehr und insbesondere des Staatsschutzes gewann an Bedeutung[191]. Erkennbar wird daraus die Tendenz der Polizei, ihre Befugnisse mit dem Argument, den neuartigen Gefahren möglichst effektiv begegnen zu müssen, auszudehnen.

Gleichzeitig häuften sich aber die Klagen der Bevölkerung, die immer nachdrücklicher ihrem Unmut über Machtmißbrauch und Übergriffe der Polizei Ausdruck verlieh[192].

Die verfassungsrechtlichen und politischen Verhältnisse im Staate blieben also die den Polizeibegriff prägenden Faktoren, so daß ein Begriffswandel notwendig einen Wandel der verfassungsrechtlichen Situation voraussetzte. Daher konnte erst

---

188 Vgl. §§ 2, 3 II 13 ALR; s. zum Polizeibegriff des ALR auch Scupin, S. 13 ff.

189 Boldt, in: Lisken/Denninger (Hrsg.), HbdPolR, Kap. A, Rn. 19, 23; Harnischmacher /Semerak, S. 39.

190 S. Scupin, S. 65 ff.

191 Boldt, in: Lisken/Denninger (Hrsg.), HbdPolR, Kap. A, Rn. 27 ff.

192 Vgl. dazu Otto, Die preußische Staatsanwaltschaft, 1899, S. 37 ff., 44 ff.; W. Wagner, MDR 1973, S. 713.

die Entstehung des liberalen bürgerlichen Rechtsstaates im 19. Jahrhundert zu einer nachhaltigen Verengung des Polizeibegriffs führen[193].

Die Idee des Liberalismus stand einer Ausdehnung der polizeilichen Machtbefugnisse und einer darin gesehenen Einschränkung der individuellen Freiheit entgegen[194]. Gefordert wurde nicht nur eine rechtsstaatliche Kontrollinstanz, sondern auch eine Ermächtigung der Polizei als Grundlage für Eingriffe in Freiheit und Eigentum. Die Folge waren zum einen die Einführung der Staatsanwaltschaft im Jahre 1846 und die Entstehung des Gerichtsverfassungsgesetzes und der Strafprozeßordnung von 1877, die anfängliche Konflikte zwischen Polizei und Staatsanwaltschaft aufgrund von Kompetenzüberschneidungen beilegen sollten[195].

Aber auch das Kreuzbergurteil des Preußischen OVG vom 14.6.1882[196] kann als unmittelbare Folge der liberalen Polizeikritik betrachtet werden.

In dem Urteil aus dem Jahre 1882 stellte das Preußische OVG die Nichtigkeit einer Polizeiverordnung fest, welche die ungehinderte Aussicht auf ein Kriegerdenkmal schützen sollte. Als Begründung wurde hervorgehoben, daß die in Frage stehende Verordnung nicht Aufgaben der Gefahrenabwehr diene. Gleichzeitig wurde die Einhaltung des ALR durch die Polizei gefordert[197]. Das Preußische OVG stellte somit klar, daß als Aufgabe der Polizei der Schutz der Sicherheit und Ordnung und damit die Gefahrenabwehr anzusehen sei[198]. Außerdem unterwarf es Eingriffe der Polizei dem Vorbehalt des Gesetzes und zwang die Polizei damit erstmalig dazu, gesetzliche Ermächtigungen für Eingriffe vorzuweisen. Weitere Erkenntnis des Kreuzbergurteils von 1882 war, daß die Verwaltungsgerichtsbarkeit als Instanz zur rechtsstaatlichen Kontrolle der Polizei bestätigt wurde[199]. Als Begründung wurde in diesem Urteil § 10 II 17 ALR herangezogen, in dem das Preußische OVG die allgemeine gesetzliche Ermächtigung für polizeiliche Anordnungen erblickte[200]. Die Vorschrift wurde dahingehend interpretiert, daß die

---

[193] Drews/Wacke/Vogel/Martens, S. 6; Boldt, in: Lisken/Denninger (Hrsg.), HbdPolR, Kap. A, Rn. 20.

[194] Boldt, aaO., Rn. 40.

[195] Die sog. „Reichsjustizgesetze"; vgl. dazu Funk, S. 172 ff.; Boldt, aaO., Rn. 8.; Harnischmacher/Semerak, S. 69 f.

[196] Preuß. OVGE 9, 353 ff.

[197] S. dazu Drews/Wacke/Vogel/Martens, S. 6 f.

[198] Götz, Polizeirecht, Rn. 12.

[199] Götz, Polizeirecht, Rn. 12; Boldt, in: Lisken/Denninger (Hrsg.), HbdPolR, Kap. A, Rn. 49.

[200] Vgl. Scupin, S. 49 ff.; Preu, S. 325 ff.

polizeiliche Befugnis zur Wohlfahrtsförderung aus dem polizeilichen Aufgabenkreis ausgeklammert wurde[201]. Damit fand diese Regelung nachträglich Durchsetzung und gewann so ihre eigentliche Bedeutung.

Das Kreuzbergurteil des Preußischen OVG ist daher für die Verwaltungsrechtswissenschaft und für die Entwicklung des Polizeibegriffs äußerst bedeutsam[202]. Durch das Kreuzbergurteil und den Einfluß des ALR fanden die liberal-rechtsstaatlichen Ideen in Preußen Niederschlag in einem neuen Polizeibegriff, der den polizeistaatlichen Begriff endgültig ablöste und damit die Abkehr von der Wohlfahrtspflege durch die Polizei markiert[203].

In Süddeutschland wurde diese Entwicklung ausgelöst durch die Schaffung von Polizeistrafgesetzbüchern[204]. In diesen wurde das Recht der Polizei auf Eingriffe zur Gefahrenabwehr begrenzt, indem für einzelne Fälle der Gefahrenverursachung Übertretungstatbestände geschaffen wurden. Danach hatte die Polizei die Aufgabe, Gesetzesverstöße zu verhüten und zu verfolgen[205].

4. Weimarer Republik

Diese Entwicklungen und die Ergebnisse der folgenden Rechtsprechung in Preußen führten schließlich zur Formulierung der polizeilichen Generalklausel des § 14 Abs. 1 PrPVG vom 1.6.1931[206] in der folgenden Fassung:

> „Die Polizeibehörden haben im Rahmen der geltenden Gesetze die nach pflichtgemäßem Ermessen notwendigen Maßnahmen zu treffen, um von der Allgemeinheit oder dem Einzelnen Gefahren abzuwehren, durch die die öffentliche Sicherheit oder Ordnung bedroht wird".

Mit dieser Generalklausel bildete sich die klassische Gestalt des Polizeirechts heraus[207]. Sinngemäß ist die Generalklausel des § 14 Abs. 1 PrPVG in allen Länderpolizeigesetzen der heutigen Zeit enthalten.

---

[201] Vgl. Preu, S. 327; Drews/Wacke/Vogel/Martens, S. 7.
[202] Just, S. 30; Götz, Polizeirecht, Rn. 12.
[203] Scupin, S. 50 f.; Götz, Polizeirecht, Rn. 12.
[204] Württemberg 1839; Hessen 1847; Bayern 1861; Baden 1863.
[205] S. dazu Drews/Wacke/Vogel/Martens, S. 7 f.; Götz, Polizeirecht, Rn. 13.
[206] Gesetzessammlung, S. 77.
[207] Boldt, in: Lisken/Denninger (Hrsg.), HbdPolR, Kap. A, Rn. 51.

Die Verwaltungsrechtslehre und die Gesetzgebung in der Weimarer Republik hielten an dem im konstitutionellen Staat des 19. Jahrhunderts entwickelten liberal-rechtsstaatlichen Polizeibegriff fest[208]. Der Wechsel von der monarchischen zur republikanischen Staatsform hatte zunächst also keine Auswirkungen auf den Polizeibegriff.

Die Aufgaben der Polizei gewannen entsprechend der Zunahme staatlicher Tätigkeiten im Sozialstaat an Umfang, was auch eine quantitative Zunahme der Polizei nach sich zog[209].

5. NS-Zeit

Unter dem Regime der Nationalsozialisten lösten sich die rechtsstaatlichen Strukturen auf.

Das nationalsozialistische Regime war von Beginn an auf eine Zentralisierung aller wichtigen Staatsfunktionen ausgerichtet. Insbesondere sollte schnellstmöglich eine starke Reichspolizeigewalt geschaffen werden[210]. Mit dem Gesetz über den Neuaufbau des Reiches vom 30. Januar 1934[211] waren die Hoheitsrechte der Länder - und damit auch die Polizeihoheit - auf das Reich übergegangen[212].

Der Aufbau der Gestapo durch das Gesetz über die Geheime Staatspolizei vom 10.2.1936[213], der sowohl nachrichtendienstliche als auch exekutive Befugnisse zustanden, und die anschließende völlige Verzahnung von Partei und Polizei machten die rechtsstaatliche Entwicklung des Polizeirechts zunichte. Besonders bedeutsam für die Zusammenfassung aller Polizeikräfte im Reich war die Einführung der staatlichen Institution eines „Chefs der Deutschen Polizei im Reichsministerium des Innern" am 17. Juni 1936[214], als der Heinrich Himmler eingesetzt wurde. Himmler verfolgte die Absicht, die Polizei mit der Parteipolizei der NSDAP, der SS[215], nicht nur organisatorisch, sondern auch personell zu ver-

---

208 Drews/Wacke/Vogel/Martens, S. 8; Boldt, aaO., Rn. 59.

209 Vgl. Boldt, aaO., Rn. 56 f.

210 Vgl. etwa Wilhelm, S. 90 ff.

211 RGBl. 1934 I, S. 75.

212 Vgl. Wilhelm, S. 60 f., 90.

213 Preußische Gesetzessammlung 1936, S. 21 f.

214 Erlaß über die Einsetzung eines Chefs der Deutschen Polizei im Reichsministerium des Innern, RGBl. 1936 I, S. 487.

215 Vgl. dazu die Darstellung bei F. Neumann, S. 578 ff.

schmelzen, indem möglichst viele Polizeibeamte in die SS aufgenommen und die einflußreichsten Positionen der Polizei durch „bewährte“ SS-Führer besetzt wurden[216]. Die Polizei wurde so aus der inneren Verwaltung herausgelöst und mit der SS verbunden[217]. Es entstand eine politische Polizei, die die Justiz völlig ausgeschaltet hatte und deren Kompetenzen unbeschränkt waren[218]. Die Polizei wurde so zum Instrument der nationalsozialistischen Diktatur[219].

Der überkommene Polizeibegriff wurde in nationalsozialistischem Sinne umgedeutet. Eingeleitet wurde diese Entwicklung durch die Verordnung zum Schutz von Volk und Staat vom 28. Februar 1933[220], durch die eine Reihe von verfassungsmäßig garantierten Grundrechten „bis auf weiteres“ aufgehoben wurden[221]. Diese Verordnung bildete gewissermaßen die Grundlage des nationalsozialistischen Polizeirechts[222]. Zwar wurde die Generalklausel des § 14 Abs. 1 PrPVG nicht formell beseitigt, aber praktisch aufgelöst, indem sie extensiv, nach nationalsozialistischen Grundsätzen, interpretiert wurde[223]. Himmler brachte zum Ausdruck, daß es „nach nationalsozialistischer Auffassung keine allgemein gültige Begriffsbestimmung und Aufgabenstellung der Polizei“ gäbe[224]. Nicht mehr das gesetzlich gebundene Polizeirecht, sondern der "Führerwille" war Grundlage polizeilicher Tätigkeit[225].

Damit wurden auch die letzten rechtsstaatlichen Grenzen beseitigt und der willkürlichen Ausweitung der polizeilichen Befugnisse stand nichts mehr im Wege[226].

---

[216] S. dazu Wilhelm, S. 93.

[217] Vgl. dazu Pinter, in: Böckenförde (Hrsg.), Staatsrecht und Staatsrechtslehre im Dritten Reich, S. 178 ff.; Majer, in: R. Dreier/Sellert (Hrsg.), Recht und Justiz im „Dritten Reich“, S. 139 ff.; Werle, S. 485 ff.

[218] F. Neumann, S. 576 ff.; Hirsch/Majer/Meinck, S. 317 ff.; Götz, in: Jeserich/Pohl/von Unruh (Hrsg.), DVWG, Bd. IV, S. 1017 ff.; Werle, S. 483 ff.; Fraenkel, S. 49 f.; S. 52 ff.; Rüping, GA 1984, S. 301 f.

[219] F. Neumann bezeichnet die Polizei als „das wichtigste Instrument des nationalsozialistischen Systems“, S. 572.

[220] RGBl. 1933 I, S. 83.

[221] Vgl. Wilhelm, S. 20.

[222] Wilhelm, aaO.

[223] Götz, in: Jeserich/Pohl/von Unruh (Hrsg), DVWG, Bd. IV, S. 1029; Drews/Wacke/Vogel/Martens, S. 11; Boldt, in: Lisken/Denninger (Hrsg.), HbdPolR, Kap. A, Rn. 61 ff.; Wilhelm, S. 20.

[224] In „Aufgaben und Aufbau der Polizei des Dritten Reiches“, in: Hans Pfundter (Hrsg.), S. 125.

[225] Vgl. dazu Werle, S. 141 ff.; S. 398 ff.; S. 577 ff.; sowie zusammenfassend S. 681 ff.

[226] Vgl. Hirsch/Majer/Meinck, S. 317 ff.; Fraenkel, S. 49 f.

6. Die Entwicklung nach 1945

Innerhalb der Bevölkerung und auch in der Wissenschaft war durch die Erfahrungen der NS-Zeit ein starkes Mißtrauen gegenüber der Polizei entstanden und damit ein antipolizeilicher Affekt, der lange Zeit nicht überwunden werden konnte. Die Bemühungen, die Rechtsstaatlichkeit und einen wirksamen Schutz der Freiheitsrechte wiederherzustellen, waren dementsprechend groß.

Die Polizeirechtswissenschaft kehrte zum Begriff der gefahrenabwehrenden Polizei des ALR zurück und die Entwicklung des rechtsstaatlichen Polizeirechts konnte sich fortsetzen[227].

Vor allem das Phänomen einer politisch pervertierten und an keinerlei rechtsstaatliche Grenzen mehr gebundenen Polizei sollte möglichst rasch endgültig beseitigt werden. Ein Schritt auf diesem Weg war zum einen das Kontrollratsgesetz Nr. 2 vom 10.10.1945, das die Auflösung und Liquidierung der Nazi-Organisationen betraf und auch ein endgültiges Verbot der Gestapo enthielt. Bedeutsam war zum anderen der Polizeibrief der Westalliierten Militärgouverneure an den Präsidenten des Parlamentarischen Rates vom 14.4.1949[228], in dem unter anderem das sog. Trennungsgebot festgesetzt wurde, das durch die strikte Trennung der Aufgabenbereiche von Polizei und Nachrichtendiensten eine erneute Verknüpfung von Befugnissen nach Vorbild der Gestapo verhindern sollte.

Die Polizeihoheit ging mit der gesamten staatlichen Gewalt auf die Alliierten Besatzungsmächte über, deren unterschiedliche Konzeptionen des Polizeirechts in den einzelnen besetzten Zonen aber zu einer uneinheitlichen Organisation führte.

Ab 1949 setzte dann eine "Restauration" der Polizei ein, die ausgehend von der traditionellen Generalklausel den Staatsschutz als Zweck polizeilichen Handelns wieder in den Vordergrund rückte, was die in den 50er und 60er Jahren erlassenen Polizeigesetze der Länder widerspiegeln[229].

Auf der Grundlage der Vorstellung, sich vor gewaltlosen Angriffen auf die verfassungsmäßige Ordnung von außen schützen zu müssen, entstanden in dieser Zeit auch das Bundeskriminalamt, das Bundesamt für Verfassungsschutz sowie der Bundesgrenzschutz.

---

[227] Drews/Wacke/Vogel/Martens, S. 11.

[228] Abgedruckt bei Pioch, S. 289 f.

[229] Boldt, in: Lisken/Denninger (Hrsg.), HbdPolR, Kap. A, Rn. 78 ff.; zur „Restauration" s. die umfangreiche Darstellung bei Werkentin, S. 56 ff.

7. Polizeireform in den 70er und 80er Jahre

Die Ereignisse der späten 60er Jahre führten zu vielfältigen Veränderungen[230]. Studentendemonstrationen und Bürgerproteste auf der einen und eine rapide Zunahme der Kriminalität und des in bisher nicht bekanntem Ausmaß organisierten Verbrechens auf der anderen Seite schufen neue Aufgaben und Herausforderungen für die Polizei in Deutschland.

Immer größere Bedeutung erlangte in diesem Zusammenhang die grundsätzliche Frage nach der Rolle der Polizei in einem demokratischen Rechtsstaat[231].

Bereits 1969 reagierte die sozial-liberale Koalition mit einem "Sofortprogramm zur Modernisierung und Intensivierung der Verbrechensbekämpfung", das die Verhütung von Verbrechen als die "ureigenste polizeiliche Aufgabe" betonte[232].

Der massive Anstieg der Gewaltkriminalität Anfang der 70er Jahre insbesondere durch Terrorismus und organisierte Kriminalität, die als ganz neuartige Gefahren und Bedrohungen für den Staat von innen betrachtet wurden, zog Forderungen nach entsprechenden Maßnahmen zum Schutz des Staates und der Bürger nach sich[233]. Die Terrorismusbekämpfung wurde zum zentralen Thema der Diskussion um die innere Sicherheit[234].

In der Folge erstrebten sowohl Polizei als auch Verfassungsschutz eine Erweiterung ihrer Zuständigkeitsbereiche und Befugnisse[235]. Auf Innenministerkonferenzen 1972 und 1974 entwickelten Bund und Länder in der Konsequenz das "Programm für die Innere Sicherheit der Bundesrepublik Deutschland", das von den Innenministern im Februar 1974 beschlossen wurde[236]. Die Aufgabe der Polizei wird wie folgt umschrieben:

> "Der Sicherheitsauftrag der Polizei umfaßt den gesamten Bereich der Verbrechensbekämpfung, also die Verbrechensverhütung und die Strafverfolgung".

---

[230] S. Busch/Funk/Kauß/Narr/Werkentin, S. 23.

[231] S. dazu z.B. Denninger, Polizei in der freiheitlichen Demokratie, 1968; K. Vogel, in: Festschrift für Gerhard Wacke, S. 375 ff.

[232] Vgl. dazu Boldt, in: Lisken/Denninger (Hrsg.), HbdPolR, Kap. A, Rn. 86.

[233] Schwagerl, DÖV 1974, S. 109, 110; Rudolphi, JA 1979, S. 1; Lameyer, ZRP 1978, S. 49.

[234] Rudolphi, aaO; Lameyer, aaO.

[235] Warschko, S. 49.

[236] Görgen, ZRP 1976, S. 59; Werkentin, S.191.

Weitere Folgen waren die Verschärfung des Strafrechts und des Strafverfolgungsrechts und der Ausbau der Verfassungsschutzämter und des Bundeskriminalamtes[237].

Insgesamt zeigte sich durch diese Reformen ein Wechsel des politischen Stellenwertes und der gesellschaftlichen Funktionen der Polizei[238].

Viel erwartet wurde von der neu aufkommenden Elektronischen Datenverarbeitung[239], die sich vor allem das Bundeskriminalamt zunutze machte und dadurch zur zentralen Stelle der Verbrechensbekämpfung wurde.

Diese Entwicklungen und Bestrebungen führten schließlich zur Erstellung der Musterentwürfe für ein einheitliches Polizeigesetz in den Jahren 1976 und 1977[240], deren wesentliche Neuerung in einer grundsätzlichen Unterscheidung zwischen der Festlegung der Aufgaben der Polizei und den ihr dafür eingeräumten Befugnissen liegt (vgl. §§ 1 und 8 ME PolG)[241]. Der ME PolG wurde zur Grundlage einer neuen Generation von Polizeigesetzen. Mit zahlreichen Unterschieden im einzelnen wurden die in ihm enthaltenen Regelungen in den 70er und 80er Jahren in die Länderpolizeigesetze aufgenommen[242].

Um aber den verfassungsrechtlichen Anforderungen des Volkszählungsurteils des Bundesverfassungsgerichts vom 15.12.1983[243] gerecht zu werden, wurde der ME PolG in der Folgezeit grundlegend überarbeitet. Aus dieser Überarbeitung entstanden 1985 und 1986 die Vorentwürfe zur Änderung des Musterentwurfs eines einheitlichen Polizeigesetzes des Bundes und der Länder (VE ME PolG 1985[244] und 1986[245]). Der VE ME PolG bildete in der Fassung vom 12.3.1986 die Grundlage für die in den Jahren 1986 bis 1994 novellierten Länderpolizeigesetze[246] sowie für die Polizeigesetze der neuen Bundesländer.

---

[237] Vgl. dazu Boldt, in: Lisken/Denninger (Hrsg.), HbdPolR, Kap. A, Rn. 86.

[238] Vgl. Busch/Funk/Kauß/Narr/Werkentin, S. 63 f.

[239] S. dazu Busch/Funk/Kauß/Narr/Werkentin, S. 115 ff.

[240] Abdruck der Fassung von 1977 bei Heise/Riegel.

[241] Vgl. die Allgemeine Begründung zum Me PolG, 3.11, abgedruckt bei Heise/Riegel, S. 17.

[242] Götz, Polizeirecht, Rn. 59.

[243] BVerfGE 65, 1 ff.; vgl. dazu bereits oben, S. 49 ff.

[244] Abgedruckt in cilip, Heft 21 (Nr. 2/1985), S. 44 ff.

[245] Abgedruckt bei Kniesel/Vahle, VE ME PolG, sowie in cilip, Heft 24 (Nr. 2/1986), S. 74 ff.

[246] Rheinland-Pfalz (1986); Hessen und Saarland (1989); Nordrhein-Westfalen und Bayern (1990); Hamburg und Baden-Württemberg (1991); Schleswig-Holstein und Berlin (1992); Niedersachsen (1994).

II. Begriff und Aufgaben der Polizei in der Gegenwart

Im Anschluß an die Darstellung der historischen Entwicklung und der gewonnenen Erkenntnisse soll ein Überblick über den gegenwärtigen Begriff und Aufgabenbereich der Polizei erfolgen. Einbezogen werden muß daher außer dem präventiven Aufgabenkreis der gefahrenabwehrenden Polizei auch die repressive Tätigkeit der strafverfolgenden Polizei bzw. der Staatsanwaltschaft. Anhand dessen kann die Stellung des Bereichs der Vorfeldermittlungen zur strafverfolgenden Tätigkeit einerseits und zur gefahrenabwehrenden Tätigkeit andererseits herausgearbeitet werden.

1. Die klassische Kompetenzverteilung zwischen Staatsanwaltschaft und Polizei

Die klassische Kompetenzverteilung zwischen Staatsanwaltschaft und Polizei weist der Staatsanwaltschaft die Aufgabe der Strafverfolgung und der Polizei die Aufgabe der Gefahrenabwehr zu. Staatliche Repression und staatliche Prävention sind demnach eigenständige, getrennte Aufgabenbereiche[247].

a) Repressive Tätigkeit der Staatsanwaltschaft und Legalitätsprinzip

Der Unterschied zwischen Prävention und Repression läßt sich gut mit Hilfe der von Knemeyer aufgestellten Kurzformel umschreiben: Wurde eine Straftat begangen, so hat dies repressives Handeln zur Folge; droht eine Straftat, so erfordert dies präventives Handeln[248].

Repressive Maßnahmen sind also solche der Strafverfolgung, mit deren Hilfe ein Sachverhalt erforscht und der Täter erfaßt und überführt werden soll. Repression ist damit reaktives und punktuelles Tätigwerden und bedeutet im strafprozessualen Eingriffsrecht Konzentration auf bereits Vorliegendes, auf Verdacht und Straftat[249]. Folglich ist Repression grundsätzlich auf die Vergangenheit gerichtet.

Allerdings weist die Strafverfolgung auch präventive Elemente auf, indem sie mittelbar auch den Zwecken dient, die mit der Erteilung einer Strafe verfolgt wer-

---

[247] Drews/Wacke/Vogel/Martens, S. 132.

[248] Knemeyer, Rn. 87.

[249] Hassemer, ZRP 1991, S. 122; Grimm, KritV 1986, S. 39.

den[250]. Neben der General-prävention und der Vergeltung begangenen Unrechts soll die Strafe auch der Spezialprävention sowie der Resozialisierung des Täters und damit präventiven, zukunftsorientierten Zwecken dienen[251].

So wird etwa durch die Ergreifung eines Täters, seine Überführung und eventuelle spätere Verurteilung zu einer Freiheitsstrafe die Gefahr einer weiteren Begehung von Straftaten durch ebendiesen Täter von der Gesellschaft abgewendet.

Ungeachtet dieser präventiven Aspekte kann aber die Strafverfolgung nicht als ein Unterfall der Prävention betrachtet werden; denn nicht die Gefahrenabwehr steht bei der Strafverfolgung im Vordergrund, sondern die Durchsetzung des staatlichen Strafanspruchs gegen den Täter, der eine Gesetzesverletzung begangen hat. Die präventiven Effekte, die mit Bestrafung und Strafverfolgung einhergehen, können lediglich als notwendige Neben- oder Begleiteffekte betrachtet werden[252]. Diese mittelbare, unselbständige, durch die Repression bewirkte Gefahrenabwehr kann daher nicht der Prävention zugeordnet werden, sondern gehört zum Bereich der Repression[253].

Für die Strafverfolgung im Rahmen der Strafprozeßordnung gilt das sog. Legalitätsprinzip, also die gesetzliche Pflicht zum Einschreiten der Behörde bei Vorliegen einer bestimmten gesetzlichen Verdachtsschwelle. Das bedeutet, daß Verfolgungszwang gegenüber jedem Verdächtigen besteht, sobald ein sog. Anfangsverdacht im Sinne des Strafprozeßrechts vorliegt. Ein Ermessen wird den Strafverfolgungsbehörden demnach bei der Frage nach dem Ob des Einschreitens nicht eingeräumt. Ebensowenig besteht aber ein Ermessen bei der Frage nach dem Vorliegen eines Anfangsverdachts, wenn hier auch ein gewisser Beurteilungsspielraum anzunehmen ist[254].

Nach §§ 152 Abs. 2, 160 Abs. 1 StPO hat das Legalitätsprinzip Geltung für die Staatsanwaltschaft, nach § 163 Abs. 1 StPO auch für die zur Erforschung von Straftaten berufenen Behörden und Beamten des Polizeidienstes.

[250] Schwan, VerwArch 70 (1979), S. 121 f.

[251] S. zu den relativen Straftheorien z.B. Schmidhäuser, S. 56 ff.; Wessels, S. 3; zu den Vereinigungstheorien s. vor allem Jescheck/Weigend, S. 75 ff.

[252] Schwan, VerwArch 70 (1979), S. 122 f..

[253] Hassemer, ZRP 1991, S. 122; Ringwald, ZRP 1988, S. 180; Merten, NStZ 1987, S. 13.

[254] Kleinknecht/Meyer-Goßner, § 152, Rn. 4.

Zu der Pflicht zum Einschreiten bei Vorliegen eines Anfangsverdachts gehört auch die Verpflichtung, von zur Verfügung stehenden Zwangsbefugnissen Gebrauch zu machen, wobei der Grundsatz der Verhältnismäßigkeit zu beachten ist[255].

Die Bedeutung des Legalitätsprinzips geht aber noch über diese Pflicht zum Einschreiten hinaus. Vielmehr sollen durch dieses als Produkt der Entwicklung zum sozialen Rechtsstaat zu betrachtende Prinzip im Zusammenspiel mit dem Anklagemonopol der Staatsanwaltschaft nach § 152 Abs. 1 StPO die Grundsätze der Gleichheit vor dem Gesetz gem. Art. 3 Abs. 1 GG und der Gerechtigkeit weitestgehend verwirklicht werden[256]. Die Staatsanwaltschaft als dem Gericht gleichgeordnetes, funktionell der Strafrechtspflege zugeordnetes Organ, wird durch die §§ 160 Abs. 2 StPO und 163 a Abs. 2 StPO zur Objektivität verpflichtet und hat damit nicht nur die Interessen der Rechtsgemeinschaft an der Durchsetzung des staatlichen Strafanspruches zu vertreten, sondern auch die Interessen des Beschuldigten an der Wahrung der Justizförmigkeit des Verfahrens wahrzunehmen[257].

Um ihre Aufgabe zu erfüllen, kann die Staatsanwaltschaft entweder selbst Ermittlungen anstellen oder aber gem. § 161 Satz 1 StPO von der Polizei durchführen lassen. Daraus ergibt sich die umfassende Leitungsbefugnis und damit auch Verantwortung der Staatsanwaltschaft für das Ermittlungsverfahren. Diese Stellung der Staatsanwaltschaft als Herrin des Ermittlungsverfahrens kann als Garantie der Rechtsstaatlichkeit angesehen werden[258].

Insgesamt stellt das Legalitätsprinzip eine einfachgesetzliche Ausprägung des verfassungsrechtlich garantierten Willkürverbots dar und hat somit eine friedenssichernde Aufgabe.

---

255 Kleinknecht/Meyer-Goßner, § 152, Rn. 3; Löwe/Rosenberg/Rieß, 2. Bd.; § 152, Rn. 19, 35.

256 Löwe/Rosenberg/Rieß, 2. Bd., § 152, Rn. 1; Kleinknecht/Meyer-Goßner, § 152, Rn. 2; Eckl, ZRP 1973, S. 139; BVerfGE 20, 162 (222).

257 Eckl, ZRP 1973, S. 139; W. Wagner, in: Festschrift für den 45. Deutschen Juristentag, S. 149 ff.

258 Löwe/Rosenberg/Rieß, 2. Bd., Vor § 158, Rn. 21; Rüping, ZStW 95 (1983), S. 915; dazu auch Roxin, § 10 B III.

b) Präventive Tätigkeit der Vollzugspolizei und Opportunitätsprinzip

Im Gegensatz zur Repression ist die Prävention in die Zukunft gerichtet und dient im polizeirechtlichen Sinne[259] der Abwehr und Verhütung von Gefahren. Prävention ist vorausschauend, prospektiv und wird eingesetzt, um vorhersehbare unerwünschte Sachverhaltsverläufe verhindern zu können.

Die Aufgabe der Gefahrenabwehr und damit der polizeirechtlichen Prävention steht den Beamten und Behörden des Vollzugspolizeidienstes sowie der Ordnungsverwaltung zu. Soweit, wie in der Mehrzahl der geltenden Polizeigesetze, zwischen Aufgaben und Befugnissen der Polizei unterschieden wird, weist eine Generalklausel der Polizei ausdrücklich die Aufgabe zu, Gefahren für die öffentliche Sicherheit und Ordnung abzuwehren[260].

Im Bereich der Gefahrenabwehr findet das Opportunitätsprinzip Anwendung. Es besagt, daß selbst bei Vorliegen aller für ein polizeiliches Tätigwerden tatbestandlich notwendigen Voraussetzungen ein Einschreiten seitens der zuständigen Polizeibehörde nicht zwingend vorgeschrieben ist[261]. Die Behörde kann, sie muß aber nicht einschreiten. Vielmehr steht die Entscheidung über Art und Umfang des polizeilichen Tätigwerdens in ihrem pflichtgemäßen Ermessen.

Kommt die Polizei nach Betrachtung aller wesentlichen Umstände zu der Entscheidung, daß ein Einschreiten geboten ist, so folgt die Prüfung, welche der im Einzelfall sich anbietenden Maßnahmen ergriffen werden soll. Diese Entscheidung steht wiederum im Ermessen der Polizei[262], doch gilt bei der Auswahl zwischen mehreren in Betracht kommenden Maßnahmen der Verhältnismäßigkeitsgrundsatz.

Die Rechtswidrigkeit einer solchen Entscheidung kann nur durch bestimmte Fehler bei der Ausübung des eingeräumten Ermessens begründet werden, nämlich durch Ermessensüberschreitung, -unterschreitung, -fehlgebrauch und -reduzierung.

---

[259] Prävention als Strafzweck in Form von General- und Spezialprävention soll hier außer acht bleiben.

[260] Drews/Wacke/Vogel/Martens, S. 129; Götz, Polizeirecht, Rn. 78.

[261] S. dazu Mayer, Das Opportunitätsprinzip in der Verwaltung; Drews/ Wacke/Vogel/Martens, S. 370 ff.; Götz, Polizeirecht, Rn. 348; Rachor, in: Lisken/Denninger (Hrsg.), HbdPolR, Kap. F, Rn. 54 ff.; Schoch, JuS 1994, S. 754.

[262] Anders nur Knemeyer, Polizeirecht, S. 46 ff.

Die Beachtung dieser Grundsätze und damit die Einhaltung des Opportunitätsprinzips ist eine nicht leicht zu erfüllende Aufgabe für die Polizei, die den Einsatz von viel „Feingefühl" und „gesunder Vernunft"[263] verlangt. Dennoch stellt das Opportunitätsprinzip eine Notwendigkeit dar, um den polizeilichen Umgang mit verschiedenartigen Sachverhalten zu ermöglichen. Aufgrund dieser Verschiedenartigkeit wäre eine gesetzliche Normierung der Voraussetzungen polizeilichen Einschreitens schwierig und müßte lückenhaft ausfallen. Die Einräumung eines Ermessensspielraums ist daher für ein einzelfallgerechtes Polizeihandeln unverzichtbar[264].

c) Doppelfunktionalität der Polizei

Zu der Aufgabe der Polizei, Gefahren abzuwehren, gehört auch die Verhütung von Straftaten, da die Unverletzlichkeit der objektiven Rechtsordnung und damit des Strafgesetzbuches Bestandteil des Schutzgutes der öffentlichen Sicherheit ist[265]. Gleichzeitig ist die Polizei aber auch verpflichtet, bei der Verfolgung von Straftaten mitzuwirken. Die Zuständigkeiten in diesem Bereich gründen sich ausschließlich auf Vorschriften des Bundesrechts (vgl. Art. 74 Nr. 1 i.V.m. Art. 72 Abs. 1 GG), insbesondere auf Vorschriften der Strafprozeßordnung.

So sind die Behörden und Beamten des Polizeidienstes im Zusammenhang mit den von der Staatsanwaltschaft gem. § 160 StPO geleiteten Ermittlungsverfahren verpflichtet, dem Ersuchen oder dem Auftrag der Staatsanwaltschaft zur Mitwirkung nachzukommen[266]. Zudem haben die Behörden und Beamten des Polizeidienstes nach § 163 Abs. 1 StPO das Recht und die Pflicht des ersten Zugriffs. Es handelt sich dabei um eine eigenständige (Eil-)Kompetenz der Polizei im Verhältnis zur Staatsanwaltschaft, durch die der Polizei die Befugnis und die Pflicht zum Tätigwerden erteilt wird, ohne Aufträge der Staatsanwaltschaft abwarten zu müssen[267]. Diese Kompetenz ist Ausdruck des im Bereich der Strafverfolgung geltenden Legalitätsprinzips[268].

---

[263] Drews/Wacke/Vogel/Martens, S. 373.

[264] Vgl. auch OLG Celle, DÖV 1972, S. 244.

[265] Drews/Wacke/Vogel/Martens, S. 236; Götz, Polizeirecht, Rn. 113.

[266] Vgl. § 161 S. 2 StPO.

[267] Bäumler, in: Lisken/Denninger (Hrsg.), HbdPolR, Kap. J, Rn. 288.

[268] Löwe/Rosenberg/Rieß, 2. Band, § 163, Rn. 1; auch Drews/Wacke/Vogel/ Martens, S. 132.

Die Vorschrift des § 163 Abs. 1 StPO enthält nach allgemeiner Auffassung allerdings lediglich eine Aufgabenzuweisung, während entsprechende Eingriffsbefugnisse einer besonderen gesetzlichen Ermächtigungsgrundlage bedürfen[269]. Hinsichtlich dieser Eingriffsbefugnisse ist zu unterscheiden zwischen Befugnissen, die allen Polizeibeamten zustehen, wie die Maßnahmen nach §§ 81 b, 127 und 163 b StPO, und solchen, die den zu Hilfsbeamten der Staatsanwaltschaft bestimmten Polizeibeamten vorbehalten sind[270].

Diese zweifache Zuständigkeit der Polizei, nämlich ihre Zuständigkeit zur Gefahrenabwehr einerseits und zur Strafverfolgung andererseits, begründet die sog. „Doppelfunktion der Polizei"[271].

Eine besondere Problematik in diesem Zusammenhang ergibt sich aus der Tatsache, daß in der Strafprozeßordnung und in den Polizeigesetzen der Länder zum Teil in ihrer Wirkungsweise identische Maßnahmen geregelt sind. Diese Maßnahmen, wie etwa die Identitätsfeststellung, unterscheiden sich nur hinsichtlich ihrer Voraussetzungen und ihrer Rechtsfolgen. Für solche äußerlich nicht nach präventiv oder repressiv zu unterscheidenden und damit mehrdeutigen Maßnahmen[272] kommt als Unterscheidungsmerkmal nur ihre Zielrichtung in Frage, deren Feststellung Aufschluß über die im Einzelfall zutreffende Ermächtigungsgrundlage gibt[273].

Eine doppelfunktionale Maßnahme liegt dann vor, wenn die Polizei mit einer Maßnahme gleichzeitig Zwecke der Gefahrenabwehr und Zwecke der Strafverfolgung erfüllt[274]. So können etwa Festnahmen oder Durchsuchungen zur Ergreifung oder Überführung des Täters und gleichzeitig zur Verhinderung der Begehung oder Fortsetzung von Straftaten erfolgen. Die Polizei kann also mit ein und derselben Maßnahme sowohl ihre Aufgabe der Gefahrenabwehr, als auch ihre Aufgabe der Strafverfolgung erfüllen.

---

[269] So auch RGSt 9, 435; RGSt 27, 155; RGSt 32, 271; BGH NJW 1962, S. 1021; Kleinknecht/Meyer-Goßner, § 163, Rn. 1; Löwe/Rosenberg/Rieß, 2. Bd., § 163, Rn. 6.

[270] Vgl. Roxin, § 10 B I; Bachmann, S. 28; auch Drews/Wacke/Vogel/ Martens, S. 135.

[271] Emmerig, DVBl 1958, S. 338.

[272] Emmerig, DVBl 1958, S. 339.

[273] Vgl. Drews/Wacke/Vogel/Martens, S. 139.

[274] S. dazu Rieger, S. 5 f.

2. Die grundlegenden Prinzipien der Strafverfolgung und der Gefahrenabwehr und die Abgrenzung des Bereichs der vorbeugenden Bekämpfung von Straftaten

Anhand einer Darstellung der grundlegenden Prinzipien der Strafverfolgung einerseits und der Gefahrenabwehr andererseits soll nun untersucht werden, ob die vorbeugende Bekämpfung von Straftaten in einen dieser Bereiche einzugliedern ist, bzw. ob und inwieweit sie von diesen abzugrenzen ist.

a) Prinzipien der Strafverfolgung

Zunächst werden daher die Prinzipien bzw. Voraussetzungen der Strafverfolgung betrachtet. Die Strafprozeßordnung kennt neben dem Anfangsverdacht gem. § 152 Abs. 2 StPO noch weitere Verdachtsarten, deren Vorliegen die Voraussetzung für strafverfolgende Tätigkeit bildet.

aa) Der Anfangsverdacht des § 152 Abs. 2 StPO

Der Untersuchung von Maßnahmen zur vorbeugenden Bekämpfung von Straftaten und der durch sie eröffneten Handlungsspielräume für die Polizei ist zunächst ein Vergleich mit dem strafprozessualen Begriff des Tatverdachts dienlich; denn so kann eine klare Abgrenzung der Eingriffsbefugnisse, die der Polizei nach Strafprozeßrecht zustehen, von denjenigen, die ihr zur vorbeugenden Bekämpfung von Straftaten verschafft werden sollen, erfolgen. Eine solche klare Abgrenzung ist nicht nur hilfreich bei der Analyse und näheren Betrachtung der Vorfeldermittlungen, sondern insofern notwendig, als strafprozessuale Ermittlungstätigkeiten zur Erforschung von Straftaten wesensmäßig hauptsächlich auf Informationsgewinnung abzielen. Auch bei Maßnahmen zur vorbeugenden Bekämpfung von Straftaten geht es aber im wesentlichen um das Erlangen von Informationen, und zwar durchaus ebenfalls zu dem Zweck der Erforschung von Straftaten.

Der Unterschied, auf den sich nun die Abgrenzung der beiden Arten von Maßnahmen stützen kann, liegt in dem Erfordernis des sog. Anfangsverdachts gem. § 152 Abs. 2 StPO für die Vornahme strafprozessualer Eingriffe.

Voraussetzung sowohl für den ersten Zugriff der Polizei nach § 163 Abs. 1 StPO als auch für die Einleitung eines Ermittlungsverfahrens durch die Staatsanwaltschaft ist gem. § 152 Abs. 2 StPO, daß „zureichende tatsächliche Anhaltspunkte" vorliegen, die den Verdacht einer Straftat begründen. Diese tatsächlichen Anhaltspunkte sind konkrete Hinweise, die den Einsatz der Mittel der Strafprozeßordnung und ein Eingreifen in die Rechtssphäre des Bürgers rechtfertigen, um festzustellen, ob eine Straftat tatsächlich vorliegt und wer sie begangen hat. Nach den kriminalistischen Erfahrungen muß der Anfangsverdacht es als möglich erscheinen lassen, daß es sich um eine verfolgbare Straftat handelt[275]. Bestimmte Tatsachen müssen also den Wahrscheinlichkeitsschluß erlauben, daß eine strafbare Handlung begangen worden ist[276].

Es genügt dabei eine gewisse, wenn auch geringe Wahrscheinlichkeit, selbst wenn Zweifel an der Richtigkeit des Verdachts überwiegen[277]. Auch können schon dürftige Angaben, wie entfernte Indizien, Gerüchte oder einseitige Behauptungen einen hinreichenden Anfangsverdacht begründen. Diese müssen allerdings eine tatsächliche Grundlage haben, so daß bloße Vermutungen oder kriminalistische Hypothesen für eine Verdachtsbegründung nicht ausreichen können[278]. Das bedeutet auch, daß die Ermittlungsbehörden nicht von sich aus ohne konkrete Anhaltspunkte nach strafbaren Handlungen suchen dürfen[279].

Bei der Frage, ob zureichende tatsächliche Anhaltspunkte vorliegen, steht den Ermittlungsbehörden ein Beurteilungsspielraum zu[280]. Daher können bei der Entscheidung, ob ein Anfangsverdacht zu bejahen ist, durchaus auch kriminalistische Erkenntnisse und Erfahrungen bis zur Grenze bloßer Hypothesen eine Rolle spielen[281].

Auch muß sich der Anfangsverdacht noch nicht gegen eine bestimmte Person richten, da das Legalitätsprinzip auch zur Führung eines Ermittlungsverfahrens gegen Unbekannt verpflichtet, wie § 152 Abs. 2 StPO i.V.m. § 69 Abs. 1 Satz 2 StPO zeigt[282].

---

[275] Kleinknecht/Meyer-Goßner, § 152, Rn. 4.

[276] Kühne, NJW 1979, S. 622; Walder, ZStW 95 (1983), S. 867.

[277] Löwe/Rosenberg/Rieß, 2. Bd., § 152 Rn. 23; Kaiser, NJW 1965, S. 2380.

[278] Kleinknecht/Meyer-Goßner, § 152, Rn. 4; Löwe/Rosenberg/Rieß, 2. Bd., § 152, Rn. 23, 25.

[279] Vgl. Löwe/Rosenberg/Rieß, 2. Band, § 152, Rn. 22 sowie § 163, Rn. 17; Bachmann, S. 60; Walder, ZStW 95 (1983), S. 867.

[280] BGH NJW 1984, S. 1451; Kleinknecht/Meyer-Goßner, § 152, Rn. 4.

[281] Löwe/Rosenberg/Rieß, 2. Bd., § 152, Rn. 28; Kleinknecht/Meyer-Goßner, § 152, Rn. 4.

[282] Löwe/Rosenberg/Rieß, 2. Bd., § 152, Rn. 23; Kleinknecht/Meyer-Goßner, § 152, Rn. 5; Walder, ZStW 95 (1983), S. 868.

Bei offensichtlich unbegründeten Verdachtsumständen sowie offensichtlich nicht verfolgbaren Taten kann ein Anfangsverdacht aber ebensowenig begründet werden, wie beim Vorliegen bloßer Vermutungen[283]. Wenn etwa ohne Zweifel bei Begehung der Tat ein Rechtfertigungsgrund vorlag, ist ein Anfangsverdacht von vornherein zu verneinen. Das gleiche gilt bei Fehlen des subjektiven Tatbestandes, bei offensichtlicher Schuldlosigkeit, bei Vorliegen persönlicher Strafausschließungsgründe und auch bei unbehebbaren Verfahrenshindernissen[284].

Dies stellt sich als zwingende Folge der Zielsetzungen der Strafprozeßordnung selbst dar; denn das Ermittlungsverfahren zielt auf die Klärung der Frage ab, ob der Beschuldigte die Rechtsordnung durch eine strafbare Handlung verletzt hat. Ist dies aber von vornherein offensichtlich ausgeschlossen, so liefe die Einleitung eines Ermittlungsverfahrens den Zielen und Funktionen der Strafprozeßordnung zuwider.

bb) Weitere Verdachtsarten in der Strafprozeßordnung

Neben dem Anfangsverdacht nach § 152 Abs. 2 StPO mit seiner verhältnismäßig geringen Verdachtsintensität kennt die Strafprozeßordnung eine Reihe weiterer Verdachtsarten. So setzen die Schlußentscheidung der Staatsanwaltschaft zur Erhebung der öffentlichen Klage nach § 170 Abs. 1 StPO sowie die Entscheidung des Gerichts zur Eröffnung des Hauptverfahrens nach § 203 StPO das Vorliegen eines „hinreichenden" Tatverdachts voraus. Voraussetzung der Überwachung des Fernmeldeverkehrs nach § 100 a StPO ist, daß ein „auf bestimmte Tatsachen" gestützter Verdacht besteht. Die Anordnung der Untersuchungshaft nach § 112 Abs. 1 StPO ist schließlich nur bei Vorliegen eines „dringenden" Tatverdachts zulässig.

Um einen hinreichenden Tatverdacht bejahen zu können, muß nach dem gesamten Akteninhalt bei vorläufiger Tatbewertung die Verurteilung des Beschuldigten mit Wahrscheinlichkeit zu erwarten sein[285]. Damit stellt dieser Verdacht eine im Vergleich zum Anfangsverdacht qualitativ intensivere Verdachtsform dar.

---

[283] Kleinknecht/Meyer-Goßner, § 152, Rn. 4; s. auch Kaiser, NJW 1965, S. 2380.
[284] Löwe/Rosenberg/Rieß, 2. Bd., § 152, Rn. 30, 31.
[285] So z.B. BGHSt 23, 304 (306).

Der auf bestimmte Tatsachen gestützte Verdacht als Voraussetzung für die Überwachung des Fernmeldeverkehrs nach § 100 a StPO läßt zwar einen besonderen Intensitätsgrad nicht erkennen. Allgemein wird aber in dieser Formulierung die Klarstellung gesehen, daß eine gewisse Erheblichkeit des Verdachts gefordert wird, so daß bloße Vermutungen und lediglich tatsächliche Anhaltspunkte diesen Verdacht, ebenso wie den Anfangsverdacht nach § 152 Abs. 2 StPO, nicht begründen können[286].

Ein dringender Verdacht soll schließlich dann gegeben sein, wenn nach dem gegenwärtigen Stand der Ermittlungen die Wahrscheinlichkeit groß ist, daß der Verfolgte schuldiger Täter oder Teilnehmer einer Straftat ist[287]. Die Wahrscheinlichkeit einer späteren Verurteilung wird dagegen nicht gefordert.

Dennoch ist aber der erforderliche Intensitätsgrad dieser Verdachtsform höher als der des hinreichenden Tatverdachts, was auch der Stärke der Beeinträchtigung, die bei Vorliegen der jeweiligen Verdachtsform zulässig sein soll, entspricht.

Diese scheinbare Widersprüchlichkeit erklärt sich daraus, daß der hinreichende Tatverdacht sich auf einen anderen, nämlich späteren Zeitpunkt des Ermittlungsverfahrens bezieht als der dringende Tatverdacht und sich daher auf eine breitere Beurteilungsbasis stützen kann[288]. Ausgangspunkt der Beantwortung der Frage nach dem Vorliegen eines hinreichenden Verdachts ist das Ergebnis der bereits abgeschlossenen Ermittlungen, so daß hier die Wahrscheinlichkeit der Verurteilung des Beschuldigten verlangt werden kann, während dies beim dringenden Verdacht nicht der Fall ist.

Trotz unterschiedlicher Voraussetzungen für die verschiedenen Formen des Verdachts stellt sich aber eine genaue Grenzziehung zwischen den einzelnen Intensitätsgraden aufgrund mangelnder begrifflicher Präzisierung als schwierig dar. Dies liegt nicht zuletzt daran, daß es sich bei einem Verdacht immer um die Entscheidung über Wahrscheinlichkeiten handelt, die naturgemäß mit gewissen Unsicherheiten verknüpft bleibt.

Insofern bestehen Ähnlichkeiten zum Wahrscheinlichkeitsurteil über das Vorliegen einer Gefahr. Im Unterschied zur Gefahrenprognose handelt es sich bei einem

---

[286] Vgl. Löwe/Rosenberg/Schäfer, 1. Bd., § 100 a, Rn. 12 und Löwe/Rosenberg/Wendisch, 2. Bd., § 112, Rn. 27.

[287] Löwe/Rosenberg/Wendisch, 2. Bd., § 112, Rn. 21, 22.

[288] Kühne, NJW 1979, S. 618.

Verdacht aber um eine in die Vergangenheit gerichtete, retrospektive Hypothese. Ausgangspunkt eines Verdachts ist die Annahme, daß mit Wahrscheinlichkeit in der Vergangenheit eine Straftat begangen worden ist und daß diese dem jeweiligen Verdächtigen in strafrechtlich relevanter Weise zugerechnet werden kann.

Es wird also aus unvollständigen Tatsachen eine Wahrscheinlichkeit abgeleitet, die einen Tatverdacht begründen können soll. Um das darin notwendig liegende Maß an Unsicherheit möglichst gering zu halten, muß die Verknüpfung zwischen den unvollständigen Tatsachen und der Wahrscheinlichkeit auf Erfahrungssätzen basieren, also auf Gesichtspunkten, die einen „überzufälligen", d.h. einen mehr als nur zufälligen Zusammenhang herstellen[289].

cc) Abgrenzung von Vorfeldermittlungen und strafprozessualen Ermittlungshandlungen aufgrund eines Verdachts

Anhand dieser Ausführungen läßt sich nun die Abgrenzung der Maßnahmen zur vorbeugenden Bekämpfung von Straftaten von strafprozessualen Ermittlungshandlungen aufgrund eines Verdachts vornehmen.

Zunächst einmal geht die in beiden Fällen notwendige Prognose in entgegengesetzte Richtungen: Während die Prognose hinsichtlich eines Verdachts nach der Strafprozeßordnung in die Vergangenheit gerichtet ist, zielt sie bei Maßnahmen der vorbeugenden Bekämpfung von Straftaten in die Zukunft. Bei letzteren geht es nicht um eine bereits in der Vergangenheit verübte Straftat, sondern um eine Straftat, die erst in der Zukunft begangen werden könnte.

Außerdem steht fest, daß Ermittlungen, die sich ohne den Verdacht einer konkreten Straftat gegen Personen, die als „verdächtig" betrachtet werden, richten, keine Ermittlungshandlungen im strafprozessualen Sinne darstellen können[290]. Vielmehr bezieht sich das strafprozessuale Ermittlungsverfahren einzig auf die Straftat, deren Begehung mit zureichender Wahrscheinlichkeit feststeht[291]. Nach Weßlau werden aber Maßnahmen zur vorbeugenden Bekämpfung von Straftaten dann eingesetzt, „wenn aufgrund allgemeiner Erkenntnisse, d.h. ohne konkrete Anhaltspunkte im Einzelfall, Nachforschungen über strafbare Vorkommnisse angestellt

[289] S. dazu Kühne, NJW 1979, S. 621 f.
[290] Vgl. Kniesel, ZRP 1987, S. 380.
[291] Walder, ZStW 95 (1983), S. 872 f.

werden, oder wenn zwar aufgrund konkreter Anhaltspunkte ermittelt wird, diese Anhaltspunkte jedoch nur einen 'unspezifischen' Verdacht begründen, d.h. keinen Verdacht einer bestimmten Straftat"[292].

Der wohl wesentlichste Unterschied liegt aber in der Wahrscheinlichkeit der Schlußfolgerung, die den jeweiligen Eingriffshandlungen zugrundeliegt; denn daß diese Wahrscheinlichkeit im Falle von Maßnahmen zur Vorfeldermittlung eine wesentlich geringere darstellt, als diejenige, auf die sich ein strafprozessualer Verdacht stützen kann, macht schon ein flüchtiger Blick auf die jeweiligen Voraussetzungen deutlich. Voraussetzung für das Ergreifen von Vorfeldmaßnahmen ist eine Schlußfolgerung von tatsächlichen Anhaltspunkten auf die künftige Begehung einer Straftat und damit von nur unsicherem gegenwärtigen Wissen auf die Vermutung eines in der Zukunft liegenden Ereignisses.

Diese „tatsächlichen Anhaltspunkte" können aber im Gegensatz zu den in § 152 Abs. 2 StPO geforderten „zureichenden tatsächlichen Anhaltspunkten" zum einen durchaus auch aus kriminalistischen Erfahrungen gewonnen werden, ohne also auf konkrete Tatsachen Bezug nehmen zu müssen. Zum anderen müssen sie auch nicht die Qualität von Erfahrungssätzen aufweisen, so daß das Erfordernis der „Überzufälligkeit"[293] hier entfällt. Das aber bedeutet, daß schon ein bloß zufälliger Zusammenhang die Annahme der künftigen Begehung von Straftaten rechtfertigen und damit die Voraussetzungen für das Ergreifen von Vorfeldmaßnahmen schaffen kann.

Damit können aber auch rein subjektive Befürchtungen und Vermutungen, die zur Begründung eines Anfangsverdachts nach § 152 Abs. 2 StPO nicht in Betracht kommen, in die Prognose einfließen und auf diese Weise Eingriffe durch Vorfeldmaßnahmen rechtfertigen.

b) Prinzipien der Gefahrenabwehr

Grundlegendes Prinzip der Gefahrenabwehr ist der Gefahrenbegriff in seinen verschiedenen Ausformungen.

---

[292] Weßlau, S. 40.

[293] S. dazu nochmals Kühne, NJW 1979, S. 621.

aa) Der Gefahrbegriff

Das moderne, mit dem Kreuzbergurteil des Preußischen Oberverwaltungsgerichts[294] beginnende Polizeirecht knüpft die Zulässigkeit des ordnungsrechtlichen Handelns der Polizei an die Voraussetzung des Vorliegens einer Gefahr.

Als Gefahr wird herkömmlicherweise eine Lage definiert, in der bei ungehindertem Ablauf des Geschehens ein Zustand oder ein Verhalten mit hinreichender Wahrscheinlichkeit zu einem Schaden für eines der polizeilichen Schutzgüter der öffentlichen Sicherheit und Ordnung führen würde[295].

Die wesentlichen Begriffsmerkmale, die das Vorliegen einer Gefahr kennzeichnen, sind demnach der „Schaden" sowie die „Wahrscheinlichkeit" seines Eintritts. Als Schaden ist eine nicht nur unerhebliche Beeinträchtigung eines polizeilichen Schutzgutes anzusehen[296]. Dieses Kriterium ermöglicht eine Abgrenzung zu bloßen Belästigungen, Nachteilen oder Überempfindlichkeiten, welche nicht ausreichen sollen, um einen Schaden annehmen zu können[297]. Vielmehr muß ein gewisser Intensitätsgrad der Beeinträchtigung erreicht werden.

Die Schutzgüter des Polizeirechts, denen eine Gefahr drohen muß, sind die öffentliche Sicherheit und Ordnung. Unter den Begriff der öffentlichen Sicherheit fallen der Staat und seine Einrichtungen[298], Individualgüter wie Leben, Körper, Freiheit, Eigentum, Besitz und Vermögenspositionen, sowie das gesamte geschriebene Recht[299]. Der Begriff der öffentlichen Ordnung umfaßt dagegen nach herrschender Auffassung die Gesamtheit der ungeschriebenen Regeln für das Verhalten des Einzelnen in der Öffentlichkeit, deren Beachtung nach den jeweils herrschenden Anschauungen als unerläßliche Voraussetzung eines geordneten staatsbürgerlichen Zusammenlebens betrachtet wird[300].

---

[294] Vgl. oben, S. 62 ff.

[295] BVerwGE 28, 310 (315); 45, 51 (57); 62, 36 (38 f.); BVerwG NJW 1970, S. 1892; Drews/Wacke/Vogel/Martens, S. 220.

[296] Drews/Wacke/Vogel/Martens, S, 221; Wolff/Bachof, Bd. III, § 125, Rn. 20.

[297] Drews/Wacke/Vogel/Martens, S. 221 ff.; Friauf, in von Münch/Schmidt-Aßmann, 2. Abschnitt, Rn. 46.

[298] S. dazu z.B. BVerfG, NJW 1980, S. 2572; BVerwG, DÖV 1974, S. 207.

[299] Insgesamt vgl. Drews/Wacke/Vogel/Martens, S. 232 ff.; Götz, Polizeirecht, Rn. 89.

[300] Drews/Wacke/Vogel/Martens, S. 245 mit Hinweis auf Preuß. OVGE 91, 139 (140); ähnlich auch BVerfGE 69, 315 (352); BVerwG, NJW 1980, S. 1641; BayVGH, NVwZ 1984, S. 254; Götz, Polizeirecht, Rn. 122.

(1) Konkrete und abstrakte Gefahr

Im Gegensatz zu einer abstrakten Gefahr ist dort, wo Handlungsermächtigungen Einzelakte der Behörde an das Vorliegen einer „Gefahr“ knüpfen, nach unbestrittener Ansicht einer „konkrete Gefahr“ gemeint, sofern sie nicht spezielle Eingriffsvoraussetzungen normieren[301].

Damit ist die im Einzelfall bestehende, d.h. von einer in der Lebenswirklichkeit vorhandenen konkreten Sachlage ausgehende Gefahr Grundlage des Einzeleingriffs. Das bedeutet auch, daß ein Schaden aufgrund der zur Zeit der Beurteilung bestehenden Sachlage zu erschließen sein muß[302].

Eine abstrakte Gefahr, deren Vorliegen für den Erlaß einer Polizeiverordnung genügt, geht dagegen von einem allgemeinen, abstrakt umschriebenen Sachverhalt aus[303].

Abstrakte und konkrete Gefahr unterscheiden sich also weder durch den Grad der Wahrscheinlichkeit, noch durch die zeitliche Nähe des erwarteten Schadenseintritts[304]. Entscheidender Unterschied ist vielmehr, daß man sich für die Beurteilung einer abstrakten Gefahr darauf beschränkt, typische Schadensursachen festzustellen, die gerade unabhängig von einem bestimmten Zeitpunkt und den Umständen des Einzelfalles zu einem Schaden führen können, während für die Prognose über eine konkrete Gefahr alle zum Prognosezeitpunkt zur Verfügung stehenden Informationen über den Einzelfall herangezogen werden müssen[305]. So ist etwa der Aufzug in der X-Bank als konkret gefährlich zu bezeichnen, weil er keinen Fahrkorb hat, während fahrkorblose Aufzüge generell abstrakt gefährlich sind. Ebenso ist der bestimmte, nicht korrosionssichere Heizöltank des Hauseigentümers Y konkret gefährlich, während nicht korrosionssichere Heizöltanks generell abstrakt gefährlich sind.

Eine konkrete Gefahr für ein polizeiliches Schutzgut besteht aber erst dann, wenn seine Schädigung bei ungehindertem Geschehensablauf hinreichend wahrscheinlich ist. Das bedeutet, daß erst ein begründetes Urteil über die Wahrscheinlichkeit

---

[301] Götz, Polizeirecht, Rn. 151 ff.; Drews/Wacke/Vogel/Martens, S. 227 und 410 ff.; Darnstädt, S. 31 f.; Staats, DÖV 1979, S. 158.

[302] Darnstädt, S. 32.

[303] BVerwG, NJW 1970, S. 1892; auch Götz, Polizeirecht, Rn. 145; Drews/Wacke/Vogel/Martens, S. 227 und 495 ff.

[304] BVerwG, NJW 1970, S. 1892.

[305] Vgl. Darnstädt, S. 99 ff.

einer zunächst bloß möglichen Schadensverwirklichung polizeiliches Handeln legitimieren kann.

Zunächst wird mit der Voraussetzung der Wahrscheinlichkeit eines Schadens die Differenz zur bloßen Möglichkeit des Schadenseintritts bezeichnet[306]. Damit wird klargestellt, daß diese bloß entfernte Möglichkeit noch nicht zur Annahme einer polizeirechtlichen Gefahr ausreichen kann[307]. Andererseits muß ein Schaden aber auch noch nicht mit Gewißheit zu erwarten sein[308].

Die hinreichende Wahrscheinlichkeit erfährt demnach eine zweifache Einschränkung und damit eine Abgrenzung von einerseits der „Möglichkeit" und andererseits der „Gewißheit" eines Schadenseintritts. Durch Ausklammerung der bloßen Möglichkeit eines Schadenseintritts wird auch die sog. latente oder potentielle Gefahr aus dem polizeirechtlichen Gefahrbegriff ausgenommen. Eine solche Gefahr bezeichnet eine Lage, die nicht für sich allein, sondern erst durch das Hinzutreten neuer Umstände den Eintritt eines Schadens ernsthaft besorgen lassen würde[309]. Reine Spekulationen oder bloß hypothetische Erwägungen zu nur gedachten Geschehnissen können somit eine Gefahrenlage nicht begründen[310].

Der Sicherheitsgrad der Wahrscheinlichkeit wird aber auch unter Berücksichtigung einer zeitlichen Komponente, nämlich der Schadensnähe, bestimmt[311].

So ist nicht erforderlich, daß ein Schaden bereits unmittelbar bevorsteht[312]. Vielmehr kann ein Wahrscheinlichkeitsurteil aufgrund besonderer Erfahrungssätze auch dann schon einen zur Annahme einer Gefahr ausreichenden Sicherheitsgrad erreichen, wenn der Schadenseintritt in fernerer, soweit noch überschaubarer Zukunft liegt[313].

Um den zwischen Möglichkeit und Gewißheit liegenden Sicherheitsgrad der Wahrscheinlichkeit, der für die Annahme einer Gefahrenlage festgestellt werden muß, näher zu konkretisieren, ist die Formel entwickelt worden, daß der Eintritt

---

306 Dazu bereits Scholz, VerwArch 27 (1919), S. 1 ff.

307 S. Preuß. OVGE 77, 341 (345); OVG Lüneburg OVGE 15, 282 und 24, 213; Drews/Wacke/Vogel/Martens, S. 223.

308 Drews/Wacke/Vogel/Martens, S. 220.

309 OVG Münster, OVGE 11, S. 250; Drews/Wacke/Vogel/Martens, S. 223.

310 Hansen-Dix, S. 44; Wolff/Bachof, Bd. III, § 125, Rn. 25.

311 Hansen-Dix, S. 37.

312 Preuß. OVGE 98, 81 (86); BVerwG DVBl. 1973, S. 859.

313 S. BVerwG, NJW 1970, S. 1892; Hansen-Dix, S. 37 f.; Drews/Wacke/Vogel/Martens, S. 225.

eines Schadens dann hinreichend wahrscheinlich ist, wenn eine nach der Lebenserfahrung begründete Befürchtung der Gefahrenverwirklichung vorliegt[314].

Jedoch muß hinsichtlich des Grades der Wahrscheinlichkeit noch weiter differenziert werden. So ist der erforderliche Sicherheitsgrad der Prognose zum einen abhängig von dem Rang des Rechtsgutes, in das zur Schadensabwehr eingegriffen werden soll[315]. Je höherwertig dieses Eingriffsgut ist, desto höher sind die Anforderungen, die an den Sicherheitsgrad zu stellen sind[316].

Zum anderen beeinflußt auch und vor allem der Rang des polizeichen Schutzgutes den Grad der hinreichenden Wahrscheinlichkeit. Die Anforderungen an diesen Grad sinken mit dem Wert des zu schützenden Rechtsgutes, so daß, wo besonders hochwertige Schutzgüter bedroht sind, auch schon die entferntere Möglichkeit eines Schadens die begründete Befürchtung seines Eintritts auslösen kann[317].

Das bedeutet, daß eine wertende Abwägung in die Wahrscheinlichkeitsprognose einfließt.

Um jedoch einer Ausuferung des Gefahrenbegriffs vorzubeugen, die dadurch begünstigt werden könnte, daß bei der Annahme eines extrem großen drohenden Schadens die Konstruktion beliebiger Gefahren möglich wäre[318], muß eine Zusatzbedingung aufgestellt werden, die die auch von Verfassungs wegen zu tragende Hinnahme eines Restrisikos sicherstellt[319].

Dies wird durch die Einbeziehung des Zeitpunktes der Wahrscheinlichkeitsprognose sichergestellt[320]. Darnstädt stellt dies folgendermaßen dar[321]: Eine konkrete Gefahr entsteht nur dann, wenn zum Zeitpunkt t 1 ein späterer, möglicherweise noch relevante Zusatzinformationen ermöglichender Zeitpunkt t 2 nicht mehr abgewartet werden kann, ohne daß eine überwiegende Wahrscheinlichkeit dafür entstünde, daß in den Schadensablauf dann nicht mehr rechtzeitig und wirk-

---

[314] Friauf, in: v. Münch/Schmidt-Aßmann, 2. Abschnitt, Rn. 51; Götz, Polizeirecht, Rn. 142; Drews/Wacke/Vogel/Martens, S. 224.

[315] OVG Saarlouis, DÖV 1973, S. 864; auch bereits Scholz, VerwArch 27 (1919), S. 27 f.; Hansen-Dix, S. 39.

[316] So auch bereits Scholz, VerwArch 27 (1919), S. 27 f.

[317] BVerwG, NJW 1970. S. 1892; Hansen-Dix, S. 39 ff.; Darnstädt, S. 75 ff.

[318] S. dazu das Beispiel bei Darnstädt, S. 77.

[319] Vgl. BVerfGE 49, 89 (140 ff.); Darnstädt, S. 77; Drews/Wacke/Vogel/Martens, S. 225.

[320] S. dazu Darnstädt, S. 79 ff.

[321] S. 79 ff.

sam eingegriffen werden kann. Damit ist erst der letztmögliche Zeitpunkt zur Verhinderung eines Schadenseintritts als der rechtmäßige Handlungszeitpunkt zu betrachten, nicht etwa der frühestmögliche bzw. jeder beliebige spätere; denn nur zu diesem Zeitpunkt kann feststehen, daß nicht noch durch die Erlangung weiterer Informationen eine andere Beurteilung der Sachlage entstehen könnte, die den polizeilichen Eingriff in Rechtsgüter entbehrlich machen würde.

Es geht somit um die Optimierung von Prognosequalität einerseits und Abwehreffektivität andererseits[322].

(2) Abgrenzung von Vorfeldermittlungen und Maßnahmen zur Abwehr einer konkreten oder abstrakten Gefahr

Anhand dieser Ausführungen zum Begriff der konkreten Gefahr läßt sich die Abgrenzung von Maßnahmen zur vorbeugenden Bekämpfung von Straftaten von Maßnahmen, die zur Abwehr einer konkreten Gefahr zulässig sein können, deutlich machen.

Die polizeilichen Eingriffsbefugnisse, die der vorbeugenden Bekämpfung von Straftaten dienen sollen, lassen ein entsprechendes Tätigwerden der Polizei bereits deutlich vor dem Zeitpunkt zu, an dem mit der für das Vorliegen einer konkreten Gefahr geforderten hinreichenden Wahrscheinlichkeit der Eintritt eines Schadens prognostiziert werden kann. Der Zeitpunkt, an dem eine Informationserhebung zur vorbeugenden Bekämpfung von Straftaten bereits möglich sein soll, kann keineswegs als der letztmögliche Zeitpunkt betrachtet werden, ab dem ein weiteres Abwarten auf zusätzliche Informationen die Effektivität der Schadensverhinderung mindern würde. Vielmehr sind auch nach diesem Eingriffszeitpunkt viele weitere Zeitpunkte denkbar, die dem befürchteten Schadenseintritt erheblich näher stehen, ohne daß hier eine Schadensverhinderung nicht mehr möglich wäre.

Schließlich liegt die Intention von diesen Informationserhebungen gerade darin, Situationen vorsorglich zu durchleuchten, von denen angenommen wird, daß irgendwann Gefahren von ihnen ausgehen könnten. Diese Prognose erreicht aber damit bei weitem nicht den Grad der Sicherheit, der von einer Wahrscheinlichkeitsprognose, die der Abwehr konkreter Gefahren vorauszugehen hat, zu fordern ist.

---

[322] Darnstädt, S. 80, 89.

So soll beispielsweise eine längerfristige Observation zur vorbeugenden Bekämpfung von Straftaten nach § 8 c Abs. 2 Nr. 1 VE ME PolG möglich sein, wenn tatsächliche Anhaltspunkte bestehen, daß die betroffene Person eine der aufgeführten Straftaten begehen wird. Die erforderlichen tatsächlichen Anhaltspunkte können dabei in bloßen Vermutungen bestehen, die sich auf Grundsätze allgemeiner Erfahrung, wie z.B. Vorstrafen und Vorleben der Person oder Kenntnisse über die Personengruppen, in denen die Person sich bewegt, stützen.

Aus diesen Anhaltspunkten wird zwar eine Prognose über die Wahrscheinlichkeit einer erneuten oder erstmaligen Straftatbegehung der betroffenen Person erstellt, und dementsprechend ließe sich behaupten, daß bereits alle als relevant erkennbaren und zum Prognosezeitpunkt verfügbaren Informationen in diese Prognose eingeflossen seien, so daß das Vorliegen einer konkreten Gefahr bejaht werden könnte.

Das würde aber genau zu jener Ausuferung des Gefahrenbegriffs führen, die durch die Anforderungen, die an den zu wählenden Prognosezeitpunkt zu stellen sind, vermieden werden soll[323]; denn es ist offensichtlich, daß bis zum Eintritt des befürchteten Schadens, also der möglichen Begehung einer Straftat, noch viele weitere Informationen abgewartet werden können, die den Grad der Sicherheit des Schadenseintritts erhöhen würden, ohne daß ein immer noch rechtzeitiges Eingreifen zur Verhinderung des Schadens auszuschließen wäre.

Somit kann der Zeitpunkt, zu dem Informationserhebungen zur vorbeugenden Bekämpfung von Straftaten bereits möglich sein sollen, keinesfalls als der letztmögliche „Zeitpunkt t"[324] betrachtet werden, der die Annahme einer konkreten Gefahr rechtfertigen würde. Vielmehr fehlt diesen Maßnahmen die nach dem oben erläuterten Gefahrenbegriff notwendige Nähe zum Schadenszeitpunkt.

Maßnahmen zur vorbeugenden Bekämpfung von Straftaten können daher nicht als Maßnahmen zur Abwehr einer konkreten Gefahr betrachtet werden[325]. Nicht ohne Grund wird schließlich auch von Informationserhebungen im „Vorfeld" einer Gefahr gesprochen.

---

[323] S. dazu oben, S. 84.

[324] Vgl. nochmals Darnstädt, S. 79.

[325] Vgl. auch D. Neumann, S. 55; Weßlau, S. 29 ff.

bb) Grenzen des Gefahrbegriffs und Abgrenzung vom Vorfeld

Der erläuterte Begriff der polizeirechtlichen konkreten Gefahr scheint aber mit einer Ziehung randscharfer Konturen der Behandlung denkbarer Sachverhalte ohne reale Schadensneigung nicht gerecht werden zu können.

Vielmehr muß in Ausnahmefällen ein polizeirechtliches Einschreiten auch dann möglich sein, wenn objektiv (noch) keine Gefahrenlage gegeben ist. Aus diesem Grunde sind die Begriffe der Putativgefahr, der Anscheinsgefahr sowie des Gefahrenverdachts entwickelt worden.

Auch hier ist nun festzustellen, ob und inwieweit Maßnahmen zur vorbeugenden Bekämpfung von Straftaten von jenen Maßnahmen, die aufgrund dieser Sachlagen ergriffen werden dürfen, abzugrenzen sind.

(1) Putativgefahr

Eine sog. Putativ- oder auch Scheingefahr liegt dann vor, wenn die Polizei aufgrund subjektiver, mit den tatsächlichen Gegebenheiten nicht übereinstimmender Vorstellungen des handelnden Beamten zu dem Ergebnis gekommen ist, es liege eine Gefahr vor[326]. Die Annahme einer Gefahr beruht auf einem pflichtwidrigen Irrtum des handelnden Beamten, sofern er vorwerfbar falsch diagnostiziert oder prognostiziert. So ist eine Putativgefahr anzunehmen, wenn ein Polizeibeamter den aus einem verschlossenen Zimmer kommenden Klagelaut einer Katze für das Stöhnen eines Verletzten hält und das Fenster einschlägt, noch bevor er einen Blick auf das klagende Tier geworfen hat. Ebenso liegt eine Putativgefahr vor, wenn ein Polizeibeamter, der im Winter eine Person mit Mütze aus einer Bank stürmen sieht, einen Überfall annimmt, obwohl die Person es lediglich eilig hatte.

In solchen Fällen liegt keine Gefahr im polizeirechtlichen Sinne vor, und ein Eingreifen der Polizei wäre rechtswidrig[327].

Damit bedarf es keiner weiteren Erläuterung, daß auch Maßnahmen zur vorbeugenden Bekämpfung von Straftaten nicht durch die Annahme einer Putativgefahr gerechtfertigt werden könnten.

---

[326] Drews/Wacke/Vogel/Martens, S. 225; Wolff/Bachof, Bd. III, § 125, Rn. 24; Hansen-Dix, S. 58 f.

[327] Wolff/Bachof, Bd. III, § 125, Rn. 24; Knemeyer, Polizeirecht, Rn. 71; Hansen-Dix, S. 58 f.; O. Schneider, DVBl. 1980, S. 408.

(2) Anscheinsgefahr

Anders liegt es in Fällen der sog. Anscheinsgefahr. Hier beruht die Qualifizierung einer Situation als gefährlich nicht auf einem vorwerfbaren Irrtum des handelnden Beamten, auch wenn die Beurteilung sich dennoch als fehlerhaft erweist. Vielmehr entspricht die Einschätzung der Situation dem Urteil eines fähigen, besonnenen und sachkundigen Amtswalters[328]. Obwohl auch hier der Sachlage und dem angenommenen Geschehensablauf die objektive Schadensneigung fehlt, stand aber zum Zeitpunkt der behördlichen Prognose bei hinreichender Sachverhaltsaufklärung und verständiger Würdigung die Ungefährlichkeit der Sachlage noch nicht fest. Da also erst aufgrund nachträglich gewonnener Erkenntnisse die Ungefährlichkeit der Situation festgestellt werden konnte, ein weiteres Zuwarten aber aufgrund einer gewissen Schadensnähe nicht vertretbar war, ist in diesen Fällen eine polizeirechtliche Gefahr anzunehmen[329].

Die Anordnung der Räumung eines Ortes wegen Lawinengefahr ist beispielsweise auch dann rechtmäßig, wenn die Lawine letztendlich auf der anderen Seite des Berges hinuntergeht, dies aber für einen sachverständigen, besonnenen Beobachter unter Einbeziehung von Erfahrungssätzen im vorhinein nicht erkennbar war.

Daraus wird aber auch deutlich, daß die Konstruktion einer Anscheinsgefahr ebenfalls nicht geeignet ist, polizeiliche Maßnahmen zur vorbeugenden Bekämpfung von Straftaten zu rechtfertigen; denn hier fehlt eindeutig die zur Legitimation eines Eingriffs aufgrund einer Anscheinsgefahr notwendige Schadensnähe. Das Urteil eines sachkundigen und besonnenen Amtswalters wird in diesen Fällen nicht dahingehend ausfallen, daß ein Schaden nach den ihm zur Verfügung stehenden Erfahrungssätzen mit hinreichender Wahrscheinlichkeit eintreten wird. Vielmehr soll mit der polizeilichen Informationserhebung zur vorbeugenden Verbrechensbekämpfung ja erst geklärt werden, ob sich überhaupt eine Gefahr entwickeln kann, so daß sie wiederum bereits zeitlich vorher ansetzt.

---

328 Friauf, in: von Münch/Schmidt-Aßmann, 2. Abschnitt, Rn. 53 f.; Drews/Wacke/Vogel/Martens, S. 226; Hansen-Dix, S. 59 f.

329 Drews/Wacke/Vogel/Martens, S. 226; Wolff/Bachof, Bd. III, § 125, Rn. 25; Friauf, in: von Münch/ Schmidt-Aßmann, 2.Abschnitt, Rn. 53 f.; Hoffmann-Riem, in: Festschrift für Gerhard Wacke, S. 331 f.; O. Schneider, DVBl. 1980, S. 408; anders Götz, Polizeirecht, Rn. 165.

(3) Gefahrenverdacht

Es bleibt daher zu überprüfen, ob polizeiliche Informationserhebungen zur vorbeugenden Bekämpfung von Straftaten aufgrund eines sog. Gefahrenverdachtes zulässig sein könnten.

Ein Gefahrenverdacht wird durch eine im maßgeblichen Zeitpunkt unklare Sachlage hervorgerufen, die ebensogut gefährlich wie ungefährlich sein kann[330]. Im Gegensatz zur Situation der Anscheinsgefahr sind dem Handelnden hier aber die Unsicherheiten bei der Deutung des Sachverhaltes bewußt. Demnach kann von einem Gefahrenverdacht der Behörde dann gesprochen werden, wenn bei Anlegung des Maßstabes verständiger Würdigung und bei hinreichender Sachverhaltsaufklärung dennoch Zweifel am Vorliegen einer Gefahr bestehen. Allerdings muß dieser Verdacht, um eine polizeirechtliche Gefahr annehmen zu können, sich auf Anhaltspunkte für das Vorhandensein einer Gefahr stützen lassen können, d.h. der Verdacht muß durch Tatsachen erhärtet sein[331].

Da die tatsächliche Aufklärung der Situation nicht möglich ist, muß die Polizei ihrer Schadensprognose ein Wahrscheinlichkeitsurteil zugrundelegen, das im Gegensatz zu einem zukunftsorientierten, prognostischen Urteil vielmehr ein analytisches, diagnostisches Urteil darstellt[332].

Da in derartigen Fällen, in denen der Eintritt des Schadens unter Berücksichtigung des zum Handlungszeitpunkt erreichbaren Wissens ebenso wahrscheinlich wie unwahrscheinlich erscheint, aber dennoch ein rechtmäßiges Eingreifen der Polizei ermöglicht werden soll, werden bei Vorliegen eines Gefahrenverdachtes die Anforderungen an den Grad der Wahrscheinlichkeit eines Schadenseintritts abgesenkt[333]. Sofern ein weiteres Abwarten bis zur Erlangung etwaiger zusätzlicher Informationen zu riskant erscheint, sind im Rahmen der durch den Grundsatz der Verhältnismäßigkeit gezogenen Grenzen jedenfalls vorläufige Maßnahmen, sog. Gefahrerforschungseingriffe, zulässig[334]. Endgültige Maßnahmen können dagegen nur dann als gerechtfertigt betrachtet werden, wenn besonders wichtige Rechts-

---

[330] Drews/Wacke/Vogel/Martens, S. 226; Götz, Polizeirecht, Rn. 154; Hansen-Dix, S. 61.

[331] Hansen-Dix, S. 67; Götz, Polizeirecht, Rn. 154; Drews/Wacke/Vogel/Martens, S. 226.

[332] Hansen-Dix, S. 61; Kirchhof, JuS 1974, S. 784.

[333] Darnstädt, S. 96; O. Schneider, DVBl. 1980, S. 408.

[334] Vgl. bereits Preuß. OVGE 77, 333 (338 f.); auch OVG Münster, DVBl. 1982, S. 653; Friauf, in: von Münch/Schmidt-Aßmann, 2. Abschnitt, Rn. 55; Drews/Wacke/Vogel/Martens, S. 227.

güter, namentlich Leben und Gesundheit, auf dem Spiel stehen und die Eingriffe nicht über das Erforderliche hinausgehen.

Oft herangezogenes Beispiel für einen Gefahrenverdacht ist die anonyme Bombendrohung, bei der es den handelnden Beamten lediglich auf der Grundlage ihres vorhandenen Wissens unmöglich ist, festzustellen, ob tatsächlich eine Bombe explodieren wird oder ob es sich bloß um eine Vorspiegelung des Täters handelt. Hier müssen Maßnahmen, mit denen der Sachverhalt hinreichend erforscht werden kann, aufgrund der objektiv nicht auszuschließenden Schadensnähe und des hohen Risikos zulässig sein.

Ein anderes Beispiel ist die Feststellung einer Östrogenbehandlung bei einem einzigen Kalb eines Bestandes. Die daraus folgende Annahme, es bestehe die Gefahr, der gesamte Bestand an Kälbern sei mit Östrogen behandelt worden, erscheint dann nicht als gerechtfertigt, wenn der Viehhändler die Kälber nur für kurze Zeit in seinem Besitz gehabt hat und diese aus verschiedenen Herkunftsbeständen stammen[335]. In diesem Fall reichen die Anhaltspunkte nicht für die Annahme eines Gefahrenverdachts aus, und ein polizeiliches Eingriffshandeln wäre nicht gerechtfertigt.

Fraglich ist nun, ob Maßnahmen zur vorbeugenden Bekämpfung von Straftaten als derartige Gefahrerforschungseingriffe angesehen werden könnten, die bei Vorliegen eines Gefahrenverdachts zulässig sein sollen; denn schließlich geht es auch bei diesen Maßnahmen um Informationserhebung zur Erforschung eines Sachverhaltes, der sich zum Entscheidungszeitpunkt als noch unklar darstellt.

So wird auch durchaus die dogmatische Konstruktion des Gefahrenverdachts als Argumentationshilfe herangezogen, um zu begründen, daß Maßnahmen zur vorbeugenden Bekämpfung von Straftaten als Teil des polizeilichen Gefahrenabwehrauftrages zu betrachten seien und ihre Zulässigkeit auch bisher schon nicht anzuzweifeln war[336]. Der Gefahrenverdacht wird dabei ohne nähere Konkretisierung als Möglichkeit einer Gefahr umschrieben, die zeitlich vor dem Tatverdacht der Strafprozeßordnung liege[337]. Auch wenn dieser zeitlichen Einordnung in Beziehung auf den Tatverdacht nach § 152 Abs. 2 StPO zuzustimmen ist, so birgt die

[335] VG Münster, NVwZ 1983, S. 238; auch Drews/Wacke/Vogel/Martens, S. 226.

[336] Vgl. Kniesel, ZRP 1987, S. 380 f.; auch Schäfer, GA 1986, S. 66; J. Baumann, JuS 1987, S. 684.

[337] Schäfer, GA 1986, S. 66; J. Baumann, JuS 1987, S. 684; Kichartz, S. 117 ff.

Beschreibung des Gefahrenverdachts als bloße Möglichkeit einer Gefahr das nicht hinzunehmende Risiko einer weiteren Ausuferung des Gefahrenbegriffs. Trotz der Notwendigkeit der Konstruktion eines Gefahrenverdachts als Unterfall einer konkreten Gefahr muß gerade wegen seines Ausnahmecharakters eine genaue Konkretisierung und strikte Eingrenzung auf die Fälle erfolgen, in denen eine Erweiterung der Grenzen des Gefahrenbegriffs unabdingbar erscheint.

Die Anforderungen an den Grad der Sicherheit der Wahrscheinlichkeitsprognose können hier nur deshalb gemindert werden, weil eben der dringende Verdacht einer Gefahr besteht, der anders zu beurteilen ist, als die bloß abstrakte Möglichkeit einer Gefahr; denn es geht immer noch um die Abwendung einer Gefahr, die aufgrund einer Wahrscheinlichkeitsprognose angenommen werden kann. Auch hier wird also auf der Grundlage vorhandenen Wissens eine Schlußfolgerung gezogen, die die Befürchtung eines Schadenseintritts zuläßt, auch wenn die Wahrscheinlichkeit als geringer zu beurteilen ist, als bei Vorliegen einer tatsächlichen konkreten Gefahr[338].

Im Grunde ist aber bei der Behandlung von konkreter Gefahr und Gefahrenverdacht kein Unterschied zu machen. Die Schwelle zur bloßen Möglichkeit einer Gefahr wird auch hier nicht unterschritten.

Bei einer Qualifizierung von Maßnahmen zur vorbeugenden Bekämpfung von Straftaten als solche Gefahrerforschungseingriffe würde übersehen werden, daß auch die bei Vorliegen eines Gefahrenverdachts zulässigen Eingriffsmöglichkeiten an eine konkrete Gefahrenlage gekoppelt sind.

Sachlagen, bei denen das Ergreifen von Maßnahmen zur Informationserhebung im Vorfeld einer Gefahr möglich sein soll, sind aber anders zu beurteilen; denn Vorfeldermittlungen dienen der Erforschung von Situationen und Zusammenhängen, von denen abstrakt, nicht aber konkret, vermutet wird, daß sich aus ihnen Gefahren entwickeln könnten, um dieser Entwicklung im Falle ihres Eintritts vorbeugen zu können. Es fehlt daher die Ankopplung an eine konkrete Gefahrenlage, wie sie aber für die Annahme eines Gefahrenverdachts vorliegen muß; denn der Gefahrenverdacht ist systematisch als konkrete Gefahr mit geringerer Wahrscheinlichkeit des Schadenseintritts einzustufen.

---

[338] Darnstädt, S. 94 ff.

Auch ist die Abwägung zwischen dem zu schützenden Rechtsgut und der Intensität eines Eingriffs, die sich in Fällen eines Gefahrenverdachtes in der Begrenzung auf Fälle niederschlägt, in denen ein weiteres Abwarten aufgrund des zu hohen Risikos nicht vertretbar wäre[339], zu berücksichtigen; denn die Sachlagen, bei denen Vorfeldmaßnahmen ergriffen werden sollen, lassen die Annahme einer Entwicklung, die zwingend zu einem Schaden führt, nicht zu, so daß ein Abwarten auch nicht als unzumutbar riskant erscheinen kann. Schließlich geht es lediglich um die Beschaffung von Informationen, um für den Fall „gerüstet" zu sein, daß sich doch eine Gefahr entwickeln sollte - und damit in erster Linie um Vorsorge und weniger um Abwehr.

Die dogmatische Konstruktion des Gefahrenverdachts kann daher ebenfalls nicht herangezogen werden, um Maßnahmen zur vorbeugenden Bekämpfung von Straftaten eine Legitimation zu verschaffen.

3. Ergebnis

Es zeigt sich mithin, daß Vorfeldermittlungen zum einen den aufgrund eines Verdachts im Sinne der Strafprozeßordnung durchgeführten Ermittlungshandlungen nicht gleichgesetzt werden können. Zum anderen stehen sie aber auch nicht Maßnahmen gleich, die der Abwehr einer konkreten oder abstrakten Gefahr dienen. Es handelt sich demnach um Befugnisse, die außerhalb dieser herkömmlichen Aufgabenbereiche zu liegen scheinen.

III. Fazit aus der Betrachtung des Wandels der Polizeiaufgaben

Die geschichtliche Entwicklung des Begriffs und der Aufgaben der Polizei zeigt folgendes: Mit den aus den Kreuzbergurteilen gezogenen Schlüssen wurde die Ausklammerung der Wohlfahrtspflege aus dem Aufgabenbereich der Polizei vollzogen. Bis heute ist die Vollzugspolizei daher auf die Aufgabe der Gefahrenabwehr festgelegt. Das aber bedeutet, daß Maßnahmen, die nicht der Gefahrenabwehr dienen, auch nicht in den Polizeigesetzen geregelt werden dürfen. Die Polizei ist nicht auch, sondern ausschließlich zur Gefahrenabwehr zuständig. Dies gilt seit den Kreuzbergurteilen des Preußischen OVG uneingeschränkt.

---

339 S. nochmals Drews/Wacke/Vogel/Martens, S. 227.

Die behandelte Frage, ob Vorfeldermittlungen entweder dieser polizeilichen Aufgabe oder aber der strafverfolgenden Tätigkeit zuzuordnen sind, hat zunächst zu dem Ergebnis geführt, daß sie sich von den herkömmlichen Aufgaben der Polizei wesentlich unterscheiden. Eine Regelung in entweder der Strafprozeßordnung oder den Länderpolizeigesetzen ergibt sich daher nicht zwangsläufig. Vielmehr bleibt zu überprüfen, ob und unter welchen Voraussetzungen eine Regelung trotz der aufgezeigten Besonderheiten in einem der beiden Bereiche zulässig sein kann. Die Regelung von Vorfeldermittlungen in der Strafprozeßordnung oder in den Länderpolizeigesetzen stellt sich daher als begründungsbedürftig dar.

2. Teil: Rechtsnatur der Vorfeldermittlungen und Konsequenzen für die Zuständigkeit für diesen Bereich

A. Diskussion um die Einordnung der Vorfeldermittlungen zur Prävention oder zur Repression

Obwohl Befugnisse zur vorbeugenden Bekämpfung von Straftaten in den novellierten Länderpolizeigesetzen geschaffen wurden und in diesem Zusammenhang immer wieder die Eindeutigkeit der Zugehörigkeit dieser Maßnahmen zum präventiven Bereich betont wird[340], ist die Rechtsnatur von Vorfeldermittlungen nach wie vor unklar und umstritten.

Alle in Betracht kommenden Möglichkeiten der Qualifizierung von Vorfeldermittlungen werden diskutiert und vertreten. Ursache dieser Uneinigkeit ist wiederum, neben der Uneindeutigkeit und fehlenden Definition der verwendeten Begriffe, die Vielschichtigkeit und Komplexität des Problemkreises, mit dem der Bereich der Vorfeldermittlungen verbunden ist.

I. Darstellung der vertretenen Thesen

Notwendig ist in diesem Zusammenhang eine kritische Auseinandersetzung mit den vertretenen Auffassungen, eine Durchleuchtung der entsprechenden Argumentationen mit dem Ziel, einen Beitrag zur Klärung des Problems zu leisten. Zunächst soll daher eine Darstellung und Gliederung der verschiedenen zur Einordnung von Maßnahmen zur vorbeugenden Bekämpfung von Straftaten vertretenen Meinungen erfolgen.

Auch wenn eine Einteilung der vertretenen Auffassungen in verschiedene „Lager" aufgrund von Überschneidungen im Grunde nicht randscharf vorgenommen werden kann, so soll hier doch das Spektrum der Auffassungen anhand der Zuordnung in Meinungsgruppen dargestellt werden, um auf diese Weise eine Beleuchtung der Ansichten und die darauf folgende Auseinandersetzung mit ihnen zu ermöglichen.

---

[340] S. vor allem schon die Begründung zu § 1 VE ME PolG, Kniesel/Vahle, VE ME PolG, S. 50, in der es explizit heißt: „Die vorbeugende Bekämpfung von Straftaten ist [...] wie bisher ein Unterfall der Gefahrenabwehr".

1. Einordnung zur Prävention

Ganz überwiegend wird die Auffassung vertreten, daß Maßnahmen der vorbeugenden Verbechensbekämpfung dem Bereich der Prävention zuzuordnen seien - so wie es auch dem jetzigen Standort derartiger Maßnahmen in den novellierten Polizeigesetzen entspricht.

Dieses Ergebnis wird aber auf zwei ganz unterschiedlichen Argumentationswegen erreicht: Während die eine Auffassung die Einordnung nach der Schwerpunktbetrachtung, die auch für doppelfunktionelle Maßnahmen gilt, vornimmt, geht die andere von einer generellen Prädominanz der Prävention aus.

a) Schwerpunktbetrachtung: Behandlung von Vorfeldermittlungen als doppelfunktionelle Maßnahmen

Die Schwerpunktbetrachtung kann als die wohl in der Literatur[341] und auch in der Rechtsprechung[342] ganz herrschende Auffassung zur Einordnung von Vorfeldermittlungen bezeichnet werden.

Ausgangspunkt dieser Auffassung stellt die Behandlung von doppelfunktionalen Befugnissen der Polizei dar, also von Maßnahmen, die sich sowohl auf Regelungen des Polizeirechts, als auch auf Regelungen der Strafprozeßordnung stützen lassen[343]. Bei derartigen Befugnissen sei für die Ermittlung der richtigen Ermächtigungsgrundlage auf den Schwerpunkt der jeweiligen Maßnahme abzustellen, um so den Zweck des polizeilichen Handelns festzustellen[344].

Den im Wege von Vorfeldermittlungen erhobenen Daten wird aufgrund ihrer möglichen Verwendung sowohl für repressive, als auch für präventive Zwecke ein doppelfunktionaler Charakter zuerkannt[345]; denn dieselben Daten könnten je nach Nutzung einerseits für die Verhütung von Straftaten als Teil des Gefahrenabwehr-

---

341 Vgl. z.B. Drews/Wacke/Vogel/Martens, S. 132; Götz, Polizeirecht, Rn. 86; Knemeyer, Polizeirecht, Rn. 63 ff., 101; Loschelder, Der Staat 19 (1980), S. 352; Pitschas/Aulehner, NJW 1989, S. 2357; Peitsch, Die Polizei 1990, S. 213; Denninger, KJ 1985, S. 234.

342 BVerwGE 26, 169 ff.; BVerwG, NJW 1983, S. 772; BVerwG, NJW 1990, S. 2765 ff.; BayVerfGH, NJW 1984, S. 2235 ff.; BayVerfGH, DVBl 1986, S. 35 f.; OVG Münster, NJW 1972, S. 2174; OVG Berlin, NJW 1986, S. 2004; VGH Mannheim, NJW 1987, S. 3022; VG Frankfurt, DVR 1985, S. 236; aus neuerer Zeit SächsVerfGH, LKV 1996, S. 282.

343 S. dazu Drews/Wacke/Vogel/Martens, S. 138 f.

344 Drews/Wacke/Vogel/Martens, S. 139; Knemeyer, Rn. 88; dazu auch Rieger, S. 84 ff.

345 Z.B. Kniesel, ZRP 1989, S. 332.

auftrages der Polizei eingesetzt, andererseits aber auch für den Zweck späterer Strafverfolgung verwendet werden.

Es sei daher der Schwerpunkt dieser Datenerhebungsmaßnahmen herauszufinden, um daraus den zutreffenden Regelungsstandort ableiten zu können. Dabei gehe es aber nicht um die Zweckbestimmung im Einzelfall, sondern um die generelle Klärung von Schwerpunkt und entsprechender Ermächtigungsgrundlage von Vorfeldermittlungen.

So geht das Bundesverwaltungsgericht davon aus, daß eine Maßnahme dann nicht der Strafverfolgung dienen könne, wenn es an einem konkreten Tatverdacht fehlt; denn die der Polizei nach § 163 Abs. 1 StPO zugewiesene Aufgabe der Erforschung und Aufklärung von Straftaten setze nach § 152 Abs. 2 StPO das Vorliegen eines solchen Verdachts zwingend voraus. Da ein konkreter Tatverdacht aber bei Maßnahmen der vorbeugenden Bekämpfung von Straftaten regelmäßig nicht vorhanden sei, müßten sie zwingend dem Bereich der Gefahrenabwehr zugeordnet werden[346]. Derartige Informationserhebungsmaßnahmen wiesen schließlich keinen konkreten Bezug zu einem Strafverfahren auf und dienten damit nicht der Überführung eines Beschuldigten, sondern der vorsorglichen Bereitstellung von sächlichen Hilfsmitteln für die Erforschung und Aufklärung von Straftaten, bevor überhaupt der Verdacht einer Straftat vorliege[347]. Der Schwerpunkt von Maßnahmen der vorbeugenden Bekämpfung von Straftaten sei daher in der Prävention zu sehen, so daß folglich die Länderpolizeigesetze den richtigen Regelungsstandort darstellten.

Maßnahmen der vorbeugenden Bekämpfung von Straftaten dienen auch nach Stimmen in der Literatur der Vorbereitung auf die spätere Gefahrenabwehr, was ihre Zugehörigkeit zum Bereich präventiv-polizeilicher Aufgaben eindeutig festlege[348].

Auch wenn ein gewisser „Überlappungsbereich" mit den Zielsetzungen der Strafverfolgung durchaus anerkannt wird, so wird der Schwerpunkt der Zielsetzungen von Maßnahmen der vorbeugenden Bekämpfung von Straftaten in der Gefahrenvorsorge und damit in dem der Gefahrenabwehr zugehörigen Bereich gesehen[349].

---

[346] BVerwG, NJW 1990, S. 2765 ff.

[347] BVerwGE 66, 192 (196); BVerwGE 6, 202 (204).

[348] Pitschas/Aulehner, NJW 1989, S. 2357; auch Denninger, CR 1988, S. 54.

[349] So Kniesel/Tegtmeyer/Vahle, Rn. 85.

Einen Unterfall der Schwerpunktbetrachtung stellt die Einordnung nach dem Behördenwillen dar[350]. Danach sei für die Einordnung die von der handelnden Behörde selbst gewählte Begründung entscheidend, da durch sie die Art der Maßnahme bestimmt werde[351]. Dagegen sei es abzulehnen, der Gestaltungsmacht der handelnden Behörde zuvorzukommen, indem der Schwerpunkt der Maßnahme von außen bestimmt werde[352]. Sei ein wirklicher Wille nicht feststellbar, so soll der „Gesamteindruck" der Maßnahme entscheidend sein[353].

Im Ergebnis sieht Götz zwar einen engen Zusammenhang der Maßnahmen der vorbeugenden Bekämpfung vonn Straftaten mit dem Strafprozeß und der Strafverfolgungstätigkeit, ordnet sie aber gleichwohl dem präventiv-polizeilichen Bereich zu[354].

b) These von der „Prädominanz der Prävention"

Eine andere Auffassung, die Maßnahmen der vorbeugenden Bekämpfung von Straftaten ebenfalls dem Bereich der Gefahrenabwehr zuordnet, schließt dies aus der Vorrangigkeit der Gefahrenabwehr innerhalb der Gesamtfunktion polizeilicher Tätigkeit[355].

Zugrundegelegt wird dabei ein neuer, erweiterter Begriff der polizeilichen Prävention. Entgegen dem herkömmlichen Begriff, der die Prävention auf den Bereich der Gefahrenabwehr, in dem es um die Abwehr einer konkreten, im Einzelfall bestehenden Gefahr geht, beschränkt, umfaßt dieser auch den Bereich der Gefahrenvorbeugung und Gefahrenvorsorge und damit den Bereich der vorbeugenden Bekämpfung von Straftaten[356]. Der Verhütungsauftrag, in den Maßnahmen der vorbeugenden Bekämpfung von Straftaten eingebettet seien, wird demzufolge als essentieller und erstrangiger Bestandteil der Gefahrenabwehr bezeichnet[357].

---

[350] Ursprünglich Emmerig, DVBl. 1958, S. 338 ff.; heute nur noch Götz, JuS 1985, S. 869 ff.

[351] Götz, JuS 1985, S. 872.

[352] Götz, JuS 1985, S. 872 unter Bezugnahme auf BVerwGE 47, 255 (264).

[353] Götz JuS 1985, S. 872.

[354] Götz, JuS 1985, S. 870.

[355] Kniesel, ZRP 1987, S. 378; Kniesel/Tegtmeyer, DRiZ 1986, S. 252; Schäfer, GA 1986, S. 49 ff.; Denninger, JA 1987, S. 131.

[356] Denninger, JA 1987, S. 131; Kniesel, ZRP 1987, S. 380; Kniesel, ZRP 1989, S. 331.

[357] Kniesel, ZRP 1987, S. 380; Kniesel/Tegtmeyer/Vahle, Rn. 57; Schäfer, GA 1986, 49 ff.

Das neue, erweiterte Begriffsverständnis der Prävention resultiere aus einer gesellschaftspolitischen Wende vom repressiv-limitierenden zum präventiv-gestaltenden Modell, die sich als eine strukturell bedingte politische Reaktion auf einen sozialen Wandel darstelle[358]. Im Zuge dieser Entwicklung werde Prävention zunehmend als eine umfassende Kontrollstrategie eingesetzt, die zur Vermeidung unerwünschter Lagen aller Art beitragen soll[359].

Kniesel zufolge findet dieser Vorrang der Prävention seine Legitimation vor allem in der Verfassung. Das Menschenbild des Grundgesetzes betrachte den Einzelnen und seine Würde als obersten Wert und verpflichte die staatliche Gewalt in Art. 1 Abs. 1 S. 2 GG zu seinem Schutz, so daß auch polizeiliche Tätigkeit vorrangig dem Schutz des Einzelnen dienen müsse[360].

Da in der heutigen kriminalpolitischen Situation Verbrechensformen, wie vor allem Formen des organisierten Verbrechens, eine immer zentralere Rolle einnähmen, bei deren Bekämpfung die herkömmlichen Mittel des Polizeirechts versagen müßten, sei die Polizei gezwungen, die herkömmlichen Grenzen der präventiv-polizeilichen Tätigkeit, also das Erfordernis des Vorliegens einer konkreten Gefahr bzw. das Vorhandensein eines Störers, zu überschreiten, um ihren verfassungsrechtlichen Verhütungsauftrag dennoch erfüllen zu können[361].

Im übrigen komme aber für diese notwendige Erschließung des Vorfeldes von Gefahr und Verdacht nur das Polizeirecht in Frage, während entsprechende Rechtsgrundlagen nicht in die Strafprozeßordnung überführt werden könnten[362]. Der Bezug auf konkrete Tatsachen im Sinne eines Anfangsverdachts gem. § 152 Abs. 2 StPO habe rechtsstaatliche Qualität, so daß „das System der StPO gesprengt werden würde, wollte man ein Vorfeld des konkreten Anfangsverdachts bejahen“[363]. Zur Begründung wird angeführt, daß der Handlungsspielraum der Strafprozeßordnung enger als derjenige der Länderpolizeigesetze sei, da der auch schon herkömmlich anerkannte Gefahrenverdacht im Sinne der Möglichkeit des Vorliegens einer Gefahr bereits zeitlich vor dem Tatverdacht liege[364].

---

[358] Albrecht, KritV 1986, S. 58; Grimm, KritV 1986, S. 38, 46; Denninger, KJ 1985, S. 1, 10.
[359] Grimm, KritV 1986, S. 38 f.; Albrecht, KritV 1986, S. 55.
[360] Kniesel, ZRP 1987, S. 379.
[361] Kniesel/Tegtmeyer, DRiZ 1986, S. 252; Denninger, JA 1987, S. 131.
[362] Kniesel, ZRP 1987, S. 380; Kniesel/Tegtmeyer, DRiZ 1986, S. 252.
[363] Kniesel/Tegtmeyer, DRiZ 1986, S. 252.
[364] Kniesel, ZRP 1987, S. 380; auch Schäfer, GA 1986, S. 66.

Da also der Begriff der Gefahr im Gegensatz zum Begriff des Anfangsverdachts ohnehin bereits eine zeitliche Ausdehnung erfahren habe, bleibe für eine Regelung informationeller Vorfeldtätigkeit nur das Polizeirecht offen.

Trotz der betonten Notwendigkeit der Erschließung des Vorfeldes werden aber von den Vertretern dieser Auffassung aufgrund der durchaus gesehenen Grundrechtsrisiken, die mit der Möglichkeit der Informationserhebung im Vorfeld einhergehen, auch eine begriffliche Restriktion und eine sorgfältige Abwägung dieser Risiken mit dem Eingriffsinteresse gefordert[365].

2. Einordnung zur Repression

Ausgehend von dem Streit um die rechtliche Qualifizierung von § 81 b 2. Alt. StPO entwickelte sich auf der anderen Seite eine These, die Maßnahmen der vorbeugenden Bekämpfung von Straftaten der Repression zuordnet[366].

In der Sache folgt diese These dem Urteil des Bundesverwaltungsgerichts aus dem Jahre 1955[367], das die auf § 81 b 2. Alt. StPO gestützte Anordnung erkennungsdienstlicher Maßnahmen als Verwaltungsakt auf dem Gebiet der Strafrechtspflege einordnete.

Diese Auffassung beruht auf einem engen Gefahrenabwehr- und einem weiten Strafrechtspflegebegriff und vertritt folglich den Standpunkt, daß Gefahrenabwehr immer nur bis zum Eintritt eines Schadens möglich sei[368].

Mit der Erhebung und Sammlung von Daten, die der vorbeugenden Bekämpfung von Straftaten dienen sollen, werde aber den Vertretern dieser These zufolge allein der Zweck verfolgt, Straftaten in der Zukunft leichter und schneller aufklären zu können[369]. Es sollten Grundlagen für die zukünftige Strafverfolgung geschaffen werden, so daß präventive Gründe eine solche Datenerfassung nicht rechtfertigen könnten; denn mit dieser Datenerfassung werde die Auslösung von Effekten be-

---

365 Denninger, KJ 1985, S. 234; ders., JA 1987, S. 132; Kniesel, ZRP 1987, S. 380; ders., ZRP 1992, S. 164.

366 Schwan, VerwArch 70 (1979), S. 120 ff.; Schoreit, CuR 1986, S. 224 ff.; Schweckendieck, ZRP 1989, S. 125 ff.; Merten, NJW 1992, S. 354 ff.; auch Backes, KritV 1986, 329.

367 BVerwGE 2, 302.

368 Schwan, VerwArch 70 (1979), S. 121; Merten, NJW 1992, S. 355.

369 Schoreit, CuR 1986, S. 230; Schwan, VerwArch 70 (1979), S. 121; Backes, KritV 1986, S. 331.

zweckt, die erst nach Begehung einer Straftat und damit erst nach Eintritt eines Schadens eintreten sollen, so daß sie nicht der Gefahrenabwehr dienen könne[370].

Bezeichnet wird diese Dimension der Kriminalitätsbekämpfung als vorgezogene antizipierte Strafverfolgung[371].

Die mögliche präventive Verwendung der für Zwecke der vorbeugenden Bekämpfung von Straftaten erhobenen Daten könne lediglich einen unbedeutenden Nebeneffekt, bzw. eine notwendige Begleiterscheinung darstellen, keineswegs aber als Hauptzweck betrachtet werden[372].

Argumentiert wird außerdem mit der der Staatsanwaltschaft zustehenden Sachleitungsbefugnis, die es nicht zulasse, die Vorbereitung auf die Strafverfolgung, um die es hier gehe, als Gegenstand des Regelungsbereichs des Polizeirechts zu betrachten[373].

Folglich liege die Gesetzgebungskompetenz für Maßnahmen der vorbeugenden Bekämpfung von Straftaten beim Bund, was dazu führe, daß die entsprechenden Regelungen in den Länderpolizeigesetzen mangels Ländergesetzgebungskompetenz als verfassungswidrig zu beurteilen seien[374].

3. Parallele Einordnung

Eine weitere Auffassung ordnet Maßnahmen der vorbeugenden Bekämpfung von Straftaten weder ausschließlich dem Bereich der Prävention noch dem der Repression zu, sondern versucht, eine vermittelnde Lösung zu finden[375].

Danach sollen zwei getrennte Stränge von Maßnahmen zur vorbeugenden Bekämpfung von Straftaten bestehen, einer auf der präventiv-polizeilichen und einer auf der strafprozessualen Ebene[376]. Die bestehenden Zuordnungsprobleme haben ihre Ursache nach dieser Auffassung nämlich in einer Vermengung und Überlage-

---

[370] Schwan, VerwArch, 70 (1979), S. 121; Schweckendieck, ZRP 1989, S. 127.

[371] Schwan, VerwArch 79 (1979), S. 121; Merten, NJW 1992, S. 355; Weßlau, S. 336.

[372] Schoreit, CuR 1986, S. 231; Schwan, VerwArch 70 (1979), S. 125, der von „Zipperleineffekt" spricht.

[373] Schoreit, CuR 1986, S. 227.

[374] Backes, KritV 1986, S. 332; Schweckendieck, ZRP 1989, S. 127; Merten NStZ 1987, S. 13; ders. ZRP 1988, S. 172; Schoreit, KritV 1989, S. 202.

[375] Vgl. Dreier, JZ 1987, S. 1015 ff.; Wolter, GA 1988, S. 61 ff.; Ringwald, ZRP 1988, S. 180 ff.

[376] Dreier, JZ 1987, S. 1016.

rung repressiver und präventiver Elemente innerhalb der einzelnen Norm, was als Folge aus einer mangelnden Exaktheit resultiere[377].

Es wird demnach eine Zuordnung der Maßnahmen zu einem der Bereiche angestrebt, wobei davon ausgegangen wird, daß Maßnahmen zur vorbeugenden Bekämpfung von Straftaten generell sowohl präventiver als auch repressiver Natur sein können und nicht von vornherein als Komplex ausschließlich einem der Bereiche zugeordnet werden können. Wichtig aber sei, daß die einzelnen Maßnahmen nach dieser Auffassung jeweils einer klaren Zuordnung bedürfen[378]. Diese notwendige klare Zuordnung könne aber nur dann herbeigeführt werden, wenn die auf der Grundlage von Vorschriften zur vorbeugenden Bekämpfung von Straftaten erhobenen Daten nach ihrem Ziel und Zweck klar unterschieden werden[379].

Unter strikter Beachtung der traditionellen Zweiteilung der polizeilichen Tätigkeit müsse also für die Zuordnung der jeweiligen Maßnahme auf den Charakter von Ziel und Zweck der Norm abgestellt werden. Dies bereitet naturgemäß oft Schwierigkeiten, wie sich im Fall des § 81 b 2. Alt. StPO zeigt: Zwar stelle bereits die Aufbewahrung von Daten einen Informationseingriff dar, aber erst die spätere Verwendung zu Zwecken der Gefahrenabwehr oder der Strafverfolgung mache eine rechtliche Zuordnung und damit eine Qualifizierung der Maßnahmen möglich[380].

Geboten sei daher eine klare Zweckbindung der Daten vor ihrer (Wieder-) Verwendung[381], so wie auch schon durch die Vorgaben des Bundesverfassungsgerichts im Volkszählungsurteil gefordert[382]. Dafür seien klar geregelte Verfügungsbefugnisse sowie präzise Detailregelungen zu den verschiedenen Phasen der Datenverarbeitung, also der Aufbewahrungs-, Wiederverwendungs- und Löschungsmodalitäten notwendig[383]. Nur so könne eine strikte Abgrenzung von Daten mit präventivpolizeilichem und solchen mit strafprozessualem Charakter gelingen.

---

[377] Dreier, JZ 1987, S. 1015, der sich konkret auf die Vorschrift des § 81 b 2. Alt. StPO bezieht.

[378] Dreier, JZ 1987, S. 1016; Wolter, GA 1988, S. 63, 79 f.

[379] Wolter, GA 1988, S. 63, 79, 80; Ringwald, ZRP 1988, S. 180; Dreier, JZ 1987, S. 1016.

[380] Dreier, JZ 1987, S. 1016.

[381] Dreier, JZ 1987, S. 1016; Ringwald, ZRP 1988, S. 182.

[382] BVerfGE 65, 1 (41 ff.).

[383] Dreier, JZ 1987. S. 1016; ähnlich Schoreit, CuR 1986, 230 ff.; Denninger, KJ 1985, S. 234 f.

Wolter spricht im Zusammenhang mit dieser Abgrenzung von „potentiellen Gefahrenabwehrdaten“ zur vorbeugenden Verhinderung von Straftaten einerseits, die aufgrund ihres präventiven Charakters dem schutzpolizeilichen System angehören, und von „vorsorglichen Strafverfolgungsdaten“ andererseits, die aus den Strafverfolgungsdaten zur Vorsorge für künftige Ermittlungen im Sinne einer vorbeugenden Verbrechensbekämpfung entstehen und demnach als repressive Justizdaten dem strafprozessualen System angehören[384].

Trotz dieser geforderten prinzipiellen Trennung beider Komplexe wird aber ihr enger sachlicher Zusammenhang gesehen. So stelle Gefahrenabwehr in vielen Fällen eine Vorstufe der Strafverfolgung dar, während einer effektiven Strafverfolgung durchaus auch gefahrenabwehrende Auswirkungen zukommen können[385]. Daraus ergebe sich die Möglichkeit der Doppelverwendung von Daten, unabhängig davon, ob sie ihrer Zweckbestimmung nach präventiver oder repressiver Natur seien[386].

Daher schlägt Dreier vor, die Voraussetzungen und den Umfang eines Datentransfers wegen des damit erfolgenden Zweckbindungswechels durch Übermittlungsvorschriften zu regeln[387].

Wolter indes spricht sich gegen eine Möglichkeit der Übermittlung von Daten aus. Die getrennt gespeicherten Präventiv- und Repressivdaten dürften eben wegen ihrer Zweckbindung nicht durch eine Übermittlung für die Zwecke genutzt werden, für die sie gerade nicht erhoben wurden, zumal die jeweilige Empfängerstelle keine originäre Befugnis zur Erhebung der Daten innehabe[388].

---

[384] Wolter, GA 1988, S. 79 f.

[385] Dreier, JZ 1987, S. 1016.

[386] Dreier, JZ 1987, S. 1016; Wolter, GA 1988, S. 71.

[387] Dreier, JZ 1987, S. 1017.

[388] Wolter, GA 1988, S. 75; auch Ringwald, ZRP 1988, S. 182 f.

4. Qualifizierung als dritter Bereich staatlicher Tätigkeit

Des weiteren wird aber auch die Auffassung vertreten, daß die vorbeugende Bekämpfung von Straftaten weder dem Bereich der Gefahrenabwehr noch dem der Strafverfolgung zuzuordnen sei, sondern daß es sich dabei um einen eigenständigen dritten Rechtskomplex außerhalb der klassischen Aufgaben der Polizei handele[389].

Gefaßt wird diese dritte Aufgabe der Polizei unter den Begriff des operativen Vorgehens[390]. Operatives Ziel sei nicht mehr die Bekämpfung des einzelnen Täters und der einzelnen Tat, sondern „die Beseitigung der Kriminalität schlechthin"[391]. Insbesondere moderne Formen schwerer und umfassender Kriminalität machten daher ein „übergreifendes kriminalstrategisches Konzept" notwendig[392].

Die Unterscheidung zwischen präventiv und repressiv sei dagegen weitgehend überholt und könne der neuen polizeichen Aufgabenstellung, die sich als umfassender Sicherheitsauftrag darstelle, nicht mehr gerecht werden[393]. Wesentlicher Bestandteil der operativen Arbeit sei eine gezielte Vorfeldbeobachtung, die als eine gemeinsame Aufgabe von Polizei und Justiz betrachtet werden müsse und über deren Zulässigkeit folglich schon damals „vom Gesetzgeber eine saubere Aussage" gefordert wurde[394].

Im übrigen habe sich dieser Auffassung zufolge ein derartiger dritter, die Zweiteilung von Prävention und Repression überwindender Rechtskomplex ohnehin bereits herausgebildet und stelle somit eine Rechtstatsache dar[395]. Dies zeige sich vor allem im ausdrücklichen Verzicht einiger Vorschriften der neuen Poli-

---

[389] Stümper, Kriminalistik 1975, S. 49 ff.; ders., Kriminalistik 1980, S. 242 ff.; auch Sydow, ZRP 1977, S. 125.

[390] Stümper, Kriminalistik 1975, S. 50.

[391] Stümper, Kriminalistik 1975, S. 52.

[392] Stümper, Kriminalistik 1975, S. 52.

[393] Stümper, Kriminalistik 1980, S. 242; differenzierend hier Sydow, ZRP 1977, S. 125, der die vorbeugende Vrebrechensbekämpfung zwar auch als dritte Aufgabe der Polizei bezeichnet, aber die herkömmliche Unterscheidung zwichen den Bereichen der Gefahrenabwehr und der Strafverfolgung nicht als überholt betrachtet.

[394] Stümper, Kriminalistik 1975, S. 52 und Kriminalistik 1980, S. 243.

[395] Stümper, Kriminalistik 1975, S. 49 ff.; auch Herold, Die Polizei 1972, S. 133 ff.; ders. aber einschränkend RuP 1980, S. 79 ff.

zeigesetze auf die herkömmliche Grenzziehung durch die Voraussetzungen „Gefahr“ bzw. „Störer“[396].

Auf der anderen Seite werde komplementär dazu eine zunehmend präventive Ausrichtung der Strafprozeßordnung in einigen strafprozessualen Normen deutlich, die auch Unverdächtige und Nichtzeugen bestimmten Kontroll- und Untersuchungsmaßnahmen unterwerfen[397].

Damit sei ein Normkomplex entstanden, bei dem letztlich Strafverfolgung und Gefahrenabwehr nicht mehr zu unterscheiden seien[398].

Ein anderer Ansatz, der aber dieselbe Richtung verfolgt, knüpft nicht wie der Ansatz Stümpers an die modernen Erscheinungsformen der Kriminalität, sondern an die neuartigen technischen Möglichkeiten der Elektronischen Datenverarbeitung an, die für die Verbrechensbekämpfung nutzbar gemacht werden müßten[399]. Herold zufolge werde die Polizei künftig durch eine Verbrechensbekämpfung, die die Ursachen bekämpfe, eine „gesellschaftssanitäre Aufgabe“ wahrnehmen[400].

5. Generelle Ablehnung der Zulässigkeit von Vorfeldermittlungen

Eine weitere Auffassung schließlich geht von der prinzipiellen Unvereinbarkeit von polizeilichen Befugnissen zur vorbeugenden Bekämpfung von Straftaten mit den Grundsätzen der Verfassung und damit von der generellen Unzulässigkeit von Vorfeldermittlungen aus[401].

Ausgangspunkt dieser Auffassung ist nicht nur die strikte klassische Kompetenzverteilung zwischen den Behörden der Strafverfolgung, der Gefahrenabwehr und des Verfassungsschutzes[402], sondern auch der herkömmliche enge Gefahrenbegriff

---

[396] Sydow, ZRP 1977, S. 123 f.; gemeint sind hier etwa die den §§ 9 Abs. 1 Nr. 2 (Identitätsfeststellung an gefährlichen Orten - „Razzia“ -), 9 Abs. 1 Nr. 3 (Identitätsfeststellung an gefährdeten Orten) oder § 10 Abs. 1 Nr. 2 ME PolG (erkennungsdienstliche Maßnahmen zur vorbeugenden Verbrechensbekämpfung) nachgebildeten Vorschriften (zum ME PolG vgl. unten, S. 124 ff.).

[397] Insbesondere §§ 163 c und d StPO; vgl. dazu Keller, StrafVert 1984, S. 521 ff.

[398] Keller, StrafVert 1984, S. 522.

[399] Herold, Kriminalistik 1974, S. 391 ff.; ders. RuP 1980, S. 85.

[400] Herold, Kriminalistik 1974, S. 392.

[401] Lisken, ZRP, 1990, S. 15 ff.; ders., ZRP 1994, S. 49 ff.und 264 ff.; Hund, ZRP 1991, S. 463 ff.; ders. NJW 1992, S. 2118 ff.; Werthebach/Droste-Lehnen, ZRP 1994, S. 62; im Ergebnis auch Weßlau, S. 336

[402] Vgl. zur klassischen Kompetenzverteilung oben, S. 69 ff., S. 113.

- im Gegensatz zu dem „modernen“ erweiterten Begriff[403], den die These von der „Prädominanz der Prävention“ ihrer Argumentation zugrundelegt[404]. Das bedeutet, daß die Polizei nach dieser Auffassung entsprechend ihrer klassischen Aufgabe lediglich dazu befugt bleiben solle, konkrete Gefahren abzuwehren. Befugnisse für Eingriffe bereits im Vorfeld einer Gefahr könnten der Polizei demnach aber nicht zustehen.

Zur Begründung wird angeführt, daß das Polizeirecht ein Verfahrensrecht sei, das Störungen der Rechtsordnung voraussetze und auch nur unter dieser Voraussetzung eine Polizeipflichtigkeit der Bürger normieren könne[405]. Eine latente oder potentielle Gefahr aber, deren Vorliegen für die Zulässigkeit von vorbeugenden Maßnahmen ausreichen soll, stelle noch keine polizeirechtliche Gefahr dar und könne daher für die Schaffung von Befugnissen zu Eingriffen durch Vorfeldermittlungen in den Polizeigesetzen nicht genügen[406].

Dementsprechend wird die Kompetenz des Polizeigesetzgebers als auf Regelungen beschränkt betrachtet, die allein der Aufrechterhaltung der öffentlichen Sicherheit und Ordnung zu dienen bestimmt sind[407]. Eingriffe in Grundrechtspositionen im Vorfeld konkreter Gefahren könnten mangels Gesetzgebungskompetenz jedoch nicht in den Polizeigesetzen geregelt werden[408].

Darüberhinaus werden grundsätzliche verfassungsrechtliche Bedenken gegen die Zulässigkeit polizeilicher Vorfeldermittlungen vorgebracht. Insbesondere die Vereinbarkeit mit der durch Art. 1 Abs. 1 GG geschützten Menschenwürde wird in Frage gestellt[409]; denn die Möglichkeit von Eingriffen in den durch Art. 1 Abs. 1 GG geschützten Persönlichkeitsbereich könne nur dann gerechtfertigt werden, wenn die Schwelle zu Gefahr oder Verdacht überschritten werde, nicht aber, solange noch keine konkreten Anhaltspunkte dafür bestünden[410]. Die Freiheit des Bürgers, vom Staat in Ruhe gelassen zu werden, solange er nicht die Rechte anderer stört, stelle eine unüberwindliche verfassungsrechtliche Vorgabe dar[411].

---

[403] Denninger, JA 1987, S. 131; Kniesel, ZRP 1987, S. 380.
[404] S. oben, S. 98 ff.
[405] Lisken, ZRP 1990, S. 17.
[406] Werthebach/Droste-Lehnen, ZRP 1994, S. 62.
[407] Lisken, ZRP 1990, S. 17; auch Backes, KritV 1986, S. 331 f.
[408] Lisken, ZRP 1990, S. 17; Werthebach/Droste-Lehnen, ZRP 1994, S. 62.
[409] Lisken, ZRP 1994, S. 268; Hund, NJW 1992, S. 2119.
[410] Hund, NJW 1992, S. 2120; Weßlau, S. 279; Lisken, ZRP 1994, S. 268.
[411] Lisken ZRP 1990, S. 16; vgl. auch BVerfGE 27, 1 ff.

Auch die Redlichkeitsvermutung des Grundgesetzes und die Unschuldsvermutung der Menschenrechtskonvention stünden der Möglichkeit von Ausforschungsbefugnissen im Vorfeld von Gefahr und Verdacht zwingend entgegen[412]. Das grundsätzliche Mißtrauen, das dem Bürger und seiner Rechtstreue durch die Schaffung entsprechender Befugnisse entgegengebracht werde, sei mit diesen verfassungsrechtlichen Grundsätzen nicht vereinbar[413].

Der These von der generellen Unzulässigkeit polizeilicher Vorfeldermittlungen zufolge liegt dieser kritisierten Entwicklung ein Bewertungswandel zugrunde, der dem Rechtsgüterschutz eine überbewertete Position einräumt, ihn sogar als einen Verfassungshöchstwert qualifiziert[414].

So wird kritisiert, daß inhaltlich konturlose Begriffe wie „Sicherheit" und „Kriminalitätsbekämpfung" herangezogen werden, um die Schaffung neuer Befugnisse zum Eingriff in grundrechtlich geschützte Positionen legitimieren zu können[415]. Das Eingriffsziel könne aber nicht zur Rechtfertigung derartiger Befugnisse dienen; denn „rechtsstaatliche Belange lassen sich nicht mit rechtsstaatswidrigen Methoden verfolgen"[416].

Insgesamt wird vor Bestrebungen gewarnt, die zu einer inhaltlichen und strukturellen Umgestaltung des Polizeirechts, zu einer Veränderung der Grundlagen der Polizeiarbeit und damit letztlich „zu einer anderen Polizei"[417] führten[418].

Grundsätzliche Kritik erfährt auch schon der Begriff des Vorfeldes als solcher, dem jede Begrenzung fehle und der bislang auch noch keine gesetzliche Definition erhalten habe[419].

Zum Problem der Einordnung von Vorfeldmaßnahmen äußern die Vertreter dieser Auffassung sich folgendermaßen: Entsprechend der Betonung eines Festhaltens am herkömmlichen engen Gefahrbegriff wird die vorbeugende Bekämpfung von Straftaten konsequenterweise nicht als ein Teil der Gefahrenabwehr betrachtet.

---

412 Lisken, ZRP 1994, S. 50; Hund, NJW 1992, S. 2119.

413 Hund, NJW 1992, S. 2119.

414 S. dazu Lisken, ZRP 1994, S. 50; ders. ZRP 1990, S. 20.

415 Lisken, ZRP 1994, S. 49 und S. 264.

416 Lisken, ZRP 1990, S. 20.

417 Riehle, KrimJour 1985, S. 44.

418 Lisken, ZRP 1990, S. 15, 20; Backes, KritV 1986, S. 337 f.; Schwan, in: Hohmann, Freiheitssicherung durch Datenschutz, S. 276 ff.

419 Hund, NJW 1992, S. 2120; Lisken, ZRP 1994, S. 265.

Ein Zusammenhang mit der Strafverfolgung wird dagegen zwar durchaus bejaht[420]. Dennoch wird aber eine Regelung von Befugnissen zur Vorfeldermittlung in der Strafprozeßordnung ebenfalls abgelehnt; denn ebenso wie am Erfordernis der konkreten Gefahr im Polizeirecht festzuhalten sei, so dürfe auch keine Loslösung vom rechtsstaatlichen Erfordernis des konkreten Anfangsverdachts gem. § 152 Abs. 2 StPO erfolgen[421]. Konsequenterweise habe der Gesetzgeber auch nach der Novellierung der Strafprozeßordnung durch das Gesetz zur Bekämpfung des illegalen Rauschgifthandels und anderer Erscheinungsformen der organisierten Kriminalität (OrgKG) von 1992[422] eine Befugnis zur Erhebung personenbezogener Daten im Vorfeld eines Verdachtes nicht geschaffen[423].

Einzige Ausnahme für die Zulässigkeit von Vorfeldermittlungen bilde der Bereich des Staatsschutzes[424]; denn nur den Behörden des Verfassungsschutzes sei der Einsatz nachrichtendienstlicher Mittel zur Beobachtung verfassungsfeindlicher Bestrebungen gestattet; die Begrenzung der Vorfeldtätigkeit auf die Belange der Verfassungsschutzbehörden sei verfassungsrechtlich geboten[425]. Dies ergebe sich nicht zuletzt aus dem Trennungsgebot, das die Befugnis zum Einsatz nachrichtendienstlicher Mittel den Behörden vorbehält, die keine Exekutivbefugnisse haben und deren Aufgabe allein der Schutz der Verfassung ist[426].

Daraus folge aber, daß Maßnahmen zur vorbeugenden Bekämpfung von Straftaten überhaupt nicht auf den problematischen Bereich der Organisierten Kriminalität, dessen Bekämpfung immer wieder als Legitimation für die Schaffung von Vorfeldbefugnissen herangezogen werde[427], angewendet werden könnten, da diese Form der Kriminalität nach gängiger Auffassung nicht als verfassungsfeindliche Bestrebung qualifiziert werden könne[428].

---

420 Lisken, ZRP 1990, S. 20; Hund, ZRP 1991, S. 465; Weßlau, S. 158 ff..

421 Hund, ZRP 1991, S. 463.

422 BGBl. 1992 I, S. 1302.

423 Lisken, ZRP 1994, S. 265.

424 Hund, NJW 1992, S. 2120; Werthebach/Droste-Lehnen, ZRP 1994, S. 63.

425 Werthebach/Droste-Lehnen, ZRP 1994, S. 65; Hund, NJW 1992, S. 2120.

426 Hund, NJW 1992, S. 2120; Lisken, ZRP 1990, S. 20; zur Bedeutung des Trennungsgebots vgl. auch Gusy, ZRP 1987, S. 45 ff.

427 Vgl. Lisken, ZRP 1994, S. 264.

428 So Dörmann/Koch/Risch/Vahlenkamp, BKA-Forschungsreihe 1990, S. 64; Denninger, KJ 1994, S. 234; Ferse, KJ 1994, S. 257; Rupprecht, Kriminalitstik 1993, S. 134; Gusy, StV 1995, S. 324; so auch das Ergebnis der Tagung der Deutschen Sektion der Internationalen Juristen-

II. Stellungnahme

Die zur Rechtsnatur der Vorfeldermittlungen vertretenen kontroversen Thesen bedürfen einer genaueren Betrachtung. Anhand eines vorangestellten Blicks auf die historische Entwicklung von Vorfeldermittlungen sowie einer anschließenden Auseinandersetzung mit den im Rahmen der verschiedenen Thesen zur Einordnung der Maßnahmen vorgebrachten Argumenten soll das Problem einer Lösung zugeführt werden.

Der geschichtliche Rückblick soll nicht nur die Entstehung der Problematik verdeutlichen, sondern auch aufzeigen, ob bereits aus der Entwicklung der vorbeugenden Verbrechensbekämpfung Argumente entnommen werden können, die für die Zuordnung der Maßnahmen von Bedeutung sind. Die Beleuchtung ursprünglicher Zielsetzungen und Motivationen könnte hilfreich sein, über die eigentliche Bedeutung der vorbeugenden Verbrechensbekämpfung Aufschluß zu geben.

Auch soll aber gezeigt werden, an welcher Stelle und aus welchen Gründen Versäumnisse bezüglich der tatsächlichen und rechtlichen Klarheit des Phänomens der vorbeugenden Verbrechensbekämpfung zu verzeichnen sind, und welche Auswirkungen diese Versäumnisse bezüglich des Problems der Zuordnung hatten und immer noch haben.

1. Geschichte der Vorfeldermittlungen

Im Zusammenhang mit der Klärung der Frage, in welchen Bereich Vorfeldermittlungen einzuordnen sind, ist daher zunächst ein Blick auf ihre geschichtliche Entwicklung notwendig. Festzustellen ist, in welchem geschichtlichen und politischen Kontext die Idee, das Vorfeld von Gefahr und Verdacht zu erschließen und für die Verbrechensbekämpfung nutzbar zu machen, erstmalig auftauchte, welchen Wandlungen der Begriff unterworfen war und welche Entwicklungen in Gang gesetzt wurden.

Von Interesse sind dabei die ursprünglichen Absichten und Zielsetzungen, sowie auch die Bedenken und die Kritik, die in den einzelnen Abschnitten der Entwicklung vorgebracht wurden. Auch ist der Frage nachzugehen, welche Definitions-

---

Kommission über „Organisierte Kriminalität und Verfassungsstaat“ im September 1997, vgl. SZ vom 22.9.1997, S. 4: „Die organisierte Kriminalität ist eine ernsthaft Bedrohung der Gesellschaft, aber noch keine des Rechtsstaats“.

und Einordnungsversuche es gab -. und warum diese sich bis heute äußerst schwierig gestalten.

Ausgangspunkt der eigentlichen Diskussion um die Einordnung der Vorfeldermittlungen bildet der Meinungsstreit um den abschließenden Charakter der Strafprozeßordnung, der als Folge der umstrittenen Rechtsprechung zu § 81 b 2. Alt. StPO ab dem Jahre 1955 entbrannte.

Die Problematik ist aber in engem Zusammenhang mit den Kompetenzverschiebungen und -verschachtelungen zu sehen, die bereits in der Weimarer Republik zu großen Schwierigkeiten führten, so daß auch diese kurz beleuchtet werden müssen, um an den eigentlichen Ursprung der Problematik um die Einordnung der Vorfeldermittlungen zu gelangen.

a) Rückblick in die erste Hälfte des 20. Jahrhunderts

Zu Kompetenzverschiebungen zwischen Polizei, Staatsanwaltschaft und Verfassungsschutz kam es schon durch den Erlaß der der beiden Republikschutzgesetze vom 21.7.1922[429] und vom 25.3.1930[430] in der Weimarer Republik. Mit diesen Gesetzen wurde vor dem Hintergrund der durch die Ermordung Erzbergers und Rathenaus und den Anschlag auf Scheidemann hervorgerufenen politischen Unruhen der Schutz der deutschen Staatsgewalt und des innerpolitischen Friedens bezweckt[431].

Die generalpräventive Zielsetzung dieser Gesetze war es, Gewalttaten und Terrorakte bereits durch Bekämpfung ihrer Ursachen im Vorfeld zu verhindern, ohne es zur Begehung dieser Straftaten kommen zu lassen. Folge der Pönalisierung der sog. Vorzonenstrafbarkeit waren Kompetenzverschiebungen von der gefahrenabwehrenden auf die strafverfolgende Polizei und die Justiz, da sie zu einer Ausweitung des Strafrechtsschutzes in den Bereich, der ursprünglich der Gefahrenabwehr unterfiel, führte[432]. Eine Erweiterung des Kompetenzbereiches von Justiz und Kriminalpolizei als zuständigen Organen für die Verfolgung von Straftaten auf der einen Seite mußte aber eine Verengung des Bereichs der gefahrenabweh-

[429] RGBl. I S. 585.
[430] RGBl. I S. 91.
[431] Vgl. dazu BGHSt 22, 283 (284); Schroeder, JR 1979, S. 89; Ebert, JR 1978, S. 141.
[432] S. dazu Warschko, S. 24 f.

renden Polizei und des Verfassungsschutzes auf der anderen Seite zur Folge haben[433]. Da aber die gefahrenabwehrende Polizei nicht bereit war, Kompetenzen abzutreten, die ihr nach der klassischen Verteilung zustanden, auf der anderen Seite aber die strafverfolgende Polizei sich erheblichen Schwierigkeiten bei der Anwendung der Republikschutzgesetze gegenübergestellt sah, kam es schnell zu Unklarheiten und Kompetenzfragen[434].

Unter dem nationalsozialistischen Regime wurden Macht und Kompetenzen der Polizei dann sehr schnell ausgedehnt und mit den Kompetenzen des Verfassungsschutzes in Gestalt der Gestapo verbunden[435].

Auch hier spielte die vorbeugende Verbrechensbekämpfung bereits eine Rolle[436]. Gemäß dem "Grundlegenden Erlaß über die vorbeugende Verbrechensbekämpfung durch die Polizei" vom 14.12.1937[437] stand der Polizei die Aufgabe zu, die Volksordnung gegen jede Tätigkeit, die bewußt oder unbewußt auf deren Störung oder Zerstörung gerichtet war, zu sichern, auch wenn die befürchtete Störung noch nicht eingetreten war[438]. Maßnahmen der vorbeugenden Verbrechensbekämpfung stellten die Vorbeugungshaft und die polizeiliche planmäßige Überwachung dar[439]. Eine Rechtfertigung der Ausdehnung der polizeilichen Befugnisse in einen Bereich, der nicht mehr durch die polizeiliche Generalklausel gedeckt war, erging mit keinem Wort - es wurde als ausreichend betrachtet, daß das Handeln der Polizei dem "Führerwillen" entsprach[440]. Auch innerhalb der damaligen Literatur wurden keinerlei Bedenken gegen dieses Vorgehen vorgebracht[441].

So wurden erstmals Kompetenzen der Polizei in höchst bedenklicher Weise und ohne jeden rechtsstaatlichen Hintergrund ausgedehnt. Diese Ausdehnung geschah zwar in einer Zeit, in der jede Form von Rechtsstaatlichkeit beseitigt worden war, was nach ihrem Ende auch erkannt wurde, und woraufhin man sich nach 1945 bemühte, einen rechtsstaatlichen Zustand wiederherzustellen. Dennoch zeigen sich

---

433 S. dazu Warschko, S. 25.

434 Warschko, S. 25.

435 Vgl. nochmals F. Neumann, S. 576 ff.; Hirsch/Majer/Meinck, S. 317 ff.; s. auch bereits oben, S. 64 ff.

436 Vgl. dazu Werle, S. 488 ff.

437 BA R 22/1469, Bl. 39 ff.

438 Vgl. Werle, S. 492 ff.

439 Vgl. Werle, S. 488 ff.; S. 492 ff.; S. 499 ff.; s. auch die Darstellung bei Terhorst, S. 75 ff.

440 Vgl. dazu Werle, S. 491; zusammenfassend, S. 681 ff.

441 Vgl. etwa Schlüter, JW 1935, S. 2333; Lehmann, DJ 1935, S. 1005; Rohling, DJ 1936, S. 335.

die Nachwirkungen dieser Kompetenzausdehnungen bis heute. Besonders erkennen läßt sich das an weiteren einzelnen Maßnahmen der vorbeugenden Verbrechensbekämpfung aus der NS-Zeit.

In diesem Zusammenhang ist vor allem der durch das Ausführungsgesetz zum Gesetz gegen gefährliche Gewohnheitsverbrecher und über Maßregeln der Sicherung und Besserung vom 24.11.1933[442] in die StPO eingefügte § 81 b StPO zu nennen. Aber auch der unter Hitler wieder in § 112 StPO eingefügte Haftgrund der Wiederholungsgefahr stellt eine typische Maßnahme der vorbeugenden Verbrechensbekämpfung dar[443], die zum Mißbrauch des Rechts im Sinne des nationalsozialistischen Regimes verwendet wurde. Unter Zuhilfenahme der Argumentation, daß das Strafrecht auch dazu dienen solle, die Allgemeinheit vor dem Rechtsbrecher wirksam zu schützen, wurde der Gedanke der Sicherung und „Unschädlichmachung" von „Schädlingen" verwirklicht und damit die Ahndung des „Fremdvölkischen" betrieben[444].

Beide Maßnahmen sollten auch in der späteren Diskussion wieder eine Rolle spielen. Dies zeigt zum einen die ab 1955 umstrittene Rechtsprechung zu § 81 b 2. Alt. StPO, der im Jahr 1950 sprachlich gändert wurde[445] und seine heutige Fassung erhielt[446], und zum anderen die Dikussion um die Wiedereinführung des Haftgrundes der Wiederholungsgefahr in Jahre 1964 nach seiner ursprünglichen Abschaffung wegen Unvereinbarkeit „mit rechtsstaatlichem Denken, mit den verfassungsmäßigen Grundsätzen und mit dem Wesen der Untersuchungshaft"[447] im Jahre 1950[448].

Nach 1945 sind aber zunächst Bemühungen zu erkennen, die bestehenden Kompetenzverschachtelungen zu entwirren. Einen Schritt in diese Richtung stellt das am 27.9.1950 erlassene Gesetz über die Zusammenarbeit des Bundes und der Länder

---

[442] RGBl. I, S. 1000.

[443] Denn mit dieser Vorschrift sollten generell künftige Straftaten verhindert werden, vgl. J. Baumann, JZ 1962, S. 690.

[444] J. Baumann, JZ 1962, S. 690; Rüping, GA 1984, S. 298.

[445] Durch das Gesetz zur Wiederherstellung der Rechtseinheit auf dem Gebiet der Gerichtsverfassung, der bürgerlichen Rechtspflege, des Strafverfahrens und des Kostenrechts vom 12.9.1950, BGBl. I, S. 455.

[446] Dreier, JZ 1987, S. 1010.

[447] Begründung des Regierungsentwurfs, BT-Dr. Nr. 1138, Anlage 3, S. 37.

[448] Ebenfalls durch das Gesetz zur Wiederherstellung der Rechtseinheit vom 12.9.1950, BGBl. I, S. 455.

in Angelegenheiten des Verfassungsschutzes[449] dar, das mit Umsetzung des Trennungsgebotes zur klassischen Kompetenzverteilung zwischen den Strafverfolgungs-, Gefahrenabwehr- und Verfassungsschutzbehörden beitrug.

Nach dieser klassischen Kompetenzverteilung sind die einzelnen Aufgaben und Zuständigkeiten exakt voneinander getrennt und der jeweiligen Behörde zugeordnet.

Die strafverfolgende Polizei und die Justiz sind zuständig für die Durchsetzung des staatlichen Strafanspruchs, der gefahrenabwehrenden Polizei steht die Verhinderung bzw. Beseitigung konkreter Gefahren zu, und allein bei den Verfassungsschutzbehörden liegen die Befugnisse zur Vorfeldtätigkeit, allerdings unter Ausschluß exekutiver Befugnisse.

Von diesem Punkt der geschichtlichen Entwicklung ausgehend ist nun die Frage zu stellen, warum es bei dieser klassischen und exakten Kompetenzverteilung nicht bleiben konnte, welche Ereignisse und Überlegungen dazu geführt haben, von ihr wieder abzurücken und ob diese Entwicklung notwendig so verlaufen mußte. Die Überprüfung der Weichenstellungen, die diese Entwicklung beeinflußt haben, ist durchaus hilfreich bei der Klärung des Zuordnungsproblems, das mit dem Begriff der Vorfeldermittlungen bis heute verbunden ist.

Dazu ist die Diskussion um die Zuordnung der Vorfeldermittlungen von ihrem Ausgangspunkt aus zu betrachten und nachzuverfolgen.

b) Ausgangspunkt: Die Diskussion um § 81 b 2. Alt. StPO

Ab 1955 entwickelte sich ein Streit um die Rechtsnatur des § 81 b 2. Alt. StPO, der die Aufnahme von Lichtbildern und Fingerabdrücken sowie die Vornahme von Messungen und ähnlichen Maßnahmen „zu Zwecken des Erkennungsdienstes" regelt und sich mithin als Maßnahme der vorbeugenden Verbrechensbekämpfung darstellt. Eine Definition des Begriffs der vorbeugenden Verbrechensbekämpfung und damit eine eindeutige Zuweisung der Maßnahmen zur Gefahrenabwehr oder zur Strafverfolgung war bislang ausgeblieben, so daß zwangsläufig Unsicherheiten entstanden. Zwei Fragestellungen verknüpften sich miteinander: zum einen, ob Maßnahmen der vorbeugenden Verbrechensbekämpfung der Prävention oder der Repression zuzuordnen sind, und zum anderen, ob, sollten sie

[449] BGBl. I, S. 682.

der Repression zuzuordnen sein, die Strafprozeßordnung abschließenden Charakter hat, so daß die zusätzliche Regelung in den Polizeigesetzen nicht erfolgen dürfte[450].

Literatur und Rechtsprechung schalteten sich bald in die entstandene Diskussion ein, und vor allem die kontroverse Rechtsprechung zu § 81 b 2. Alt. StPO sollte zumindest zur Klärung der Frage nach dem Charakter der Strafprozeßordnung beitragen.

So entschied zunächst das Verwaltungsgericht Berlin im Jahre 1955, daß die Aufbewahrung von Lichtbildern und Fingerabdrücken, deren Vernichtung der Betroffene nach seinem Freispruch verlangte, eine präventivpolizeiliche Maßnahme für die Zwecke des in § 81 b 2. Alt. StPO geregelten Erkennungsdienstes darstelle[451]. Obwohl das Gericht sich mit einer Maßnahme der vorbeugenden Verbrechensbekämpfung auseinandersetzen mußte, da die Aufbewahrung erkennungsdienstlicher Unterlagen auch nach dem Freispruch des Betroffenen als eine solche zu qualifizieren ist, versäumte es aber, in seinem Urteil einen Beitrag zur Klärung der Frage nach Begriff und Zuordnung derartiger Maßnahmen zu liefern.

Ebenfalls mit der Aufbewahrung bzw. Vernichtung erkennungsdienstlicher Unterlagen beschäftigte sich noch im gleichen Jahr auch das Bundesverwaltungsgericht[452]. Im Zusammenhang mit der Frage nach der Eröffnung des Verwaltungsrechtswegs, der für repressive Maßnahmen nicht eröffnet gewesen wäre, geht das Bundesverwaltungsgericht der Frage nach, wie Maßnahmen der vorbeugenden Verbrechensbekämpfung einzuordnen seien. Dabei stellt es fest, daß es sich zwar weder um rein präventive noch um rein repressive Maßnahmen handele, ordnet die in diesem Fall angeordnete erkennungsdienstliche Behandlung aber letztendlich der Repression zu. Als Argumente werden die enge Verknüpfung der Maßnahmen mit dem Strafverfahren selbst und auch die rechtssystematische Stellung des § 81 b StPO herangezogen, der in engem Zusammenhang mit den §§ 81, 81 a StPO stehe, die ihrerseits eindeutig dem Gebiet des Strafprozesses angehörten[453].

---

[450] Vgl. dazu Dreier, JZ 1987, S. 1010 ff.

[451] VG Berlin, NJW 1955, 964 (965); ebenso auch später OLG Düsseldorf, NJW 1959, 1790; VG Neustadt, NJW 1965, 1934; BayVGH, DVBl 1966, 904.

[452] BVerwGE 2, 302 ff.

[453] BVerwGE 2, 302 (303 f.).

Damit schien zwar zumindest die Stellung des § 81 b 2. Alt. StPO geklärt und damit auch ein Schritt in Richtung der Klärung des Problems um die vorbeugende Verbrechensbekämpfung getan zu sein. Von einer Klärung selbst blieb man allerdings noch weit entfernt, zumal auch in der Folgezeit die Instanzgerichte an der Zuordnung der Maßnahmen zur Prävention festhielten[454] und derselbe Senat des Bundesverwaltungsgerichts schon fünf Jahre später ebenfalls zu einer gegenteiligen Auffassung gelangen sollte[455].

In der Zwischenzeit entbrannte aber der Streit um die Wiedereinführung des Haftgrundes der Wiederholungsgefahr in die Strafprozeßordnung. Als Argument gegen die Wiedereinführung wurde vor allem der präventive Charakter der Maßnahme vorgebracht, der gegen die Einfügung der Maßnahme in die Strafprozeßordnung spreche, während Befürworter der Wiedereinführung von "dringenden kriminalpolitischen Bedürfnissen" sprachen[456].

Entgegen der Aussage des Urteils von 1955[457] erklärte das Bundesverwaltungsgericht dann im Jahre 1960 die in § 81 b 2. Alt. StPO geregelten Maßnahmen für präventiv[458]. Wörtlich heißt es dort: „Der Erkennungsdienst ist eine polizeiliche Aufgabe. [...] Soweit sich aus den Ausführungen in dem Urteil des erkennenden Senats in BVerwGE 2, 302 ff. etwas anderes entnehmen läßt, werden sie nicht aufrechterhalten.“[459]. Argumentiert wurde mit dem Zweck der Maßnahmen, der darin liege, der Erleichterung der kriminalpolizeilichen Aufgabe, zukünftige Verbrechen und Vergehen zu bekämpfen, zu dienen[460].

Damit wurden Maßnahmen der vorbeugenden Verbrechensbekämpfung der Prävention zugeordnet, ohne auf die Bedenken einzugehen, die sich aus der Tatsache ergeben, daß damit auf die bislang geltende Voraussetzung einer vorliegenden Gefahr ohne nähere Begründung verzichtet wurde. Folge war, daß die Praxis der Polizei sich in diese Richtung entfalten konnte: Maßnahmen der vorbeugenden

---

454 OLG Düsseldorf, NJW 1959, S. 1790; VG Neustadt, NJW 1965, S. 1934; BayVGH, DVBl. 1966, S. 904; OVG Hamburg, DVBl. 1977, S. 253; VG Freiburg, NJW 1980, S. 901; VG Frankfurt, DVR 1985, S. 234; OVG Münster, DÖV 1983, S. 603.

455 BVerwGE 11, 181 ff.; s. unten, S. 115.

456 Stellungnahme des Deutschen Richterbundes zum Strafprozeßänderungsgesetz vom 29.10.1960, DRiZ 1960, S. 448.

457 BVerwGE 2, 302 ff.

458 S. BVerwGE 11, 181 ff.

459 BVerwGE 11, 181 (182).

460 S. BVerwGE 11, 181 (182 f.).

Verbrechensbekämpfung wurden als Teil des präventiven Aufgabenbereichs betrachtet und auch dementsprechend eingesetzt.

Entgegen der Auffassung der Rechtsprechung hielt die Literatur aber an der Meinung fest, daß es sich bei § 81 b 2. Alt. StPO um eine repressive Vorschrift handele[461]. Damit blieb aber die Frage noch zu klären, ob die Strafprozeßordnung abschließenden Charakter habe oder ob auch entsprechende Regelungen in den Landespolizeigesetzen getroffen werden könnten. Auf das Urteil des Bundesgerichtshofs hin, in welchem er die Strafprozeßordnung als "erschöpfend und ausschließlich" bezeichnete[462], entbrannte ein Streit über diese Frage.

Die Vertreter der Meinung, daß die Strafprozeßordnung keine abschließende Regelung darstelle, hielten entsprechende Regelungen in des Landespolizeigesetzen für zulässig[463]. Die Gegenmeinung hielt die Strafprozeßordnung dagegen für abschließend und entsprechende Vorschriften der Polizeigesetze damit generell für unzulässig[464]. Für diese Auffassung stellte sich aber das Problem der exakten Abgrenzung zwischen präventiv und repressiv und damit auch der Einordnung von Maßnahmen der vorbeugenden Verbrechensbekämpfung.

Im Jahre 1964 wurde schließlich der Haftgrund der Wiederholungsgefahr durch das Gesetz zur Änderung der Strafprozeßordnung und des Gerichtsverfassungsgesetzes wieder in die Strafprozeßordnung eingefügt und der Diskussion um die Wiedereinführung[465] damit ein Ende gesetzt.

Auch im Zusammenhang mit dieser Maßnahme der vorbeugenden Verbrechensbekämpfung blieb jedoch eine weitergehende Beschäftigung mit diesem Problem aus, so daß die Unsicherheit über die Einordnung noch weiter zunahm[466].

---

[461] Schwan, VerwArch 70 (1979), S. 109 ff.; Sydow, ZRP 1977, S. 119 ff.; Kickartz, S. 188 f.

[462] BGH NJW 1962, 1020 ff.

[463] Hust, NJW 1969, S. 22; Sigrist, JR 1976, S. 399; Folz, JuS 1965, S. 48.

[464] Harbs, Die Polizei 1962, S. 334; Schenke, JR 1970, S. 48 ff.; Seebode, MDR 1970, S. 188; Rogall, GA 1985, S. 7.

[465] S. dazu bereits oben, S. 115 f.

[466] S. auch Warschko, S. 42, 46.

c) Das Gesetz zur Beschränkung des Brief-, Post- und Fernmeldegeheimnisses (G 10) von 1968

Das im Jahre 1968 erlassene Gesetz zur Beschränkung des Brief-, Post- und Fernmeldegeheimnisses (G 10)[467] stieß von Beginn an auf scharfe Kritik, die sich vor allem an der Frage entzündete, ob das Verbot der Benachrichtigung des Betroffenen und der Ausschluß des Rechtsweges bei nachrichtendienstlichen Überwachungsmaßnahmen mit den Grundsätzen des Art. 79 Abs. 3 GG zu vereinbaren ist[468]. Das Bundesverfassungsgericht hat dazu in seiner sog. „Abhörentscheidung" festgestellt, daß das Grundgesetz lediglich ein generelles Verbot der Benachrichtigung verbietet[469].

Hier sollen aber die Probleme von Interesse sein, die sich aus den durch das neue Gesetz hervorgerufenen Kompetenzüberschneidungen zwischen Staatsanwaltschaft und Nachrichtendiensten ergeben.

Gleichzeitig mit dem Erlaß des G 10 wurden die neuen §§ 100 a, 100 b StPO in die Strafprozeßordnung eingefügt.

Bei einem Vergleich der jeweiligen Eingriffstatbestände läßt sich feststellen, daß eine weitgehende Übereinstimmung zwischen denen der §§ 100 a, 100 b StPO und denen des G 10 besteht, was zwangsläufig zu Überschneidungen der Kompetenzen von Richtern und Staatsanwälten einerseits und den Verfassungsschutzbehörden, dem Militärischen Abschirmdienst und dem Bundesnachrichtendienst andererseits führen mußte[470].

Dazu muß zunächst ein Blick auf die Zielsetzungen geworfen werden, die mit dem Erlaß des G 10 verfolgt wurden. Der „politische Kern" des Gesetzes wurde in der Ermächtigung der Verfassungsschutzorgane, bereits im Vorfeld strafprozessualer Ermittlungen eingreifen zu können, gesehen[471]. Im Gegensatz zu § 100 a StPO, der die Verfolgung bestimmter Straftaten erleichtern soll und somit die Erreichung der sog. Strafbarkeitsgrenze voraussetzt, soll das G 10 die Nachrichtendienste in die Lage versetzen, bereits im Vorfeld strafbarer Handlungen Angriffe gegen die

---

[467] BGBl. I S. 949.

[468] S dazu Welp, DÖV 1970, S. 267 ff.

[469] BVerfGE 30, 1 ff.; kritisch dazu das abweichende Votum von Geller, v. Schlabrendorff und Rupp, BVerfGE 30, 33 ff.; zur Kritik auch Häberle, JZ 1971, 145 ff.

[470] Vgl. Gusy, NJW 1981, 1582.

[471] Nachweise bei J. Wagner, NJW 1980, S. 916, Fn. 20 und Welp, DÖV 1970, S. 268, Fn. 10.

verfassungsmäßige Ordnung aufzudecken und zu verhindern[472]. Damit sollen vor allem Art. 1 §§ 1 und 2 G 10 in erster Linie eine präventive Aufgabe haben[473].

Diese Vorverlagerung der Eingriffsbefugnisse versucht das G 10 durch folgende Formulierungen herbeizuführen: auf der materiellrechtlichen Ebene spricht es im Gegensatz zur Strafprozeßordnung nicht von Vorbereitung, Versuch oder Begehung einer Straftat, sondern lediglich von deren Planung, während es auf der strafprozessualen Ebene statt der in § 100 a StPO geforderten bestimmten, den Verdacht begründenden Tatsachen in Art. 1 § 2 G 10 „tatsächliche Anhaltspunkte für den Verdacht" genügen läßt[474].

Das Bundesverfassungsgericht hat in seiner Abhörentscheidung[475] festgestellt, daß diese „tatsächlichen Anhaltspunkte" so auszulegen seien, daß „konkrete Umstände im konkreten Fall" den Verdacht begründen müssen[476]. Das aber bedeutet, daß sich bezüglich der Verdachtsintensität, die Eingriffe rechtfertigen kann, zwischen dem G 10 und der Strafprozeßordnung keine Unterschiede ergeben[477].

Fraglich ist nun, inwieweit die Formulierung „Planung" hinsichtlich den strafprozessualen Voraussetzungen einen anderen, weiteren Eingriffsrahmen herstellt. Die Beantwortung dieser Frage macht eine Auslegung des Begriffs der Planung notwendig, um zu klären, ob die „Planung" einer Straftat ihrer Vorbereitung vorausgeht. Rein begriffslogisch geht die Planung, für die ein „systematisches gedankliches Konzept künftigen Handelns"[478] genügen soll, der Vorbereitung einer Straftat voraus. Gestützt wird diese Auslegung auch durch die Gesetzesmaterialien zum G 10, nach denen die Verfassungsschutzorgane in die Lage versetzt werden sollen, „im vorprozessualen Bereich" zu ermitteln[479]. Auch schon die Verwendung unterschiedlicher Begriffe in § 100 a StPO einerseits und Art. 1 § 2 G 10 andererseits spricht für diese These[480].

---

[472] S. J. Wagner, NJW 1980, S. 916; Welp, DÖV 1970, S. 268.
[473] J. Wagner, NJW 1980, S. 916.
[474] Welp, DÖV 1970, S 268; J. Wagner, NJW 1980, S. 916.
[475] BVerfGE 30, 1 ff.
[476] BVerfGE 30, 1 (22).
[477] Zu den Voraussetzungen des Anfangsverdachts nach § 152 Abs. 2 StPO s. bereits oben, S. 74 ff.
[478] Welp, DÖV 1970, S. 268.
[479] Vgl. die Begründung zum Entwurf des G 10, BT-Dr. V/1880, S. 6.
[480] J. Wagner, NJW 1980, S. 918.

Jedoch wird aus der engen Bindung an Katalogstraftatbestände deutlich, daß nur solche Tatbestände Eingriffe rechtfertigen sollen, „deren Planung, Vorbereitung und Begehung gefährlich genug sind, um den Gebrauch eines derartigen Mittels durch die staatlichen Behörden zu rechtfertigen"[481]. Im Zusammenhang mit dem Verhältnismäßigkeitsgrundsatz läßt das eine restriktive Auslegung geboten erscheinen, so daß Eingriffe nach dem G 10 nur dann gerechtfertigt sein können, wenn die Vorstellungen der Täter bereits so konkret sind, daß aus ihnen Pläne für die Begehung einer oder mehrerer Straftaten herauszulesen sind[482].

Das aber bedeutet, daß zwischen der erforderlichen Verdachtsintensität der Strafprozeßordnung und der des G 10 lediglich kaum faßbare und leicht zu verwischende Unterschiede bestehen, die folglich zu sich häufig überschneidenden Eingriffsvoraussetzungen führen. Erhebliche Kompetenzprobleme zwischen den jeweils zuständigen Behörden sind die Folge.

Die Erschließung des Vorfelds strafprozessualer Ermittlungen durch die im G 10 bereitgestellten Befugnisse beruhte auf dem Verlangen nach größtmöglicher Arbeitseffektivität. Die dadurch hervorgerufenen Probleme mußten aufgrund der Schlagkräftigkeit des Arguments in den Hintergrund treten. Dagegen fand nur wenig Beachtung[483], daß damit auch die Preisgabe rechtsstaatlicher Grundsätze einherging, wie der Richtervorbehalt des § 100 b Abs. 1 StPO oder die Benachrichtigung des Betroffenen, die nach dem Bundesverfassungsgericht in seinem Abhörurteil der Effektivität des Verfassungsschutzes entgegenstünde[484].

Insgesamt stellte damit der Erlaß des G 10 mit seinen Vorfeldbefugnissen einen weiteren Schritt auf dem Wege dar, das Vorfeld strafprozessualer oder polizeilicher Tätigkeit mit Hilfe des Arguments der Arbeitseffektivität der Polizei und anderer Behörden und auf Kosten klarer Kompetenzverteilungen sowie rechtsstaatlicher Handlungsbindungen zu erschließen und nutzbar zu machen.

---

[481] Vgl. die Begründung zum Entwurf des G 10, BT-Dr. V/1880, S. 9.

[482] J. Wagner, NJW 1980, S. 919.

[483] S. aber wiederum das abweichende Votum zum Abhörurteil des Bundesverfassungsgerichts, BVerfGE 30, 1 (33 ff.).

[484] BVerfGE 30, 1 (19).

d) Vergleich zur Terrorismusbekämpfung der 70er Jahre

Zu Beginn der 70er Jahre war ein erheblicher Kriminalitätsanstieg in der Bundesrepublik zu verzeichnen[485]. Vor allem in den bislang in diesem Ausmaß unbekannten Erscheinungsformen der Kriminalität wie organisiertes Verbrechen und Terrorismus wurden neuartige Bedrohungen für den einzelnen Bürger und die Gemeinschaft gesehen, die nach Reaktionen verlangten. Konstatiert wurden schwerste Bedrohungen des Bestandes des Staates; Maßnahmen zur „Rettung des Gemeinschaftsfriedens und Erhaltung des Rechtsstaates"[486] wurden gefordert[487]. Die Bekämpfung des nationalen und internationalen Terrorismus wurde zu einem zentralen Thema der kriminalpolitischen Diskussion[488].

Die zunehmende Brutalisierung der politisch-motivierten Gewaltkriminalität und die Herausforderung, die darin gesehen wurde, lösten schließlich gesetzgeberische Initiativen aus, und zahlreiche Gesetzesänderungen wurden beschlossen[489]. In diesem Zusammenhang tauchte auch der Vorschlag auf, ein besonderes Terrorismusgesetz zu schaffen, das die normativen Grundlagen staatlicher Reaktion auf den Terrorismus bündeln sollte[490]. Dieser Gedanke eines selbständigen Terrorismusgesetzes konnte sich zwar aufgrund schwerwiegender Bedenken[491] nicht durchsetzen, wohl aber wurden „in einem geradezu atemberaubenden parlamentarischen Parforceritt"[492] zahlreiche sog. Anti-Terror-Gesetze erlassen[493]. Mit der Schaffung neuer Straftatbestände sollte der Gewaltkriminalität besser als bisher entgegengewirkt werden können, indem entweder neue Erscheinungsformen der Kriminali-

---

[485] S. dazu etwa H.-J. Vogel, ZRP 1976, S. 216; Schwagerl, DÖV 1974, S. 110 .

[486] Von Winterfeld, ZRP 1977, S. 267 ff.

[487] S. dazu auch Lameyer, ZRP 1978, S. 51, der in diesem Zusammenhang von „pathetisch geladenen Formulierungen" spricht.

[488] Ebert, JR 1978, S. 136 ff.; Rudolphi, JA 1979, S. 1; Lameyer, ZRP 1978, S. 49.

[489] Rudolphi, JA 1979, S. 1; Rogall, ZRP 1982, S. 125.

[490] S. von Winterfeld, ZRP 1977, S. 267 ff.; kritisch dazu Lameyer, ZRP 1978, S. 51; auch Ebert, JR 1978, S. 136 ff.

[491] S. dazu Ebert, JR 1978, S. 140 ff.

[492] Ulsenheimer, GA 1975, S. 103.

[493] So z.B. das Erste Gesetz zur Reform des Strafverfahrensrechts vom 9.12.1974 (BGBl. I, S. 3393); das Gesetz zur Ergänzung des Ersten Gesetzes zur Reform des Strafverfahrensrechts vom 20.12.1974 (BGBl. I, S. 3686); das Gesetz zur Änderung des Strafgesetzbuches, der Strafprozeßordnung, des Gerichtsverfassungsgesetzes, der Bundesrechtsanwaltsordnung und des Strafvollzugsgesetzes (sog. „Anti-Terrorismus-Gesetz") vom 18.8.1976 (BGBl. I, S. 2181); das Gesetz zur Änderung des Einführungsgesetzes zum Gerichtsverfassungsgesetz (sog. „Kontaktsperrengesetz") vom 30.9.1977 (BGBl. I, S. 1877) und das Gesetz zur Änderung der Strafprozeßordnung vom 14.4.1978 (BGBl. I, S. 497).

tät erfaßt wurden oder bisher straflose Verhaltensweisen im Vorfeld der eigentlichen Gewaltkriminalität unter Strafe gestellt werden sollten.

Diese Vorverlagerung des Strafrechtsschutzes fand ihre Rechtfertigung in der besonderen Gefährlichkeit terroristischer Vereinigungen und verfolgte damit ein durchaus berechtigtes kriminalpolitisches Anliegen[494]. Man befand, daß im Kampf gegen den Terrorismus der Strafschutz bereits in das Vorbereitungsstadium vorverlagert werden müßte, um so einen umfassenden Schutz der Bürger und des Staates gewährleisten zu können[495]. Gewalttaten und Terrorakte sollten bereits im Vorfeld durch eine Ausschaltung der sie begünstigenden Faktoren verhindert werden.

Resultate dieser Überlegungen waren z.B. die Neuschaffung oder Reformierung der Strafdrohungen gegen die Bildung krimineller und terroristischer Vereinigungen (§§ 129, 129 a StGB)[496], die Billigung von Straftaten (§ 140 StGB)[497] und die verfassungsfeindliche Befürwortung von und die Anleitung zu Straftaten (§§ 88 a, 130 a StGB)[498].

Folge des Anstiegs der politisch-motivierten Kriminalität war auch die Neufassung der Art. 73 Nr. 10, 87 Abs. 1 Satz 2 GG als Voraussetzung für die Ausdehnung des Bundesverfassungsschutzgesetzes durch Gesetz vom 7.8.1972[499]. Hiermit wurden den Verfassungsschutzbehörden erhebliche Erweiterungen ihrer Kompetenzen eingeräumt[500]. Neu war unter anderem, daß das Amt nach § 3 Abs. 3 Satz 2 BVerfSchG zur Wahrnehmung seiner Aufgaben und damit zur Beschaffung von Informationen, befugt sein soll, „nachrichtendienstliche Mittel“ anzuwenden.

Den gesetzgeberischen Initiativen in dieser Zeit wurden aber schon wenig später kritisiert, und es tauchte in diesem Zusammenhang der Begriff der „Tendenzwende“[501] auf. Gesehen wurde die Gefahr einer „Entliberalisierung“ vor

---

[494] Rudolphi, JA 1979, S. 3 f.; ders., ZRP 1979, S. 215.

[495] Rudolphi, ZRP 1979, S. 215.

[496] Durch das Gesetz zur Änderung des Strafgesetzbuches, der Strafprozeßordnung, des Gerichtsverfassungsgesetzes, der Bundesrechtsanwaltsordnung und des Strafvollzugsgesetzes vom 18.8.1976 (BGBl. I, S. 2181).

[497] Durch das Vierzehnte Strafrechtsänderungsgesetz vom 22.4.1976 (BGBl. I, S. 1056).

[498] Ebenfalls durch das Vierzehnte Strafrechtsänderungsgesetz.

[499] BGBl. I., S. 1382.

[500] Dazu Schwagerl, DÖV 1974, S. 110 ff.

[501] So Ebert, JR 1978, S. 136.

allem im Strafprozeßrecht durch den Erlaß von Regelungen, die als schnelle Reaktion auf bestimmte Anlässe, wie z.B. den Konspirationsverdacht gegen Anwälte des „Baader-Meinhof"-Verfahrens oder die Entführung und Ermordung Schleyers, ergingen. Kritisiert wurden die zu große Unbestimmtheit vieler Regelungen und zu weit geratene Tatbestände, die dazu beitrügen, daß das berechtigte Anliegen des Gesetzgebers, der Bedrohung durch den Terrorismus durch schnelle Reaktionen entgegenzutreten, zu einer Aushöhlung immer weiterer Freiheitsrechte führe[502].

Der neugefaßte Gefährdungstatbestand des § 3 Abs. 1 Nr. 3 BVerfSchG wurde als zu dehnbar kritisiert. Zu viele unbestimmte Rechtsbegriffe führten zu erheblicher Rechtsunsicherheit. Auch wurde behauptet, daß die Regelungen des Gesetzes eine gewisse Ähnlichkeit mit dem Gesetz über die Geheime Staatspolizei von 1936 aufwiesen[503].

So bewerteten Kritiker die vielen neuentstandenen Gesetze als eine Überreaktion des Gesetzgebers, die zu einem unweigerlichen Abbau rechtsstaatlicher Garantien führen müsse[504].

Auch hier gestaltete sich das Spannungsverhältnis zwischen Freiheit und Sicherheit demnach schon schwierig, und die Bemühungen, es zu einem zufriedenstellenden Ausgleich zu bringen, waren angesichts der Größe der Bedrohung, der man sich gegenübersah, gering. Rechtsstaatliche Erwägungen mußten hintanstehen, während politische Forderungen und die Notwendigkeit einer schnellen Reaktion im Vordergrund der gesetzgeberischen Initiativen standen.

Das wachsende Unsicherheitsgefühl in der Bevölkerung verlangte nach einer Lösung des Problems[505]; daß der Rechtsstaat dadurch Einbußen erleiden mußte, wurde vor dem Hintergrund der Bedrohung durch den Terrorismus als unumgänglich betrachtet und für durchaus akzeptabel gehalten.

So wurde etwa die Vorverlagerung des Strafrechtsschutzes als Teil einer umfassenden und notwendigen „Verbrechensprophylaxe"[506] gesehen, während die damit

---

[502] Rudolphi, JA 1979, S. 3 f.; Ebert, JR 1978, S. 140.

[503] So etwa Schwagerl, DÖV 1974, S. 111.

[504] Ebert, JR 1978, S. 140; Schwagerl, DÖV 1974, S. 111; Rudolphi, ZRP 1976, S. 169.

[505] Die innere Sicherheit war nach Untersuchungen des Instituts für Demoskopie Allensbach zu Beginn des Jahres 1978 „Sorge Nummer eins" der Bundesbürger; zitiert nach Ebert, JR 1978, S. 141, Fn. 48.

[506] Rudolphi, ZRP 1979, S. 214.

verbundenen Gefahren nur geringe Beachtung fanden; denn gerade diese Vorverlagerung eröffnete die Gefahr einer extensiven Interpretation durch die Gerichte und damit einer Überdehnung der Strafbarkeit in einem mit rechtsstaatlichen Grundsätzen nicht mehr zu vereinbarenden Maße. Insbesondere eine Regelung wie die des § 140 StGB tendierten aufgrund zu großer Unbestimmtheit dazu, „zu einer Strafdrohung gegen die bloße rechtswidrige Gesinnung“[507] auszuarten[508].

Es bleibt also festzustellen, daß der Blick für rechtsstaatliche Grundsätze durch die übergroß gesehene Bedrohung verstellt war, was dazu führte, daß unumkehrliche bedauerliche Entwicklungen in Gang gesetzt wurden.

e) Begriff der "vorbeugenden Verbrechensbekämpfung" in § 5 Abs. 1 Satz 1 BKAG von 1973

Schon zu Beginn dieser von zunehmender Gewaltkriminalität gekennzeichneten Periode hatte die Polizei eine Ausdehnung ihrer Befugnisse gefordert, um so zu einer wirksamen Verbrechensbekämpfung in der Lage sein zu können[509].

Vor dem Hintergrund ihrer Auffassung, daß die Strafprozeßordnung keine abschließende Regelung darstelle, verlangte die Polizei eine Erweiterung der Länderpolizeigesetze durch strafprozessuale Ergänzungsvorschriften. Diese Forderung konnte sich nicht durchsetzen und wurde mit den Beschlüssen des Bundesverfassungsgerichts von 1973 und 1974, in denen der abschließende Charakter der Strafprozeßordnung bejaht wurde[510], wieder fallengelassen.

Stattdessen gewann aber im Rahmen des Effektivitätsgedankens der Begriff der vorbeugenden Verbrechensbekämpfung immer mehr an Bedeutung, und man begann, ihn für die Erweiterung der Polizeigesetze nutzbar zu machen, um eine umfangreiche Verbrechensbekämpfung zu ermöglichen. Damit wurde eine Entwicklung in Gang gesetzt, die schließlich zum Erlaß des Musterentwurfs für ein einheitliches Polizeigesetz führen sollte.

---

[507] Rudolphi, ZRP 1979, S. 219.

[508] Dies hebt auch bereits der Bundesgerichtshof in seinem sog. „Südtirol-Urteil“ zur alten Fassung des § 140 StGB hervor, BGHSt 22, 282 = NJW 1969, S. 517.

[509] Schenke, JR 1970, 48; Sydow, ZRP 1977, 119.

[510] BVerfGE 36, 193 (211) und BVerfGE 36, 314 (320).

Im Zusammenhang mit dem von den Innenministern im Februar 1974 beschlossenen „Programm für die Innere Sicherheit der Bundesrepublik Deutschland" wurden die ursprünglichen Forderungen der Polizei nach Zuständigkeitserweiterung aber erneuert. Das Zentralproblem der Gewaltkriminalität und des Terrorismus, dem man mit allen Mitteln Einhalt gebieten wollte, führte schließlich neben den zahlreichen weiteren Gesetzesänderungen auch zu einer Neufassung des § 5 Abs. 1 Satz 1 BKAG[511], der nun lautete:

> „Die vorbeugende Verbrechensbekämpfung und die Verfolgung von Straftaten bleiben Sache der Länder, soweit gesetzlich nichts anderes bestimmt ist".

Damit wurde also in aller Deutlichkeit klargestellt, daß die vorbeugende Verbrechensbekämpfung als Ländersache der Prävention zuzuordnen sei. Eine Definition oder nähere Auseinandersetzung mit dem Begriff der vorbeugenden Verbrechensbekämpfung unterblieb allerdings, so daß dieser nach wie vor unklar und präzisierungsbedürftig blieb.

Die erstrebte Zuständigkeitserweiterung der Polizei war damit aber weiter fortgeschritten.

f) Vorbeugende Verbrechensbekämpfung im ME PolG von 1977

Der nächste Schritt der Entwicklung wird gekennzeichnet durch den Beschluß des Musterentwurfs eines einheitlichen Polizeigesetzes (ME PolG)[512] am 25.11.1977 durch die Innenministerkonferenz. Dem Beschluß gingen längere Vorarbeiten voraus, in denen unter anderem eine von Bund und Ländern eingesetzte Arbeitsgruppe den Entwurf in der Fassung vom 11.6.1976 auf Kollisionen mit der Strafprozeßordnung hin überprüfte[513].

Der ME PolG stellte eine Anregung bzw. Empfehlung an die Länder dar, die jeweiligen Polizei- und Ordnungsgesetze diesem Entwurf anzupassen. Es handelte sich dabei also nicht um geltendes Recht.

---

[511] In der Fassung des Bundeskriminalamtgesetzes vom 29.6.1973 (BGBl. I, S. 704); geändert durch Gesetz vom 2.3.1974 (BGBl. I, S. 469) und durch Gesetz vom 9.12.1974 (BGBl. I, S. 3393).

[512] Abgedruckt mit Begründungen und Anmerkungen bei Heise/Riegel.

[513] Görgen, ZRP 1976, S. 62.

Auch der Beschluß des ME PolG ist noch im Zusammenhang mit der wachsenden Bedrohung durch Terrorismus und Gewaltkriminalität zu sehen und findet in dem Bemühen um eine effektive Bekämpfung dieser Erscheinungsformen der Kriminalität seine Begründung[514]. Auch der ME PolG kann daher als Teil der „Tendenzwende“ betrachtet werden.

Die Forderung nach einem einheitlichen Polizeigesetz tauchte erstmals bereits im Programm für die Innere Sicherheit der Bundesrepublik aus dem Jahre 1972 auf[515]. Die Zielsetzungen, die mit dem Beschluß des ME PolG verfolgt wurden, lassen sich folgendermaßen umschreiben: Man versprach sich von einer Vereinheitlichung der Polizeigesetze mehr Rechtsklarheit durch größere Übersichtlichkeit und damit letztendlich auch mehr Rechtssicherheit für die betroffenen Bürger[516]. Desweiteren sollte der Dezentralisierung des deutschen Polizeiwesens entgegengewirkt und damit zu einer effizienteren Verbrechensbekämpfung beigetragen werden[517].

Festzustellen ist allerdings, daß der ME PolG sich keineswegs darauf beschränkte, das Polizeirecht durch die Formulierung gleichartiger Rechtsgrundlagen im Bereich der Gefahrenabwehr zu vereinheitlichen. Vielmehr sollte außerdem dem Ruf nach einer Ausdehnung polizeilicher Kompetenzen durch eine Erweiterung der der Polizei bundesrechtlich in der Strafprozeßordnung und im Ordnungswidrigkeitengesetz abschließend eingeräumten Ermittlungsbefugnisse Folge geleistet werden[518]. Darüberhinaus sieht der ME PolG Rechtsgrundlagen für Maßnahmen vor, die weder der Abwehr einer konkreten Gefahr, noch der Erforschung von Handlungen dienen, die mit Strafe oder Geldbuße bedroht sind, sondern der „vorbeugenden Verbrechensbekämpfung“ dienen.

Gegen diese beiden Punkte erhob sich massive Kritik in der Literatur[519]. Vermißt wurde nicht nur ein klarer organisationsrechtlicher Ansatz dieser „Tendenz zur Verselbständigung der Polizei“[520]. Vielmehr wurden auch Widersprüche zu ele-

---

[514] Sydow, ZRP 1977, S. 119; Seebode, MDR 1976, S. 537.
[515] Lange, MDR 1977, S. 10; Funk/Werkentin, KJ 1976, S. 408.
[516] Seebode, MDR 1976, S. 537; Sydow, ZRP 1977, S. 119.
[517] Seebode, MDR 1976, S. 537; Lange, MDR 1977, S. 10.
[518] Sydow, ZRP 1977, S. 119; Funk/Werkentin, KJ 1976, S. 408.
[519] Vgl. etwa Görgen, ZRP 1976, S. 63; Seebode, MDR 1976, S. 537; Sydow, ZRP 1977, S. 120.
[520] Görgen, ZRP 1976, S. 63.

mentaren Grundsätzen des Verfassungsrechts konstatiert[521]. Indem der ME PolG die ihm durch das Strafprozeßrecht gezogene Grenze überschreite, mißachte er den Vorrang des Bundesgesetzes aus Art. 31 GG und den wesensmäßigen Unterschied von Polizei- und Prozeßrecht und damit auch die im Grundgesetz festgelegten Gesetzgebungskompetenzen, die ein einheitliches Strafverfolgungsrecht gebieten[522].

An diesem Punkt setzte eine von Bund und Ländern eingesetzte Arbeitsgruppe an, die den Entwurf vom 11.6.1976 mit der Strafprozeßordnung harmonisieren sollte[523]. Von größerem Interesse als die Harmonisierung mit der Strafprozeßordnung bleiben in diesem Zusammenhang aber die im ME PolG vorgesehenen Maßnahmen der vorbeugenden Verbrechensbekämpfung, die ebenfalls Gegenstand der Untersuchung dieser Arbeitsgruppe waren.

Zu nennen sind insbesondere die Regelungen in § 9 Abs. 1 Nr. 2 ME PolG (Identitätsfeststellung an gefährlichen Orten - „Razzia" -), § 9 Abs. 1 Nr. 3 ME PolG (Identitätsfeststellung an gefährdeten Orten) sowie § 10 Abs. 1 Nr. 2 ME PolG (erkennungsdienstliche Maßnahmen zur vorbeugenden Verbrechensbekämpfung).

Alle diese Maßnahmen lassen als Eingriffsvoraussetzung den Aufenthalt an „verrufenen Orten"[524] genügen. Das Vorliegen einer konkreten Gefahr ist dagegen nicht erforderlich[525]. Darüber hinaus können auf diese Vorschriften gestützte Eingriffe in weitem Umfang auch gegen Unbeteiligte zulässig sein. Die bisher geltende Bindung polizeilicher Eingriffe an das Vorliegen einer konkreten Gefahr bzw. eines Verdachts wurde damit aufgegeben.

Die amtliche Begründung zum Beschluß vom 11.6.1976 hält die vorbeugende Verbrechensbekämpfung für einen Unterfall der Gefahrenabwehr[526]. Die eingesetzte Arbeitsgruppe sah dagegen die Notwendigkeit einer näheren Auseinandersetzung mit diesem Begriff. Sie erkannte, daß es sich bei den Maßnahmen der vorbeugenden Verbrechensbekämpfung weder um rein repressive, noch um rein

[521] Sydow, ZRP 1977, S. 120; Seebode, MDR 1976, S. 537.

[522] Sydow, ZRP 1977, S. 120; Seebode, MDR 1976, S. 537.

[523] Vgl. Heise/Riegel, S. 5.

[524] Rachor, in: Lisken/Denninger (Hrsg.), HbdPolR, Kap. F, Rn. 204: gemeint sind damit z.B. bestimmte Vergnügungsviertel, Lokale, Tiefgaragen, Großstadtbahnhöfe etc.

[525] Sydow, ZRP 1977, S. 124; Riegel, ZRP 1978, S. 16; Funk/Werkentin, KJ 1976, S. 412.

[526] S. die Begründung zu § 10 Abs. 1 ME PolG, abgedruckt bei Heise/Riegel, S. 53.

präventive Maßnahmen handelte, sondern vielmehr um Mischbefugnisse mit sowohl repressiven als auch präventiven Bezügen[527]. Da aber nach Ansicht der Arbeitsgruppe die festgestellten repressiven Bezüge keinesfalls als Strafverfolgung im Sinne der Strafprozeßordnung angesehen werden können, stand für die Arbeitsgruppe fest, daß diese Kriterien für eine klare Trennung der Bereiche Strafverfolgung und Polizeirecht nicht ausreichten[528]. Vielmehr sollte für eine Trennung der Bereiche vom Begriff des gerichtlichen Verfahrens im Sinne von Art. 74 Nr. 1 GG ausgegangen werden. Alle Befugnisse des ME PolG, die sich nicht unter Art. 74 Nr. 1 GG subsumieren ließen, seien dann, da es sich nicht um Maßnahmen der Strafverfolgung handele, negativ dem Polizeirecht zuzuordnen[529]. Statt einer positiven Begriffsbestimmung wurde also lediglich eine Negativabgrenzung vorgenommen, womit das eigentliche Problem einer Definition und Einordnung des Begriffs der vorbeugenden Verbrechensbekämpfung umgangen wurde.

Obwohl die Arbeitsgruppe entgegen der amtlichen Begründung der Auffassung war, daß die betreffenden Befugnisse nicht unter den Begriff der Gefahrenabwehr fielen, hegte sie an der Zugehörigkeit der Maßnahmen zum Polizeirecht aufgrund ihrer dargestellten Abgrenzungsmethode keinen Zweifel[530]; denn da es um Maßnahmen gehe, die vom Vorliegen sowohl einer Straftat als auch einer konkreten Gefahr unabhängig sind, sei eine entsprechende Regelung in der Strafprozeßordnung nicht denkbar. Daraus wurde aber die bedenkliche Folgerung gezogen, daß lediglich eine Regelung im Polizeirecht in Frage komme, ohne auf die Tatsache einzugehen, daß damit Maßnahmen, die eindeutig als nicht der Gefahrenabwehr zugehörig gesehen wurden, dennoch ohne nähere Begründung in einem bisher der Gefahrenabwehr dienenden Maßnahmenkomplex eingefügt werden.

Eine Neuformulierung der polizeilichen Aufgabenumschreibung, mit der das - durchaus gesehene - Problem gelöst werden sollte, wurde von der Innenministerkonferenz allerdings ebenso abgelehnt wie der Vorschlag einer speziellen Rechtsgrundlage, die auf die Voraussetzung einer konkreten Gefahr verzichtet[531].

Aufgrund dieser Problematiken sah der ME PolG sich herber Kritik ausgesetzt. Man sah die Preisgabe rechtsstaatlicher Prinzipien und einen Abbau von bürger-

---

[527] Vgl. dazu Riegel, ZRP 1978, S. 15.
[528] Vgl. dazu Riegel, ZRP 1978, S. 15 f.
[529] Vgl. Riegel, ZRP 1978, S. 16.
[530] Vgl. Riegel, ZRP 1978, S. 19.
[531] Vgl. dazu Riegel, ZRP 1978, S. 20.

lichen Grundrechten, der mit einer scheinbar vermehrten Rechtssicherheit für den Bürger legitimiert werden sollte[532]. Bedauert wurde, daß die Schaffung eines neuen Gesetzes nicht zum Anlaß genommen wurde, eine prinzipielle Auseinandersetzung mit den bisherigen Grundlagen des Polizeirechts zu führen und das Verhältnis von polizeilichen Aufgaben und Befugnissen und bürgerlichen Freiheiten, die Grenzen polizeilichen Zwangs und die Funktionsbestimmung der Polizei allgemein zu diskutieren und einer kritischen Würdigung zu unterziehen[533]. Stattdessen seien vielmehr polizeitaktische und politische Erwägungen ausschlaggebend gewesen, und man habe sich von polizeilichen Effizienz- statt von Rechtsstaatskriterien leiten lassen[534]. Damit stelle der ME PolG „einen der weitestgehenden Versuche dar, die Schranken in bezug auf die staatlichen Eingriffsmöglichkeiten in die Freiheitsrechte des Einzelnen zugunsten einer positiven Normierung politisch opportuner und polizeitaktisch zweckmäßiger Maßnahmen abzubauen“[535].

Die nicht ausbleibende grundsätzliche Kritik am ME PolG brachte aber auch einen Alternativentwurf zum ME PolG hervor, der ein besonderes Kapitel über die Informationsverarbeitung enthielt[536]. Das Bremische Polizeigesetz von 1983 beruhte auf diesem Vorschlag.

Der ME PolG bildete ansonsten zunächst trotz aller Kritik die Grundlage für eine neue Generation von Polizeigesetzen und wurde weitreichend in die geltenden Länderpolizeigesezte übernommen.

g) Die Vorentwürfe zur Änderung des ME PolG von 1985 und 1986 - Legaldefinition in § 1 Abs. 1 Satz 2 VE ME PolG vom 12.3.1986

Der ME PolG wurde in den Jahren 1985 und 1986 grundlegend überarbeitet. Ergebnis dieser Überarbeitung war schließlich der Vorentwurf zur Änderung des ME PolG in der Fassung vom 12.3.1986 (VE ME PolG).

---

[532] Funk/Werkentin, KJ 1976, S. 412, 420; Seebode, MDR 1976, S. 537; Sydow, ZRP 1977, S. 120.

[533] Funk/Werkentin, KJ 1976, S. 410 f.

[534] Sydow, ZRP 1977, S. 123; Funk/Werkentin, KJ 1976, S. 419.

[535] Funk/Werkentin, KJ 1976, S. 408.

[536] Arbeitskreis Polizeirecht, AE PolG; der Alternativentwurf wurde am 26.11.1978 verabschiedet.

aa) Vorgeschichte der Überarbeitung des ME PolG

Der aufgezeigten Entwicklung wurde durch das Urteil des Bundesverfassungsgerichts zum Volkszählungsgesetz vom 15.12.1983[537] zunächst Einhalt geboten. Die Aussagen des Urteils[538] stellten, insbesondere vor dem Hintergrund der Entwicklung bis zu diesem Zeitpunkt, einen sehr wichtigen und weitreichenden Schritt in Richtung einer rechtsstaatlichen Praxis der Datenerhebung und -verarbeitung dar. Die in dem Urteil gestellten Anforderungen machten eine Überprüfung der vorhandenen Rechtsgrundlagen für die Erhebung und Verarbeitung personenbezogener Daten erforderlich.

Die bisherige polizeiliche Praxis entnahm die erforderliche Befugnis zur Datenerhebung und -verarbeitung der dem § 8 ME PolG jeweils entsprechenden Generalklausel, da der ME PolG und die auf ihm basierenden Länderpolizeigesetze keine Befugnisnormen für informationelle polizeiliche Aktivitäten vorsahen[539].

Da ein Zurückgreifen auf die Generalklausel schon hinsichtlich des Bestimmtheitsgebot problematisch ist und damit den Anforderungen des Urteils zum Volkszählungsgesetz keineswegs entspricht, war in der Folge die Schaffung bereichsspezifischer Spezialbefugnise „nicht nur rechtspolitisch wünschenswert, sondern auch verfassungsrechtlich geboten“[540].

bb) Der Vorentwurf zur Änderung des ME PolG vom 8.2.1985

Insbesondere das Polizeirecht war daraufhin zu untersuchen, ob die vorhandenen Rechtsgrundlagen für die Erhebung und weitere Verarbeitung personenbezogener Daten ausreichen und den verfassungsrechtlichen Vorgaben des Bundesverfassungsgerichts entsprechen[541].

Mit dieser Untersuchung und der Überprüfung, welche Auswirkungen das Urteil zum Volkszählungsgesetz auf die polizeiliche Datenverarbeitung habe, beauftragte die Innenministerkonferenz mit Beschluß vom 12.1.1984 den Arbeitskreis II („Öffentliche Sicherheit und Ordnung“). Der Arbeitskreis II beschloß am

---

[537] BVerfGE 65, 1 ff.

[538] Zu den Aussagen des Bundesverfassungsgerichts im Volkszählungsurteil s. bereits oben S. 49 ff..

[539] Kniesel, ZRP 1987, S. 377; Knemeyer, NVwZ 1988, S.195.

[540] Knemeyer, NVwZ 1988, S. 196.

[541] Merten, ZRP 1988, S. 172; Riegel, DVBl 1987, S. 325; Knemeyer, NVwZ 1988, S. 196.

10.2.1984, zunächst den ad-hoc-Ausschuß „Recht der Polizei" erneut zu konstituieren und diesen mit den notwendigen Vorarbeiten zu beauftragen. Auf eine gutachterliche Stellungnahme dieses Ausschusses hin ergänzte die Innenministerkonferenz am 13.6.1984 ihren Auftrag dahingehend, baldmöglichst einen Entwurf mit bereichsspezifischen Regelungen für die polizeiliche Datenverarbeitung vorzulegen.

Die Innenministerkonferenz bezeichnete die daraufhin entstandene Fassung des Vorentwurfs zur Änderung des Musterentwurfs eines einheitlichen Polizeigesetzes des Bundes und der Länder, Stand: 8.2.1985[542], als Grundlage für ihre weiteren Beratungen.

Gemäß den durch das Volkszählungsurteil des Bundesverfassungsgerichts gesteigerten Voraussetzungen an die verfassungsrechtliche Zulässigkeit gesetzlicher Regelungen für staatliche Datenerhebung und -verarbeitung sollte so weit wie möglich eine konkrete Aufzählung und präzise Fassung der wichtigsten Eingriffstatbestände in einer gesetzlichen Regelung herbeigeführt werden. Für den Inhalt der materiellen Regelungen stellt der Entwurf laut Begründung darauf ab, „daß die Datenerhebung und -verarbeitung der Polizei, die bislang von wenigen gesetzlichen Bestimmungen und einer Vielzahl von Verwaltungsvorschriften geregelt war, im bisherigen Umfang zur Erfüllung von polizeilichen Aufgaben erforderlich ist und deshalb auch in Zukunft in diesem Ausmaß zulässig sein muß"[543].

Weiter heißt es in der Begründung: „Alle vorgesehenen Regelungen laufen daher im Prinzip auf eine gesetzliche Fixierung des 'Ist-Zustandes' hinaus"[544]. Die Verfasser des VE ME PolG (1985) gingen mithin davon aus, daß für die auch bislang schon von der Polizei wahrgenommenen Aufgaben lediglich die jetzt erforderlich gewordenen ausdrücklichen gesetzlichen Regelungen nachgeschoben werden sollten.

Der neu eingefügte § 1 a VE ME PolG (1985) enthielt eine Regelung der vorbeugenden Bekämpfung von Straftaten. Um eine wirkliche Konkretisierung der Grenzen der vorbeugenden Straftatenbekämpfung hatte man sich allerdings ebenso-

---

[542] Im folgenden VE ME PolG (1985); abgedruckt in: cilip, Heft 21 (Nr. 2/1985), S. 44 ff.

[543] Begründung zur Änderung des Musterentwurfs für ein einheitliches Polizeigesetz, Stand: 8.2.1985, 3.1, abgedruckt in: cilip, Heft 21 (Nr. 2/1985), S. 50.

[544] Begründung zum VE ME PolG (1985), 3.1, aaO.

wenig bemüht wie um eine möglichst genaue Definition des Begriffs[545]. Der allgemeinen Begründung des Entwurfs ist lediglich zu entnehmen, daß es sich bei der vorbeugenden Bekämpfung von Straftaten „traditionsgemäß um einen Unterfall der Gefahrenabwehr" handele[546]. Eine eingehendere Auseinandersetzung mit der Problematik war also auch an dieser Stelle unterblieben.

Die Entwurfsbegründung trägt auch nicht viel zur Klärung dieser Frage bei, wenn sie feststellt: „Obwohl die bisherige Praxis nicht ohne gesetzliche Grundlage war, erscheint für die Einzelfragen eine Klarstellung der Rechtslage erforderlich, um Unsicherheiten auszuräumen, die durch die Diskussion der durch das Volkszählungsurteil gebotenen Konsequenzen auch im Polizeirecht eingetreten sind"[547].

§ 7 a VE ME PolG (1985) enthielt eine Regelung der polizeilichen Datenverarbeitung, soweit dies zur „Vorsorge zur Gefahrenabwehr" erforderlich sei. Der Begriff der „Vorsorge zur Gefahrenabwehr" sah sich erheblicher Kritik ausgesetzt, die darauf abstellte, daß der neue Begriff es aufgrund seiner wesensmäßigen Unbegrenztheit ermöglichen würde, jede Art von polizeilichen Maßnahmen selbst zu Zeitpunkten, die sogar noch weit vor einem Gefahrenverdacht oder einer Anscheinsgefahr anzusiedeln seien, als mögliche Vorbereitung der Gefahrenabwehr zu definieren und damit zu rechtfertigen[548].

Die Kritik, die sich gegen den VE ME PolG (1985) erhob, richtete sich vor allem gegen die zu große Unbestimmtheit einzelner Normen und die herbeigeführte Ausweitung der Eingriffsbefugnisse der Polizei. Vor allem die fehlende Grenzziehung hinsichtlich der vorbeugenden Bekämpfung von Straftaten und die im Gegensatz zum ME PolG entfallene Zuständigkeitsbegrenzung[549] der Polizei ließen eine Verwischung der Aufgabenverteilungen befürchten[550].

Eine Überarbeitung des Entwurfs war aufgrund der Kritik und hinsichtlich der noch nicht erfüllten Anforderungen des Volkszählungsurteils des Bundesverfassungsgerichts somit unerläßlich.

---

[545] Schoreit, CuR 1986, S. 226.

[546] Begründung zum VE ME PolG (1985), 3.7, abgedruckt in: cilip, Heft 21 (Nr. 2/1985), S. 51.

[547] Begründung zum VE ME PolG (1985), 3.1.; abgedruckt in: cilip, Heft 21 (Nr. 3/1985), S. 50.

[548] S. z.B. Schoreit, CuR 1986, S. 228.

[549] § 1 ME PolG sah vor, daß die Polizei zur Gefahrenabwehr für eine andere Behörde nur tätig werden konnte, sofern die Abwehr der Gefahr durch diese nicht oder nicht rechtzeitig erschien.

[550] Schoreit, CuR 1986, S. 226 f.

cc) Der Vorentwurf zur Änderung des ME PolG vom 12.3.1986

Unter Berücksichtigung von Stellungnahmen und Kritik ging aus der Überarbeitung des Entwurfs schließlich der Vorentwurf zur Änderung des Musterentwurfs eines einheitlichen Polizeigesetzes des Bundes und der Länder, Stand: 12.3.1986[551], hervor.

Dieser Entwurf berücksichtigt im Gegensatz zu seinen Vorgängern auch die Alternativvorschläge der sog. A-Länder zu den einzelnen Regelungen[552].

Der Begriff der vorbeugenden Bekämpfung von Straftaten nimmt auch im VE ME PolG (1986) eine zentrale Rolle ein. Wie sich zeigen wird, steht seine herausragende Bedeutung aber in einem auffallenden Gegensatz zu seiner mangelnden inhaltlichen Klarheit[553].

In § 1 Abs. 1 Satz 2 VE ME POlG (1986) wird durch Ergänzung des klassischen materiellen Polizeibegriffs aus § 1 Abs. 1 ME PolG[554] eine erweiterte Aufgabenstellung formuliert:

„Sie hat im Rahmen dieser Aufgabe auch für die Verfolgung von Straftaten vorzusorgen und Straftaten zu verhindern (vorbeugende Bekämpfung von Straftaten) sowie Vorbereitungen zu treffen, um künftige Gefahren abwehren zu können (Vorbereitung auf die Gefahrenabwehr)".

In dieser erweiterten Aufgabenstellung werden also die Tätigkeiten der Strafverfolgungsvorsorge und der Straftatverhütung zur „vorbeugenden Bekämpfung von Straftaten" zusammengefaßt. Gleichzeitig werden beide Tätigkeiten der Gefahrenabwehraufgabe der Polizei zugeordnet, was sich aus der Verweisung des neueingefügten Satz 2 auf § 1 Abs. 1 Satz 1 ME ergibt[555].

---

[551] Im folgenden VE ME PolG (1986); abgedruckt in: Kniesel/Vahle, VE ME PolG, sowie in: cilip, Heft 24 (Nr. 2/1986), S. 74 ff.

[552] So etwa der „Alternativentwurf aus der Praxis zur Novellierung des Polizeigesetzes von Nordrhein-Westfalen" aus dem Jahre 1986, der unter der Leitung von Hans Lisken entstand; abgedruckt bei Lisken, in: Bull (Hrsg.), Sicherheit durch Gesetze ?, S. 191 ff.; vgl. dazu und zu weiteren Entwürfen der Länder Rachor, S. 1 ff.

[553] S. auch Rachor, S. 6.

[554] Die Bestimmung des § 1 Abs. 1 ME PolG lautet: „Die Polizei hat die Aufgabe, Gefahren für die öffentliche Sicherheit und Ordnung abzuwehren".

[555] Denninger, CR 1988, S. 54; Wolter, GA 1988, S. 54; zur Bestimmung des § 1 Abs. 1 Satz 1 ME PolG vgl. Fn. 210.

Dementsprechend wird auch in der Begründung klar formuliert: „Durch den neuen Satz 2 in § 1 Abs. 1 ME PolG erfolgt keine Aufgabenerweiterung für die Polizei“[556]. Vielmehr soll es sich bei der Ergänzung lediglich um eine „Klarstellung“ handeln[557].

Auch der VE ME PolG (1986) betrachtet also die vorbeugende Bekämpfung von Straftaten ebenso wie sein Vorgänger als eine aus dem Auftrag zur Gefahrenabwehr fließende Aufgabe.

Schon die Formulierung der Aufgabenbeschreibung läßt aber auf gewisse Unklarheiten im Umgang mit dem Begriff der vorbeugenden Bekämpfung von Straftaten schließen; denn diese Tätigkeit soll entsprechend der Verweisung des Satz 2 auf § 1 Abs. 1 Satz 1 ME PolG im Rahmen der Abwehr von Gefahren liegen. Andererseits sollen die dann folgenden besonders geregelten Eingriffsbefugnisse zur vorbeugenden Bekämpfung von Straftaten aber gerade nicht an das Vorliegen einer Gefahrenlage gebunden sein[558].

Die Begründung zum Entwurf zeigt allerdings auch, daß die spezifische Problematik des Bereichs der vorbeugenden Bekämpfung von Straftaten durchaus erkannt wurde. So heißt es: „Er wird traditionsgemäß als Unterfall der Gefahrenabwehr angesehen, aber die klassischen Begriffe wie ‘konkrete Gefahr’ und ‘Störer’ sind hierauf kaum anwendbar“[559]. Auch diese Formulierung legt erhebliche Unsicherheiten und Undeutlichkeiten in der Begründung offen; denn wenn, wie ja auch gesehen, die Bindung an die Grundbegriffe Gefahr und Störer im Rahmen der vorbeugenden Bekämpfung von Straftaten aufgegeben wird, ist es nicht nachvollziehbar, wenn andererseits erklärt wird, daß lediglich die gesetzliche Fixierung des „Ist-Zustandes“ erreicht werden soll. Letzteres würde nämlich bedeuten, daß die Befugnisse sich auch bisher schon der Generalklausel entnehmen ließen, für die aber die Bindung an die Voraussetzungen Gefahr und Störer zweifelsfrei besteht.

Diese Widersprüchlichkeit ließe sich demnach nur auflösen, wenn behauptet würde, daß die Polizei schon nach der polizeilichen Generalklausel kriminalpräventive Tätigkeiten ausüben konnte, die nicht mehr an die allgemeinen Voraus-

---

[556] Kniesel/Vahle, VE ME PolG, Einzelbegründung zu § 1, S. 50.

[557] ebda.

[558] S. auch D. Neumann, S. 37.

[559] Kniesel/Vahle, VE ME PolG, Allgemeine Begründung, 3.6, S. 49.

setzungen des Vorliegens einer Gefahr oder des Vorhandenseins eines Störers gebunden waren[560].

Aufgrund dieser Unklarheiten und Unsicherheiten stellt sich die Frage, ob der VE ME PolG (1986) mit der Benennung der vorbeugenden Bekämpfung von Straftaten als polizeiliche Aufgabe bisher von der Polizei rechtswidrig wahrgenommene Aufgaben sanktioniert oder ob lediglich die Entwicklungen des materiellen Polieirechts konsequent weitergeführt werden.

Festzuhalten ist, daß es insgesamt nicht nur um die bloße Anpassung des Polizeirechts an die verfassungsrechtlichen Vorgaben des Volkszählungsurteils ging, sondern auch um eine inhaltliche und strukturelle Umgestaltung der Polizeiarbeit.

Es drängt sich daher die Vermutung auf, daß die Formulierungsvorschläge des VE ME PolG (1986) sich mehr am Bedarf und an den praktischen Möglichkeiten orientieren, als an den Machtbegrenzungen und Freiheitsgarantien des Grundgesetzes[561].

Über die Aufgabenbeschreibung in § 1 Abs. 1 Satz 2 VE ME PolG (1986) hinaus ist die vorbeugende Bekämpfung von Straftaten - entweder unmittelbar oder aber durch Verweis auf die Aufgabennorm - auch Tatbestandsmerkmal einer ganzen Reihe von Eingriffsermächtigungen zur polizeilichen Datenerhebung und -verarbeitung. Zu nennen sind hier insbesondere die Eingriffsbefugnisse der §§ 8 a-d VE ME PolG (1986)[562].

Die Frage, die in diesem Zusammenhang zu klären bleibt, ist, ob in der neuen Aufgabenbeschreibung tatsächlich ein Erweiterung des Aufgabenbereichs der Polizei zu sehen ist. So wird teilweise darauf verwiesen, daß dem Polizeirecht ein allgemeiner Gefahrenbegriff zugrundeliegt, der informationelle Tätigkeiten der Polizei im Vorfeld einer Gefahr auch bislang schon ermöglicht habe[563]. Andere wiederum sprechen deutlich von einer Aufgabenerweiterung zugunsten der Polizei[564]. An dieser Stelle kann auf diese Frage noch keine Antwort gegeben werden.

Festzuhalten bleibt aber, daß es dem VE ME PolG (1986) trotz der Bemühungen nicht gelungen ist, Klarheit in das Problem der vorbeugenden Verbrechens-

---

[560] S dazu auch D. Neumann, S. 36 f.

[561] Zur Kritik vgl. auch Lisken, ZRP 1990, S. 16; Schoreit, CuR 1986, S. 226; D. Neumann, S. 37.

[562] S. dazu die Darstellung S. 9 ff.

[563] So vor allem Kowalczyk, S. 98; Knemeyer, Rn. 61 ff.; ähnlich Peitsch, Die Polizei 1990, S. 219.

[564] Rachor, S.5; Schoreit, CuR 1986, S. 226.

bekämpfung zu bringen. Eine eindeutige Definition des Begriffs fehlt ebenso wie eine klare dogmatische Einordnung.

Die eindeutige klassische Kompetenzverteilung wurde Stück für Stück aufgegeben, wobei die Grenzen zwischen Prävention und Repression weiter verwischt wurden[565]. Insgesamt läßt sich bei Betrachtung der Entwürfe eine fortschreitende Tendenz ausmachen, das klassische Polizeirecht zugunsten einer effektiven Verbrechensbekämpfung zu verlassen. Auf diesem Wege wurden notwendige Klarstellungen versäumt, was nicht zuletzt zu nicht enden wollenden Diskussionen führte.

f) Weitere Entwicklung

Der VE ME PolG bildete in der Fassung vom 12.3.1986 die Grundlage für die in den Jahren 1986 bis 1994 novellierten Länderpolizeigesetze[566] sowie für die Polizeigesetze der neuen Bundesländer.

Insgesamt lassen sich für die heutige Situation erhebliche Kompetenzüberschneidungen zwischen den Behörden der Strafverfolgung, der Polizei und den Verfassungsschutzbehörden ausmachen, die ihre Ursachen nicht zuletzt in den oben dargestellten Versäumnissen finden[567].

So erfüllen die Behörden des Verfassungsschutzes und die Nachrichtendienste längst nicht mehr bloße Vorfeldtätigkeiten, wie z.B. an § 9 Abs. 2 BVerfSchG zu erkennen ist, der das Abhören und Aufzeichnen des in einer Wohnung nichtöffentlich gesprochenen Wortes auch ermöglicht, wenn es im Einzelfall zur Abwehr einer gegenwärtigen gemeinen Gefahr oder einer gegenwärtigen Lebensgefahr für einzelne Personen unerläßlich ist und geeignete polizeiliche Hilfe nicht rechtzeitig erlangt werden kann. Damit erhalten die Verfassungsschutzbehörden eine subsidiäre polizeiliche Zuständigkeit[568].

---

[565] S. auch Denninger, CR 1988, S. 54.

[566] Rheinland-Pfalz (1986); Hessen und Saarland (1989); Nordrhein-Westfalen und Bayern (1990); Hamburg und Baden-Württemberg (1991); Schleswig-Holstein und Berlin (1992); Niedersachsen (1994).

[567] Warschko, S. 70 ff.

[568] S. Warschko, S. 72.

Auch im Bereich des präventiven Staatsschutzes kommt es zu Kompetenzüberlappungen zwischen Polizei und Verfassungsschutz[569].

Die ausdrückliche Bereitstellung von Rechtsgrundlagen zur verdeckten Datenerhebung für die Präventivpolizei und mittlerweile auch für die Strafverfolgungsbehörden führt ebenfalls zu Kompetenzkonflikten[570]. Erschwert wird diese Situation zusätzlich durch die ressortübergreifenden Maßnahmen zur vorbeugenden Verbrechensbekämpfung. Auch die Justiz vermag in Fällen einer Konfrontation mit der Bestimmung der Ziele und Zwecke von polizeilichen Tätigkeiten oftmals keine befriedigenden Ergebnisse erlangen. Es bereitet erhebliche Schwierigkeiten, polizeiliches Handeln dem jeweils einschlägigen materiellen Recht zuzuordnen, zumal, wenn es sich um Maßnahmen der vorbeugenden Bekämpfung von Straftaten handelt[571].

Nicht zuletzt daran wird deutlich, daß eine abschließende Klärung des Problems der Einordnung von Maßnahmen zur vorbeugenden Verbrechensbekämpfung noch immer nicht gelungen ist.

2. Diskussion der Thesen zur Einordnung der vorbeugenden Bekämpfung von Straftaten

Die oben dargestellten Lösungsvorschläge sollen hinsichtlich ihrer dogmatischen Korrektheit, Schlüssigkeit und verfassungsrechtlicher Vertretbarkeit durchleuchtet und analysiert werden, um auf diesem Wege zu einem Ergebnis zu kommen, das die Problematik der Einordnung von Maßnahmen der vorbeugenden Bekämpfung von Straftaten einer zufriedenstellenden Lösung zuführen kann.

a) Zur Einordnung zur Prävention

Zu überprüfen sind zunächst die Auffassungen, die Maßnahmen der vorbeugenden Bekämpfung von Straftaten der Prävention und damit dem Bereich der Gefahrenabwehr zuordnen.

---

[569] Gusy, DÖV 1983, S. 63; Kniesel/Tegtmeyer, DRiZ 1986, S. 252.

[570] Gusy, ZRP 1987, S. 48; Weßlau, S. 221 ff.

[571] S. dazu z.B. BGH NJW 1991, 2651.

aa) Zur Schwerpunktbetrachtung

Die Schwerpunktbetrachtung spricht den Maßnahmen der vorbeugenden Bekämpfung von Straftaten einen doppel-funktionellen Charakter[572] zu und stützt die Zuordnung zur Prävention auf die Argumentation, daß Zweck und Funktion derartiger Maßnahmen überwiegend präventiver Natur seien.

Erkannt wird hier zutreffend, daß Vorfeldmaßnahmen durchaus sowohl präventive als auch repressive Bezüge aufweisen. Damit wird der Punkt, der eine eindeutige Zuordnung so schwierig macht, aufgezeigt und problematisiert. Zu kritisieren sind aber einerseits ein ungenauer Umgang mit Begrifflichkeiten, sowie andererseits auch die Vorgehensweise der Argumentation.

Der erste Kritikpunkt setzt an der Verwendung des Begriffs der doppelfunktionellen Maßnahmen an; denn übersehen bzw. außer acht gelassen wird hier, daß es sich bei Vorfeldmaßnahmen weder um „echte" präventive, noch um „echte" repressive Maßnahmen handelt[573]. Es muß daher berücksichtigt werden, daß eine Zuordnung der Vorfeldmaßnahmen zur Prävention oder zur Repression Ausnahmecharakter hätte und nicht die Gleichsetzung von Vorfeldmaßnahmen mit sonstigen präventiven oder repressiven Maßnahmen bedeuten kann. Schließlich fehlen diesen Maßnahmen gerade die Merkmale, die eine Charakterisierung als präventive oder als repressive Maßnahme eindeutig machen, da sie weder einen Bezug zu einer konkreten Gefahr, noch einen Bezug zu einem Anfangsverdacht aufweisen. Bei der Behandlung von Maßnahmen als doppelfunktionell geht es aber immer um echte präventive und echte repressive Maßnahmen, so daß eine Gleichbehandlung von Vorfeldmaßnahmen nicht ohne weiteres und ohne Begründung erfolgen kann - wie aber von den Vertretern der Schwerpunktbetrachtung praktiziert.

Es bleibt dadurch unklar, ob und warum Maßnahmen ohne Bezug zu einer Gefahr im herkömmlichen Sinne in den Polizeigesetzen geregelt werden können. Dies ist aber im Grunde die entscheidende Frage.

Selbst wenn sich begründen ließe, daß die Grundsätze, die für die Behandlung doppelfunktioneller Maßnahmen gelten, auch auf Vorfeldmaßnahmen Anwendung

---

[572] Zum Begriff der Doppelfunktionalität polizeilicher Maßnahmen s. bereits oben, S. 73 f.
[573] Vgl. Weßlau, S. 122; Warschko, S. 134.

finden können, so vermag aber jedenfalls der hier eingeschlagene Argumentationsweg nicht zu überzeugen.

Der zweite Kritikpunkt ergibt sich nämlich aus der Betrachtung der Argumentationsweise, mit der die Vertreter der hier behandelten Auffassung ihre Ansicht zu begründen versuchen. Die behauptete Tatsache, daß der Schwerpunkt von Maßnahmen der vorbeugenden Bekämpfung von Straftaten im Bereich der Prävention liege, wird im wesentlichen damit begründet, daß eine Maßnahme dann nicht der Repression dienen könne, wenn es an den Voraussetzungen des konkreten Anfangsverdachts gem. § 152 Abs. 2 StPO fehle[574].

Im Grunde wird hier daher gar keine Gewichtung nach den Schwerpunkten polizeilichen Handelns vorgenommen, sondern es wird vielmehr aus der Tatsache, daß Vorfeldmaßnahmen keinen konkreten Anfangsverdacht voraussetzen, geschlossen, daß es sich folglich um Maßnahmen handeln müsse, deren präventiver Charakter überwiegt.

Nicht weiter problematisiert wird in diesem Zusammenhang wiederum, daß Vorfeldmaßnahmen ebensowenig wie das Bestehen eines Anfangsverdachts das Vorliegen einer konkreten Gefahr voraussetzen. Nach vorliegender Argumentation könnte dies ebenso als Indiz dafür dienen, daß der Schwerpunkt dieser Maßnahmen als im repressiven Bereich liegend zu betrachten ist.

Es wird also lediglich eine Negativabgrenzung vorgenommen, um die Zuordnung der Vorfeldmaßnahmen zum Bereich der Prävention zu begründen. Diese auf einem „Substraktionsargument" beruhende Vorgehensweise wird zu recht kritisiert[575]; denn aufgrund der Umkehrbarkeit der Argumentation sowie der fehlenden Auseinandersetzung mit den eigentlichen Schwerpunkten der betrachteten Maßnahmen ist die These als haltlos und willkürlich zu beurteilen.

Trotz zutreffender Ansätze kann diese Argumentation daher nicht als ausreichend betrachtet werden, die Zuordnung von Maßnahmen der vorbeugenden Bekämpfung von Straftaten zur Prävention überzeugend zu begründen.

---

[574] So schon BVerwGE 11, 181 (183); auch BVerwGE 26, 169 (170); BVerwGE 66, 192 (196); BVerwGE 66, 202 (204); BVerwG, NJW 1990, S. 2640.

[575] S. Dreier, JZ 1987, S. 1012.

bb) Zur These von der „Prädominanz der Prävention"

Die Vertreter der These von der „Prädominanz der Prävention" erkennen zutreffend die Problematik und die Risiken, die mit der Schaffung von Vorfeldbefugnissen notwendig verbunden sind. Unter Berufung auf die Notwendigkeit derartiger Befugnisse wird dennoch die Zulässigkeit der Vorfeldermittlungen bejaht, und der Bereich der Prävention wird als der zutreffende Standort für Maßnahmen der vorbeugenden Bekämpfung von Straftaten angesehen[576].

In diesem Zusammenhang ist zunächst zu betonen, daß eine Ausdehnung des herkömmlichen Begriffs der Gefahrenabwehr große rechtsstaatliche Risiken birgt.

Die geschichtliche Entwicklung polizeilicher Tätigkeiten zeigt zwar das fortwährend bestehende Bedürfnis der Polizei, ihren Tätigkeitsbereich, insbesondere im Rahmen der Gefahrenabwehr, auszudehnen, um ihre Möglichkeiten zur Erfüllung ihrer Aufgaben zu optimieren[577]. Andererseits zeigt die geschichtliche Entwicklung aber auch, daß die Umgrenzung und Definition polizeilicher Aufgabenbereiche auf rechtsstaatlichen Prämissen beruht, die nicht ohne weiteres angetastet werden dürfen. Die im Rahmen des Wandels polizeilicher Tätigkeit von der Wohlfahrtspflege hin zur Gefahrenabwehr hervorgebrachte Voraussetzung polizeilichen Eingriffshandelns, nämlich das Vorliegen einer konkreten Gefahr, ist das Ergebnis rechts- und sozialstaatlicher Erwägungen, die die Entstehung des modernen Polizeirechts überhaupt erst ermöglichten. Schon die Einbeziehung des Gefahrenverdachts bzw. der Anscheinsgefahr in den polizeirechtlichen Gefahrenbegriff konnte schließlich nur auf der Grundlage enger und zwingend zu beachtender Voraussetzungen erfolgen[578].

Mit Hilfe der These von der „Prädominanz der Prävention" soll aber nun ein ganzer Bereich von intensiven und weitreichenden Eingriffsmöglichkeiten als Bestandteil der Aufgabe der Gefahrenabwehr etabliert werden[579]. Dabei wird in Kauf genommen, daß eine der wesentlichen Begrenzungen staatlichen Eingriffshandelns, nämlich die Voraussetzung des Bestehens einer konkreten Gefahrenlage, überwunden wird. Es ist äußerst fraglich, ob dieser Umgang mit überkommenen rechtsstaatlichen Prinzipien nicht als leichtfertig zu betrachten ist.

---

[576] S. zur Argumentation oben, S. 98 ff.

[577] Vgl. dazu oben, etwa S. 119 ff., S. 123 f., S. 125.

[578] S. oben, S. 88 ff.

[579] Vgl. dazu nochmals vor allem Kniesel, ZRP 1987, S. 380 und ZRP 1989, S. 331.

Die Bedeutung von Prävention in einem modernen Rechts- und Sozialstaat soll trotz geübter Kritik an der hier behandelten These nicht geringgeschätzt werden. Ebensowenig soll außer acht gelassen werden, daß sich im Laufe der geschichtlichen Entwicklung vom bürgerlich-liberalen Rechtsstaat zum demokratischen Sozialstaat Veränderungen ergeben haben, deren Einfluß auf das Verhältnis Staat - Bürger besonders bei einem Blick auf die gewandelte Rolle der Prävention deutlich wird[580].

Der bürgerlich-liberale Rechtsstaat, oder „Rechtssicherheitsstaat“[581], der die Freiheit des Einzelnen, die ihre Grenze nur an der Freiheit des anderen finden sollte, in den Mittelpunkt stellte, beschränkte die staatlichen Machtmittel auf die Bekämpfung von bereits eingetretenen Störungen. Dabei war die staatliche Exekutive an das Gesetz gebunden, wodurch repressive Aufgabenerfüllung auf genau bezeichnete Fälle beschränkt war. Die Staatsfunktionen wurden dadurch weitgehend auf freiheitssichernde Repression reduziert[582].

Da der Liberalismus auf diese Weise aber nicht die von ihm angestrebte soziale Gerechtigkeit zu schaffen vermochte, verfolgte die nachfolgende Gegenbewegung eine Ausweitung der Staatsaufgaben. Die Rolle der Prävention gewann im Zuge dieser Entwicklung eine ständig wachsende Bedeutung. Zunehmend komplizierter werdende soziale Strukturen und wissenschaftlich-technischer Fortschritt brachten als Schattenseiten Risiken mit sich, die durch rein reaktives staatliches Handeln nicht mehr zufriedenstellend bewältigt werden konnten. Diesen Risiken konnte vielmehr zunehmend nur durch vorbeugende Maßnahmen wirksam begegnet werden, was zu einer Ausweitung des präventiven Instrumentariums führte. Statt den Eintritt einer Störung abzuwarten, ging der Staat daher dazu über, bereits die Risiken wahrzunehmen und zu bekämpfen, um so die Entstehung von Störungen zu verhindern. Damit vollzog sich eine „Wende vom repressiv-limitierenden zum präventiv-gestaltenden Modell“[583], in deren Verlauf sich ein Wandel staatlicher Funktionen durch Ausweitung präventiver Kontrollmechanismen abzeichnete. Die Vermeidung unerwünschter Entwicklungen, die Risikovorsorge, wurde nicht nur in den Bereichen der Inneren Sicherheit und Kriminalitätsbekämpfung, sondern auch in den Bereichen der technischen Sicherheit und sozialen Gerechtigkeit ein

---

[580] Dazu Grimm, KritV 1986, S. 40 ff.; Denninger, KJ 1988, S. 1 ff.

[581] Denninger, KJ 1988, S. 14.

[582] Vgl. Grimm, KritV 1986, S. 40 f.

[583] Albrecht, KritV 1986, S. 58.

unerläßliches staatliches Mittel, um die Rahmenbedingungen für Wachstum und Entwicklung zu schaffen.

Bedeutsam sind dabei auch die gestiegenen Anforderungen der Gesellschaft an den Staat. Die „Risikogesellschaft“[584], die mit der Steigerung des Wachstums ihre materiellen, ökologischen und sozialen Grundlagen gefährdet und damit Risiken schafft, die sie selbst bedrohen, steht dem „Sicherheitsstaat“[585] gegenüber, der auf Legitimation durch die Gesellschaft angewiesen ist und damit die Verantwortung für die materielle, ökologische und soziale Entwicklung trägt. Den durch die Gesellschaft geschaffenen Krisenherden muß er demnach durch entsprechendes Krisenmanagement begegnen[586].

Der demokratische Sozialstaat stellt sich daher im Gegensatz zum bürgerlich-liberalen „Rechtssicherheitsstaat“ als ein „Rechtgütersicherheitsstaat“ [587] dar, der für Daseinsvorsorge, Rechtssicherheit, Risikovorsorge und soziale Gerechtigkeit verantwortlich ist.

Die Vorteile der Prävention liegen auf der Hand. Den Eintritt eines Schadens zu vermeiden ist grundsätzlich besser, als ihn abzuwarten und lediglich die Folgen zu beseitigen, sofern dies überhaupt möglich ist[588]. In diesem Sinne ist eine effektive staatliche Prävention letztlich als Instrument der Freiheitssicherung zu betrachten, indem sie dazu beiträgt, den Einzelnen und die Gesellschaft vor Gefährdungen zu schützen[589].

Nicht zu vernachlässigen sind allerdings die mit einer Effektivitätssteigerung präventiver Mechanismen einhergehenden Nachteile. Umfassender staatlicher Schutz kann nur durch umfassende staatliche Kontrolle ermöglicht werden. Ein effektiver präventiver Schutz erfordert die Überwachung sämtlicher abstrakter Risiken. Der Staat muß zur Erfüllung dieser Aufgabe daher in wesentlich mehr Bereiche eindringen, als dies zur rein repressiven Reaktion auf einen Schaden notwendig ist. Gleichzeitig ist aber auch ein wesentlich tieferes Eindringen erforderlich, um an

---

[584] Vgl. Beck, 1986.

[585] Vgl. J. Hirsch, 1980.

[586] S. dazu auch Denninger, KJ 1988, S. 10 f.; Grimm, KritV 1986, S. 43; Albrecht, KritV 1986, S. 58 f.

[587] Denninger, KJ 1988, S. 14.

[588] Vgl. etwa Grimm, KritV 1986, S. 38; auch Kniesel, ZRP 1987, S. 378, der sich auf die alte Weisheit „Vorbeugen ist besser als Heilen“ beruft.

[589] Grimm, KritV 1986, S. 48.

die Wurzeln gesellschaftlicher Risiken gelangen zu können. Prävention erfordert ein hohes Maß an Information, die nur im Wege einer möglichst umfangreichen staatlichen Überwachung erlangt werden kann. Damit stellt sich umfassende Prävention auf der anderen Seite als eine erhebliche Freiheitsgefährdung dar[590].

Staatliche Prävention kann also auf der einen Seite zur Freiheitssicherung beitragen, während sie gleichzeitig die Freiheit der Bürger beschränkt. Das „Dilemma", in das eine effektive Präventionspolitik führt, liegt demnach darin, daß sie „im Zuge der Verhütung einzelner Freiheitsgefahren [...] die Freiheitlichkeit der Sozialordnung insgesamt zu schmälern"[591] droht. Besonders deutlich wird dies bei den in dieser Arbeit betrachteten polizeilichen Präventionsstrategien. Einerseits ist eine wirksame Verbrechensbekämpfung wünschenswert und hilft, die Freiheit des Bürgers durch Schutz vor einer Verletzung seiner Rechte zu bewahren. Andererseits steigt aber der staatliche Informationsbedarf mit der Höhe des Anspruchs an die Effektivität der Verbrechensbekämpfung. Um diesen Bedarf zu decken, werden Eingriffsbefugnisse vorverlagert und Anwendungsbereiche für Maßnahmen der Informationsbeschaffung ausgeweitet. Mit einer Ausdehnung der staatlichen Kontrolle wächst aber auch die Intensität der damit verbundenen Grundrechtseingriffe und führt so zu erheblichen Freiheitsbeschränkungen. Umfassende Prävention, die den Bürgern Sicherheit garantieren soll, ist nur im Wege totaler Kontrolle zu erreichen und führt so letztlich zur Aufgabe der Bürgerrechte[592].

Aus obigen Überlegungen wird folgendes deutlich: Der Wandel sozialer Strukturen und technisch-wissenschaftlicher Fortschritt haben den Staat dazu veranlaßt, seine Aufgaben und Funktionen entsprechend zu verschieben, um neuartigen Situationen und Risiken begegnen zu können. Eine solche Verschiebung staatlicher Aufgaben stellt sich demnach als eine Reaktion auf gesellschaftliche Entwicklungen dar. Diese Reaktion des Staates ist auch zwingend notwendig, um durch Anpassung an die Auswirkungen des Fortschritts dennoch der Gesellschaft die Rahmenbedingungen liefern zu können, die sie für ihre Entfaltung und friedliche Existenz benötigt. Schwierigkeiten ergeben sich dann, wenn die Anpassung staatlicher Funktionen an die Grenzen des Rechtsstaats und der Verfassung stößt, die auch nicht mit dem Argument der Notwendigkeit dieser Anpassung überschritten werden dürfen.

---

[590] S. dazu Grimm, KritV 1986, S. 39, 49 f.; Albrecht, KritV 1986, S. 62 f.

[591] Grimm, KritV 1986, S. 40.

[592] Vgl. auch Narr, in: Habermas (Hrsg.), Stichworte zur 'geistigen Situation der Zeit', S. 512.

Fraglich ist aber desweiteren, ob, wie Kniesel darlegt[593], die Notwendigkeit der Zuordnung informationeller Vorfeldmaßnahmen zum Bereich der Prävention aus der Verfassung zu entnehmen ist. Nach Kniesel folgt die Vorrangigkeit präventiver Maßnahmen im Gesamtgefüge staatlicher Tätigkeit aus Art. 1 Abs. 1 S. 2 GG[594]. Zuzustimmen ist Kniesel in diesem Punkt insoweit, als die Verfassung einen Schutzauftrag enthält, der sich aus den Grundrechtsgarantien, etwa aus Art. 2 Abs. 2 S. 1 und 2 GG, ergibt. Aus diesem Schutzauftrag folgt die staatliche Pflicht zur Abwehr von Gefahren, welche dem einzelnen von anderen drohen, sowie zur Wiederherstellung der Rechtsordnung[595]; denn die grundrechtliche Wertordnung[596] verpflichtet den Staat nicht nur, selbst Freiheitsverletzungen gegenüber dem Bürger zu unterlassen, sondern auch, die durch die Grundrechte garantierten Freiheiten des Einzelnen von Beeinträchtigungen durch Dritte zu schützen[597]. Diese Schutzpflicht des Staates ist eine Errungenschaft des sozialen Rechtsstaates, die den Staat zur Sicherung grundrechtlicher Freiheiten durch entsprechende Vorkehrungen verpflichtet. Das bedeutet auch, daß dort, wo grundrechtliche Freiheiten noch nicht ausreichend gesichert erscheinen, eine gesetzgeberische Handlungspflicht besteht[598]. Dies kann dann der Fall sein, wenn neuartige, bisher noch nicht berücksichtigte Bedrohungen für grundrechtliche Freiheiten entstanden sind oder aber, wenn eingetretene Schäden gar nicht oder nur unzureichend beseitigt oder ausgeglichen werden können[599]. Aus diesen Gründen ist Prävention ein dem sozialen Rechtsstaat immanenter Bestandteil. Zuzustimmen ist daher der Feststellung Grimms: „Die Frage kann nicht lauten, ob der Staat befugt ist, präventive Mittel einzusetzen, sondern nur, zu welchem Zweck, im welchem Maß und unter welchen Voraussetzungen ihm der Einsatz gestattet sein soll“[600].

Allein mit der Herausstellung der Bedeutung staatlicher Prävention ist daher noch nichts über die generelle Zulässigkeit von präventiven Maßnahmen gesagt. Auch

---

[593] ZRP 1987, S. 379.

[594] Vgl. nochmals ZRP 1987, S. 379.

[595] BVerfGE 45, 187; 53, 30; 56, 54; 57, 70 (sog. Polizei- und Justizgewährungspflicht) - vgl. Lisken, DRiZ 1987, S. 184.

[596] Zu den Grundrechten als objektive Wertordnung vgl. BVerfGE 7, 198 (205) - Lüth; 39, 1 (41) - Fristenlösung; 49, 89 (142) - Kalkar I; kritisch dazu Schlink, EuGRZ 1984, S. 462 ff.

[597] Vgl. BVerfGE 39, 1 (42) - Fristenlösung; 46, 160 (164) - Schleyer; Pieroth/Schlink, Rn. 88; Dreier, in: Dreier, Vorb., Rn. 62.

[598] Vgl. Dreier, in: Dreier, Vorb., Rn. 62 ff.; Denninger, in: AK I, vor Art. 1, Rn. 33.

[599] S. auch Grimm, KritV 1986, S. 48 f.

[600] KritV 1986, S. 49.

die behauptete Vorrangigkeit der Prävention im Gesamtgefüge staatlicher Tätigkeiten[601] folgt nicht als zwangsläufiger Schluß aus der Betrachtung der Rolle der Prävention. Der aus den Grundrechten abzuleitende staatliche Schutzauftrag wird, wie oben dargelegt, auf zweierlei Weise verwirklicht. Dem präventiven Ansatz steht gleichberechtigt der repressive Schutz durch Gesetze gegenüber, auf deren Grundlage der Staat bei Störungen eines Zustandes einschreiten kann, um diesen wiederherzustellen. Erst wo durch Repression kein wirksamer Schutz vermittelt werden kann, muß der Freiheitsschutz in den präventiven Bereich vorverlagert werden. Daraus ergibt sich ein notwendiges Zusammenspiel präventiver und repressiver Staatstätigkeit, ohne daß einem dieser beiden Bereiche der Vorrang vor dem anderen eingeräumt werden könnte.

Weder läßt sich also aus der Verfassung ein genereller Vorrang präventiver Maßnahmen innerhalb polizeilicher Tätigkeit entnehmen, noch läßt sich aus dem verfassungsrechtlichen Schutzauftrag des Staates allein die Zulässigkeit von Vorfeldermittlungen herleiten; denn damit wird völlig außer acht gelassen, daß in einem sozialen Rechtsstaat ein sensibles Gleichgewicht zwischen Freiheit auf der einen und Sicherheit auf der anderen Seite herrschen muß. Bei dem Versuch, beide Ziele so weit wie möglich zu verwirklichen, ist zu berücksichtigen, daß größtmögliche Freiheit zu Lasten der Sicherheit der Bürger geht, während größtmögliche Sicherheit aber gleichzeitig auch zwingend eine Einschränkung der bürgerlichen Freiheit aller bedeutet.

Dem verfassungsrechtlichen Schutzauftrag steht daher die Pflicht des Staates gegenüber, die Freiheit der Bürger zu wahren, was sich in der Funktion der Grundrechte als Abwehrrechte des Bürgers gegen des Staat manifestiert.

Die These von der „Prädominanz der Prävention“[602] ist daher nicht geeignet, die Zulässigkeit von Vorfeldermittlungen zu begründen.

b) Zur Einordnung zur Repression

Der Annahme, Maßnahmen der vorbeugenden Bekämpfung von Straftaten dem Bereich der Repression und damit der Strafverfolgung zuzuordnen, ist eine innere Schlüssigkeit durchaus zuzugestehen. Insbesondere die Berufung auf den in einem

---

[601] S. dazu nochmals Kniesel, ZRP 1987, S. 378.

[602] Schäfer, GA 1986, S. 49.

engen Zusammenhang mit der Strafverfolgung stehenden Zweck der vorbeugenden Bekämpfung von Straftaten läßt eine Zuordnung zur Strafverfolgung als konsequent erscheinen.

Jedoch weist auch diese These nicht nur Schwächen in der Argumentation, sondern vor allem rechtsstaatlich bedenkliche Folgerungen auf.

Schwachpunkt ist insbesondere der zugrundegelegte enge Gefahrenbegriff, der die Möglichkeit der Gefahrenabwehr lediglich bis zum Eintritt eines Schadens zugesteht[603]. Ein derartig verengter Gefahren(abwehr)begriff ist jedoch als unhaltbar zu betrachten; denn auch nach Eintritt eines Schadens muß der Schutz von Rechtsgütern durch präventiv-polizeiliche Maßnahmen möglich bleiben[604]. Ein effektiver Rechtsgüterschutz kann nicht mehr gewährleistet werden, wenn die Möglichkeit der Gefahrenabwehr durch den Eintritt eines Schadens ausgeschlossen wird.

Auch wenn durch Vorfeldermittlungen erhobene Daten zweifelsohne zur Aufklärung späterer Straftaten verwendet werden können, so ist aber auch ihre mögliche rein präventive Verwendung zu beachten[605]. Als Beispiel ist die Gewalttäterdatei zur Effektivierung der Gefahrenabwehr bei Großdemonstrationen oder Fußballspielen zu nennen[606]. Die These von der antizipierten Strafverfolgung vermag aber dieser Möglichkeit und Bedeutung einer rein präventiven Verwendung der Daten nicht gerecht zu werden; denn in derartigen Fällen kann die bewirkte Prävention nicht als ein bloßer Nebeneffekt strafprozessualer Tätigkeit betrachtet werden, sondern stellt den angestrebten Haupteffekt dar[607].

Sollte die vorbeugende Bekämpfung von Straftaten als Bestandteil der Strafverfolgung begriffen werden, so hätte dies zwingend eine Erweiterung der Strafprozeßordnung auf das Vorfeld des Anfangsverdachts zur Folge[608]. Diese mit dem weiten Strafrechtspflegebegriff einhergehende Loslösung vom Erfordernis des Anfangsverdachts nach § 152 Abs. 2 StPO ist aber als besonders bedenklich einzustufen[609]; denn das Vorliegen eines Anfangsverdachts als zwingendes Erfordernis, das die Einleitung eines Ermittlungsverfahrens rechtfertigen kann, findet

---

[603] Vgl. nochmals Schwan, VerwArch 70 (1979), S. 121.
[604] Ringwald, ZRP 1988, S. 181.
[605] S. Kniesel, ZRP 1987, S. 379; ders., ZRP 1989, S. 332.
[606] Beispiele bei Kniesel, ZRP 1987, S. 379; ders., ZRP 1989, S. 332; Dreier, JZ 1987, S. 1014.
[607] Dreier, JZ 1987, S. 1914.
[608] So Warschko, S. 172 ff.; Schoreit, DRiZ 1986, S. 54.
[609] Kniesel/Tegtmeyer, DRiZ 1986, S. 252; Kniesel, ZRP 1987, S. 380.

seine Begründung in rechtsstaatlichen Prinzipien. Die Möglichkeit der Einleitung eines Ermittlungsverfahrens ohne zureichende tatsächliche Anhaltspunkte für die Begehung einer Straftat wäre zum einen nicht mit den Grundsätzen der Gleichheit vor dem Gesetz aus Art. 3 Abs. 1 GG zu vereinbaren; denn aufgrund des Nichtvorhandenseins eines Anfangsverdachts würde sich die vorbeugende Bekämpfung von Straftaten als „Suche" nach einem Verdacht darstellen[610]. Eine solche Verdachtssuche trüge aber die Gefahr der Willkürlichkeit in sich. Die Bürger müssen daher davor geschützt werden, in den Blickpunkt der Suche nach Anhaltspunkten für einen Verdacht zu geraten. Darin liegt auch gerade die Funktion des Erfordernisses des Anfangsverdachts, ohne den ein Ermittlungsverfahren nicht eingeleitet werden kann.

Zum anderen bestehen Bedenken, ob die Erweiterung der Strafprozeßordnung in das Vorfeld eines Verdachts mit der aus dem Rechtsstaatsprinzip fließenden sowie in Art. 6 Abs. 2 MRK verankerten Unschuldsvermutung zu vereinbaren wäre. Danach darf der Staat nicht jedermann als potentiellen Rechtsbrecher behandeln[611]. Dürften aber Ermittlungen im Vorfeld eines Verdachts auf der Grundlage der Strafprozeßordnung stattfinden, hätte dies zur Folge, daß jedermann als „Vor"-Verdächtiger[612] von der Suche nach einem Verdacht betroffen werden könnte. Ein „Vor"-Verdächtiger ist aber nichts anderes als ein potentieller Rechtsbrecher; denn die Suche nach einem Verdacht wäre sinnlos, wenn sie nicht von vornherein auf der Einschätzung beruhte, zu einem Erfolg, sprich zum Auffinden eines Verdachts zu führen. Diese Einschätzung umfaßt daher die Behandlung des Betroffenen als einen potentiellen Rechtsbrecher. Ermittlungen auf der Grundlage der Strafprozeßordnung ohne Vorliegen eines Anfangsverdachts würden daher einen Verstoß gegen die oben genannten Grundsätze bedeuten.

Eine Ausnahme vom Erfordernis des Anfangsverdachts kann auch nicht mit der Schwere der zu erwartenden Straftat begründet werden[613]; denn es geht um Grundsätze, die nicht mit einer Differenzierung nach Schwere der Straftat beliebig beseitigt werden können. Die Schwere der Straftat steht in keinerlei Zusammenhang mit den Voraussetzungen, die für die Einleitung eines Ermittlungsverfahrens erfüllt sein müssen.

---

610 Vgl. auch Kniesel, ZRP 1987, S. 380.

611 Vgl. BVerwGE 26, 169 (170).

612 Kniesel, ZRP 1987, S. 380.

613 So aber Warschko, S. 174.

Die „wahrscheinliche zukünftige Bejahung eines Anfangsverdachts“ kann eben nicht mit dem tatsächlichen Vorliegen eines solchen Verdachts gleichgesetzt werden[614]. Ein solches Vorgehen wäre gerade nicht mit dem Gedanken der Zumutbarkeit vereinbar.

Zu beachten ist auch, daß der Handlungsspielraum der Strafprozeßordnung schon insofern enger als derjenige der Polizeigesetze ist, als der Gefahrenverdacht zeitlich vor dem Anfangsverdacht nach der Strafprozeßordnung liegt[615].

Das wird deutlich, wenn man eine vergleichende Betrachtung des für einen Anfangsverdacht bzw. für eine Gefahrenlage geforderten Wahrscheinlichkeitsgrades anstellt. Dabei stellt sich heraus, daß der Grad der Wahrscheinlichkeit beim Anfangsverdacht nach § 152 Abs. 2 StPO und derjenige bei einer Gefahrenlage identisch sind; denn ebenso, wie für die Annahme eines Anfangsverdachts der Schluß, daß eine Straftat begangen wurde, sich auf bestimmte Tatschen stützen muß, müssen für die Annahme einer Gefahr auch bestimmte Tatsachen einen Schadenseintritt befürchten lassen.

Bei einem Gefahrenverdacht als Unterfall einer polizeilichen Gefahr sind jedoch geringere Anforderungen an den Grad der Wahrscheinlichkeit eines Schadenseintritts zu stellen, so daß er zeitlich vor einer Gefahrenlage im obigen Sinne und damit auch zeitlich vor einem Anfangsverdacht anzusiedeln ist. Daraus ergibt sich aber, daß der Handlungsspielraum der Strafprozeßordnung nach bestehender Gesetzeslage in zeitlicher Hinsicht später - nämlich erst mit Bestehen eines Anfangsverdachts - eröffnet wird, als derjenige der Polizeigesetze. Dieses Ergebnis läßt zwar noch nicht den Schluß zu, daß Vorfeldermittlungen zwindend in den Länderpolizeigesetzen zu regeln sind. Es macht aber deutlich, daß der Schritt ins Vorfeld des Anfangsverdachts ein größerer wäre als der Schritt ins Vorfeld einer polizeilichen Gefahr.

Im Zusammenhang mit den oben erläuterten rechtsstaatlichen Bedenken bleibt daher festzuhalten, daß die Erweiterung der Strafprozeßordnung durch Verzicht auf das Erfordernis des Anfangsverdachts nach § 152 Abs. 2 StPO nicht hinzunehmen wäre.

---

[614] Dahingehend ist aber die Argumentation von Warschko, S. 173 f. zu verstehen.

[615] Kniesel, ZRP 1987, S. 380; auch Schäfer, GA 1986, S. 66; J. Baumann, JuS 1987, S. 684.

Damit einhergehend vermag auch das Argument des Vorrangs des Legalitätsprinzips[616] nicht zu überzeugen; denn die Bedeutung des Legalitätsprinzips als einfachgesetzliche Ausprägung des Willkürverbotes ist an das Vorliegen eines Anfangsverdachts geknüpft. Da aber im Rahmen der vorbeugenden Bekämpfung von Straftaten gerade auf das Erfordernis eines Verdachtes verzichtet werden soll, kann die Bedeutung des Legalitätsprinzips die Argumentation der These von der antizipierten Strafverfolgung nicht stützen.

Im Ergebnis ist daher die Einordnung der vorbeugenden Bekämpfung von Straftaten zur Repression und damit die Einführung entsprechender Regelungen in die Strafprozeßordnung abzulehnen.

c) Zur parallelen Einordnung

Der Lösungsvorschlag, der für eine parallele Regelung von Vorfeldbefugnissen in den Polizeigesetzen und in der Strafprozeßordnung plädiert, versucht, den unterschiedlichen Zielsetzungen, die für die Erhebung von Daten im Vorfeld von Gefahr oder Verdacht ausschlaggebend sein können, gerecht zu werden. Um dies zu erreichen, sollen die jeweiligen Regelungen und ihre Parallelbestimmungen im Ansatz auf präventive bzw. repressive Zwecke beschränkt werden[617].

Diese geforderte prinzipielle Trennung der beiden Komplexe ist sicherlich als die Lösung anzusehen, die dem Grundsatz der Gewaltenteilung und damit dem Rechtsstaatprinzip am besten gerecht werden kann. Die auf der Unterschiedlichkeit der Aufgaben beruhende Trennung der Informationsbestände vermag einerseits der Sachleitungsbefugnis und der Verfahrensherrschaft der Staatsanwaltschaft ausreichend Rechnung zu tragen[618]. Andererseits könnte auf diesem Wege aber auch der „uferlosen Ausdehnung des Präventionsbegriffes im Polizeirecht“[619] vorgebeugt werden.

Was theoretisch als ein geeigneter Lösungsweg angesehen werden könnte, begegnet aber hinsichtlich der praktischen Durchführbarkeit erheblichen Bedenken; denn die Schaffung von jeweiligen Parallelbestimmungen für jede Maßnahme der

[616] S. Lisken, NJW 1982, S. 1488.
[617] Dreier, JZ 1987, S. 1016.
[618] Vgl. Schoreit, DRiZ 1986, S. 54 f.; Ernesti, ZRP 1986, S. 59; Uhlig, DVR 1985, S. 65 ff.
[619] Dreier, JZ 1987, S. 1016.

vorbeugenden Bekämpfung von Straftaten in den Länderpolizeigesetzen sowie in der Strafprozeßordnung und darüber hinaus von entsprechenden Übermittlungsvorschriften würde zu einer unübersichtlichen Paragraphenfülle führen. Zwar wäre die Exaktheit der einzelnen Norm gewährleistet, jedoch würde die Vielzahl an Regelungen die Unklarheit, die im Bereich der vorbeugenden Bekämpfung von Straftaten zu Recht kritisiert wird, wiederum vergrößern.

Eine solche neue „Normenflut“[620] ist daher aus Gründen der Rechtsklarheit und Rechtssicherheit zu vermeiden.

Darüberhinaus löst dieser Lösungsansatz im Grunde auch nicht das Problem der Zuordnung von Maßnahmen der vorbeugenden Bekämpfung von Straftaten. Wie Dreier zutreffend bemerkt, wird auf diese Weise zwar dem Streit um die richtige Zuordnung „der Boden entzogen“[621]. Ob dies aber der richtige Weg zur Behandlung des Problems sein kann, ist fraglich; denn auf die Frage der Abgrenzung des Vorfeldes der Prävention vom Vorfeld der Repression kann so keine Antwort gefunden werden. Eine klare und eindeutige Abgrenzung dieser Bereiche ist aber für eine sichere Handhabung, die ebenfalls den Grundsätzen der Gewaltenteilung und Rechtsstaatlichkeit entspricht, unerläßlich und muß daher stattfinden. Der strikte Dualismus vermag im Ergebnis das Problem nicht zu lösen.

Darüber hinaus fehlt ebenso eine Abgrenzung des Bereiches des Vorfelds der Gefahrenabwehr von dem herkömmlichen Bereich der Gefahrenabwehr, was wiederum zu Anwendungsschwierigkeiten führen würde.

Aus Gründen der Rechtssicherheit und der Rechtsklarheit ist daher auch dieser Lösungsvorschlag abzulehnen.

d) Zur These eines dritten Rechtsgebiets polizeilicher Aufgaben

Der Lösungsvorschlag, Maßnahmen der vorbeugenden Bekämpfung von Straftaten einem eigenständigen dritten Rechtskomplex zuzuordnen, erkennt die Schwierigkeit der Zuordnung zu den „herkömmlichen“ Bereichen der Gefahrenabwehr bzw. der Strafverfolgung, umgeht dieses Problem aber mit der Konstituierung eines außerhalb dieser Kategorien liegenden Komplexes.

---

[620] S. dazu H.-J. Vogel, ZRP 1980, S. 4 ff.

[621] Dreier, JZ 1987, S. 1016.

Diesem Ansatz ist zwar darin zuzustimmen, daß durch die Schaffung von Vorfeldbefugnissen in den Polizeigesetzen, die auf das Vorliegen einer konkreten Gefahr verzichten, einerseits und durch die zunehmend präventive Ausrichtung der Strafprozeßordnung andererseits[622] die Entstehung eines Normkomplexes zu verzeichnen ist, der die Zuordnung zu Gefahrenabwehr oder Strafverfolgung erschwert[623]. Der Blick auf die geschichtliche Entwicklung kann dies durchaus bestätigen[624].

Es scheint aber grundsätzlich verfehlt, daraus den Schluß zu ziehen, es habe sich im Laufe dieser Entwicklung ein entsprechender dritter Rechtskomplex herausgebildet, der das dualistische System der Trennung von Gefahrenabwehr und Strafverfolgung überwindet; denn eine dritte Ebene polizeilicher Tätigkeit, die Zwecke verfolgt, die außerhalb von Gefahrenabwehr und Strafverfolgung liegen, existiert nicht. Der dritten Handlungsebene, die der Polizei durch vorbeugende Verbrechensbekämpfung eröffnet werden soll „entspricht keine dritte Rechtsebene"[625]. Die Kompetenzordnung des Grundgesetzes ist hinsichtlich der Zuordnung zu Bundes- oder Landesrecht unzweideutig, so daß die Trennung zwischen Prävention und Repression für die Polizei verbindlich bleibt[626]. Es sprechen demnach schon rechtsstaatliche Gründe gegen die Annahme eines dritten, operativen Komplexes.

Bedenklich erscheint es auch, von einem Wandel des Rechts zu sprechen, der zu der Entstehung einer neuen Ebene polizeilicher Tätigkeit geführt habe; denn das würde bedeuten, daß die Schaffung neuer Eingriffsbefugnisse dazu führen könnte, rechtsstaatliche Grundsätze außer acht zu lassen oder gar zu verletzen. Trotz der nicht zu bestreitenden Notwendigkeit neuartiger Eingriffsbefugnisse kann ihre Schaffung nicht mit der Preisgabe rechtsstaatlicher Prinzipien einhergehen.

Das von Stümper formulierte Ziel, durch operatives Vorgehen der Polizei das „Verbrechen als solches" zu verhindern, indem „objektiv kriminalitätsauslösende

---

[622] Vgl. etwa die Regelung in §§ 163 c, d StPO, nach denen auch Unverdächtige und Nichtzeugen bestimmten Kontroll- und Untersuchungsmaßnahmen unterworfen sein können. S. dazu Keller, StrafVert 1984, S. 521 ff.; Rüping, ZStW 95 (1983), S. 904.

[623] Keller, StrafVert 1984, S. 522.

[624] Vgl. dazu bereits die Diskussion um die Rechtsnatur des § 81 b 2. Alt. StPO, S. 119 ff.

[625] Dreier, JZ 1987, S. 1015.

[626] Dreier, JZ 1987, S. 1015 f.; Brohm, DÖV 1983, S. 525; vgl. auch Stern, Staatsrecht, Bd. I, S. 767 ff.

Strukturen“ unterbunden werden[627], ist darüber hinaus mit den Methoden der vorbeugenden Verbrechensbekämpfung gar nicht zu erreichen[628]; denn auch die Durchleuchtung kriminogener Strukturen und Zusammenhänge setzt an bereits vorhandener Kriminalität an und kann die Entstehung von Kriminalität „an sich“ nicht verhindern.

Außerhalb dieser Zielsetzung wird ein neben Prävention und Repression bestehender Zweck operativen Vorgehens nicht formuliert.

Die Ausgestaltung eines dritten Rechtskomplexes bleibt daher unklar und trägt statt zu einer Klärung des Problems zu weiterer Unklarheit durch Verwischung der Grenzen zwischen Gefahrenabwehr und Strafverfolgung bei. So wird der Begriff des operativen Vorgehens nicht zu unrecht als „polizeitaktische Metapher ohne prägenden rechtssystematischen Gehalt“[629] bezeichnet. Die Annahme eines dritten Rechtskomplexes operativer Maßnahmen ist daher abzulehnen.

e) Zur These der generellen Unzulässigkeit von Vorfeldermittlungen

Fraglich ist nun desweiteren, ob der These zugestimmt werden kann, die davon ausgeht, daß Vorfeldermittlungen für generell unzulässig zu halten seien[630].

Die Vertreter dieser Auffassung setzen sich äußerst kritisch mit der Problematik der Vorfeldermittlungen auseinander. Erkannt und problematisiert werden nicht nur die Frage nach der richtigen Einordnung von Vorfeldermittlungen sowie die Schwierigkeiten in diesem Zusammenhang, welche durch die wenig greifbare Begrifflichkeit hervorgerufen werden, sondern auch die verfassungsrechtlichen Aspekte dieser Thematik.

Festzustellen ist aber, daß es sich durchweg um eine wenig konstruktive Form der Kritik handelt, die keine Lösungsvorschläge anbietet und die Notwendigkeit polizeilicher Vorfeldermittlungen völlig außer acht läßt.

Der Kritik an der Unschärfe des Begriffs des Vorfeldes sowie der Bemängelung einer fehlenden Definition und damit einhergehender Unsicherheit in Behandlung und Anwendung von Vorfeldermittlungen muß zunächst zwar als durchaus be-

---

[627] Stümper, Systematisierung der Verbrechensbekämpfung, S. 54 f.

[628] S. dazu auch Weßlau, S. 61 f., 75.

[629] Dreier, JZ 1987, S. 1015.

[630] S. die Hinweise in der Darstellung oben, S. 105 ff.

rechtigt zugestimmt werden. Auch bezüglich dieses Kritikpunktes ist aber einzuwenden, daß lediglich destruktiv kritisiert wird, ohne daß der Versuch einer konstruktiven Lösung unternommen wird. Schließlich könnte zumindest ein Vorschlag erfolgen, wie der Begriff des Vorfeldes sinnvoll begrenzt werden kann, um Unsicherheiten und eine uferlose Ausdehnung zu vermeiden; denn dieser sicherlich bestehenden Gefahr einer zu weiten Ausdehnung könnte durchaus mit Hilfe einer einengenden Definition und der Festlegung von Anwendungsbereichen für Vorfeldmaßnahmen begegnet werden. Die Zulässigkeit von Maßnahmen zur vorbeugenden Bekämpfung von Straftaten unter anderem aufgrund dieser begrifflichen Mängel von vornherein auszuschließen, erscheint daher vorschnell.

Eine Zuordnung von Maßnahmen zur vorbeugenden Bekämpfung von Straftaten zum repressiven Bereich wird von dieser Ansicht mit der Begründung abgelehnt, eine Ausdehnung dieses Bereiches auf das Vorfeld des konkreten Tatverdachtes sei aus rechtsstaatlichen Gründen nicht vertretbar.

Wie bereits dargelegt[631] kann eine Erweiterung der Strafprozeßordnung durch Loslösung vom Erfordernis des Anfangsverdachts nach § 152 Abs. 2 StPO tatsächlich nicht als eine geeignete Lösung des Problems angesehen werden. Der hier diskutierten Auffassung muß daher darin zugestimmt werden, daß eine Zuordnung von Vorfeldmaßnahmen zur Repression nicht in Betracht kommen kann.

Auch eine Zuordnung zum Bereich der Gefahrenabwehr muß dieser Auffassung zufolge aber ausscheiden. In der Tat ist zuzugeben, daß eine „potentielle" Gefahr, also eine Gefahr, die erst möglicherweise entstehen wird, nicht mit der konkreten polizeirechtlichen Gefahr gleichgesetzt werden kann, die herkömmlicherweise als Voraussetzung für polizeiliche Eingriffsbefugnisse dient[632]. Beachtlich ist in diesem Zusammenhang auch die Funktion der konkreten Gefahr als rechtsstaatliches Begrenzungskriterium staatlichen Eingriffshandelns.

Wenn nun aber von den Vertretern dieser Ansicht eine Zuordnung von Vorfeldermittlungen zum Bereich der Gefahrenabwehr mit dieser Argumentation abgelehnt wird, so ist dies dahingehend zu verstehen, daß lediglich eine Deckung durch polizeiliche Befugnisnormen, die das Vorliegen einer konkreten Gefahr voraussetzen, nicht gegeben sein kann. Dies kann auch nicht bestritten werden, da es bei Vorfeldmaßnahmen ja gerade nicht um die Abwehr einer konkreten Gefahr

---

[631] S. dazu oben, S. 145 ff.

[632] S. dazu oben, S. 82.

geht. Es ist aber fraglich, ob diese Argumentation ausreicht, um eine Zuordnung zum Bereich der Gefahrenabwehr insgesamt auszuschließen.

Deutlich wird, daß zwei unterschiedliche Fragestellungen zu klären sind. Zum einen nämlich ist die Frage zu beantworten, ob die Aufgabe der vorbeugenden Bekämpfung von Straftaten vom Gefahrenbegriff der Aufgabenzuweisungsnorm der Polizeigesetze umfaßt wird. Dies würde voraussetzen, daß mit dem Gefahrenbegriff der Aufgabenzuweisung nicht eine „konkrete" Gefahr gemeint ist. Sollte diese erste Frage zu bejahen sein, ist in einem zweiten Schritt zu klären, ob in den Polizeigesetzen Eingriffsbefugnisse geschaffen werden dürfen, die auf das Erfordernis einer konkreten Gefahr verzichten, oder ob derartige Eingriffsbefugnisse mit der rechtsstaatlichen Funktion der konkreten Gefahr als Begrenzungsmaßstab für polizeiliches Eingriffshandeln nicht vereinbar wären.

Eine Auseinandersetzung mit diesen Fragestellungen kann jedoch zunächst an dieser Stelle noch unterbleiben, da der hier behandelten Auffassung, die eine Zulässigkeit von Vorfeldermittlungen generell ablehnt, bereits aus anderen Gründen nicht zugestimmt werden kann.

Völlig außer acht gelassen wird nämlich von den Vertretern dieser Ansicht, daß eine gewisse Notwendigkeit polizeilicher Eingriffsbefugnisse im Vorfeld einer konkreten Gefahr wohl kaum bestritten werden kann[633]. Insbesondere im Bereich der Bekämpfung organisierter und damit auch internationaler Kriminalität müssen der Polizei - unter noch näher zu bezeichnenden, sehr eng zu ziehenden Voraussetzungen - Maßnahmen zugestanden werden, mit deren Hilfe eine Reaktion auf diese neuartigen Kriminalitätsformen ermöglicht wird. Gerade die Strukturen und Vernetzungen, die diese Kriminalitätsformen kennzeichnen, lassen ein Tätigwerden im Vorfeld von Gefahr und konkretem Tatverdacht unabdingbar werden, soll eine effektive Polizeiarbeit auf diesem Gebiet gewährleistet sein[634]; denn um diese Strukturen zu durchdringen und damit dem Versuch der Bekämpfung Organisierter Kriminalität zumindest die Möglichkeit eines Erfolges zu geben, sind Methoden notwendig geworden, die außerhalb des herkömmlichen Schemas polizeilicher Tätigkeiten liegen.

---

[633] Rachor, S. 18, der davon ausgeht, daß „im Zeitalter des organisierten Verbrechens die Reduktion polizeilichen Tätigwerdens auf die Abwehr konkreter Gefahren einen Anachronismus" darstelle; auch Kniesel/Vahle, DÖV 1987, S. 956.

[634] Staats, DÖV 1979, S. 159.

Um die Aufgabe der Bekämpfung Organisierter Kriminalität wirksam erfüllen zu können, muß die Polizei neue Wege einschlagen[635]. Statt abwarten zu müssen, bis eine Gefahr oder ein Tatverdacht sich konkretisiert haben, muß sie daher die Möglichkeit haben, bereits vorher - also im Vorfeld - gezielte Informationsbeschaffungen vorzunehmen.

Zwar kann allein die Effektivität polizeilicher Tätigkeit keineswegs ausreichen, um derartig weitreichende und eingriffsintensive Maßnahmen zu rechtfertigen. Die rechtlichen Probleme, die mit der Einführung von Vorfeldermittlungen einhergehen, sollen und dürfen weder außer acht gelassen noch geringgeschätzt werden.

Es wird aber deutlich, daß es aus rechtstatsächlichen Gründen nicht um eine völlige Verweigerung derartiger Maßnahmen gehen kann. Vielmehr muß versucht werden, die mit der vorbeugenden Bekämpfung von Straftaten zusammenhängenden Fragen und Probleme rechtlicher und tatsächlicher Art aufzuzeigen und einer Lösung zuzuführen, die mit den Grundsätzen der Verfassung und des Rechtsstaates vereinbar ist.

Die generelle Ablehnung der Zulässigkeit von Vorfeldermittlungen kann aus den hier erörterten Gründen folglich nicht als ein geeigneter Lösungsvorschlag betrachtet werden.

Zu überprüfen bleibt noch die in diesem Zusammenhang geäußerte Ansicht, daß die Zuständigkeit für Maßnahmen der vorbeugenden Bekämpfung von Straftaten - sofern es sich dabei um Maßnahmen handelt, die der Bekämpfung von Organisierter Kriminalität dienen - allein in Händen der Behörden des Verfassungsschutzes liege[636]. Eine Auseinandersetzung mit diesem Gesichtspunkt soll jedoch noch nicht an dieser Stelle stattfinden, sondern im Rahmen der Behandlung der Zuständigkeit für Vorfeldmaßnahmen, die erst im Anschluß an die Klärung der Frage nach ihrer Zuordnung erfolgen kann.

f) Zwischenergebnis

Es zeigt sich mithin, daß keine der dargestellten Auffassungen eine befriedigende Lösung der Problematik zu liefern vermag. Jeder Ansatz weist Schwächen in der

---

[635] Vgl. Rachor, S. 18; Denninger, JA 1987, S. 131; Kniesel/Vahle, DÖV 1987, S. 956.

[636] Vgl. Droste/Werthebach-Lehnen, ZRP 1992, S. 62 f.

Begründung auf, so daß hier keiner der bislang vertretenen Thesen gefolgt werden kann. Da sämtliche Begründungen Schwachpunkte enthalten, die sie angreifbar machen, muß mittels einer eigenen Stellungnahme ein Weg gefunden werden, der die aufgezeigten Schwächen der einzelnen Ansätze überwindet und zu einer vertretbaren Lösung führt. Dafür sind zunächst grundsätzliche systematische Erwägungen zum Gefahrenbegriff notwendig, um zu klären, ob Vorfeldermittlungen unter diesen fallen könnten. Aus der geschichtlichen Entwicklung und dem polizeilichen Aufgabenbegriff der Gegenwart zeigt sich, daß der Polizei ausschließlich die Aufgabe der Gefahrenabwehr zufällt. Sollten Vorfeldermittlungen nicht unter den Gefahrenbegriff zu fassen sein, so würde daraus zwingend folgen, daß eine Regelung in den Polizeigesetzen unzulässig wäre.

Im Anschluß wird sich zeigen, daß einzelne Begründungselemente der dargestellten und diskutierten Thesen durchaus aufgegriffen und durch entsprechende Kombination zu einer Lösung beitragen können.

3. Stellungnahme zur Zuordnung von Vorfeldermittlungen aus systematischer Sicht

Nach einer Auseinandersetzung mit den einzelnen Auffassungen soll nun unter Einbeziehung der gefundenen Ergebnisse versucht werden, eine eigene Lösung der dargestellten Problematik zu formulieren.

Zu beachten ist zunächst, daß der Klärung der Richtigkeit des Standortes von Vorfeldermittlungsbefugnissen in den Polizeigesetzen die Beantwortung der Frage vorauszugehen hat, ob derartige Befugnisse dem Bereich der Prävention oder der Repression zuzuordnen sind. Es geht dabei um zwei unterschiedliche Fragen, die nicht miteinander vermengt werden dürfen. Die bloße Behauptung, daß Vorfeldermittlungen deshalb nicht in den Polizeigesetzen geregelt werden dürften, da es hier nicht um die Abwehr einer konkreten Gefahr geht, sagt noch nichts über den präventiven oder repressiven Charakter dieser Maßnahmen aus.

Um noch einmal zu den wesentlichen Fragestellungen zurückzukommen: Sind Vorfeldermittlungen dem Bereich der Prävention oder dem Bereich der Repression zuzuordnen? Sind die Polizeigesetze der zutreffende Standort für Vorfeldbefugnisse? Können also Maßnahmen mit Eingriffscharakter in den Polizeigesetzen geregelt werden, die nicht der Abwehr einer Gefahr dienen? Unter welchen Voraussetzungen könnte eine solche Regelung zulässig sein?

a) Inhaltliche Betrachtung des Begriffs der Gefahrenabwehr

Für die Beantwortung dieser Fragen ist zunächst eine genauere Betrachtung des Begriffs der Gefahr bzw. der Gefahrenabwehr notwendig. Die Länderpolizeigesetze ermächtigen die Polizei auf ihrer Grundlage durch die Aufgabenzuweisungsnorm zur Gefahrenabwehr[637]. Festgestellt werden muß daher in diesem Zusammenhang, ob Gefahrenabwehr immer die Abwehr einer konkreten oder abstrakten Gefahr bedeutet. Das hätte zur Folge, daß Vorfeldbefugnisse jedenfalls nicht unter den Begriff der Gefahrenabwehr subsumiert werden könnten; denn wie bereits festgestellt, dienen Vorfeldermittlungen nicht der Abwehr einer konkreten oder abstrakten Gefahr[638]. Dann aber könnten die Polizeigesetze nicht als ihr zutreffender Standort angesehen werden, so daß die derzeitigen Regelungen als rechtlich unzulässig zu gelten hätten.

Für die inhaltliche Klärung des Begriffs der Gefahrenabwehr ist zunächst zu beachten, daß zwischen der Aufgabe der Gefahrenabwehr und den behördlichen Befugnissen zu Gefahrenabwehreingriffen zu unterscheiden ist[639]. Folgerichtig wird auch in allen auf dem ME PolG basierenden Länderpolizeigesetzen zwischen Aufgaben und Befugnissen der Polizei unterschieden[640].

Feststeht jedenfalls, daß die Befugnis zur Gefahrenabwehr das Bestehen einer konkreten oder abstrakten Gefahr voraussetzt[641]. Fraglich ist daher, ob der Gefahrenbegriff der Aufgabenzuweisungsnorm und der Gefahrenbegriff der Eingriffsbefugnisse als identisch zu betrachten sind oder aber, ob die Aufgabenzuweisung einen Oberbegriff verwendet, der erst in den Eingriffsbefugnissen konkretisiert wird. Sollten die Gefahrenbegriffe als identisch anzusehen sein, so könnte jede Tätigkeit, die nicht der Abwehr einer konkreten Gefahr dient, nicht als von der Aufgabenzuweisungsnorm der Polizeigesetze gedeckt betrachtet werden. Da aber Vorfeldermittlungen gerade nicht der Abwehr einer konkreten Gefahr dienen, sondern im Vorfeld einer Gefahr und damit zeitlich früher ansetzen, könnten sie dann konsequenterweise auch nicht unter die Aufgabenzuweisungsnorm fallen. Eine Regelung der Vorfeldermittlungen in den Polizeigesetzen würde dann gegen

---

637 Statt aller Drews/Wacke/Vogel/Martens, S. 219.

638 S. oben, S. 86 ff.

639 Götz, Polizeirecht, Rn. 171; Drews/Wacke/Vogel/Martens, S. 219; Darnstädt, S. 22 ff.; Knemeyer, Polizeirecht, Rn. 63 f.; Staats, DÖV 1979, S. 157.

640 Vgl. Götz, Polizeirecht, Rn. 172.

641 Vgl. Götz, Polizeirecht, Rn. 171.

den Grundsatz vom Vorrang des Gesetzes verstoßen. Ob und inwieweit nun der Gefahrenbegriff der Aufgabenzuweisung über den der konkreten Gefahr hinausgeht, ist nicht unumstritten[642].

aa) Der Begriff der „allgemeinen" oder „dispositionellen" Gefahr

In der Literatur, aber auch im bayerischen PAG[643] taucht der Begriff der „allgemein bestehenden"[644] oder „dispositionellen"[645] Gefahr auf. Nach Knemeyer soll eine solche „allgemein bestehende" Gefahr dann vorliegen, „wenn bei bestimmten Lebenssachverhalten ein Schaden möglicherweise eintritt"[646]. Ähnlich stellt Darnstädt mit dem Begriff der „dispositionellen" Gefahr auf die „Schadensgeneigtheit" von Sachverhalten und damit ebenfalls auf die Möglichkeit von Schäden ab[647].

Ausdrücklich erwähnt wird die „allgemein bestehende" Gefahr ausschließlich im bayerischen Polizeigesetz (Art. 2 Abs. 1 BayPAG). Auch hier soll eine Sachlage umschrieben werden, aus der sich nach der allgemeinen Lebenserfahrung eine konkrete Gefahr entwickeln kann[648].

Dagegen sind in der klassischen Polizeirechtsdogmatik lediglich die konkrete und die abstrakte Gefahr bekannt, nicht aber die oben erwähnten Gefahrenarten.

Aus den obigen Umschreibungen wird aber deutlich, worin der Unterschied der „allgemeinen" oder „dispositionellen" Gefahr zur konkreten und zur abstrakten Gefahr besteht. Mit Hilfe dieser Konstruktion einer weiteren Gefahrenart sollen auch Maßnahmen als von der Aufgabenzuweisungsnorm gedeckt betrachtet werden können, die außerhalb der Abwehr konkreter oder abstrakter Gefahren liegen. Da aber polizeiliches Handeln dennoch nicht ohne jeden Bezug zu einem Schaden ermöglicht werden soll, wird hier auf die Möglichkeit eines Schadenseintritts abgestellt[649].

---

642 S. dazu Kowalczyk, S. 91 ff.
643 Art. 2 Abs. 1 BayPAG.
644 Knemeyer, Polizeirecht, Rn. 63; Kowalczyk, S. 94 ff.
645 Darnstädt, S. 3, 25 f., 139.
646 Knemeyer, aaO.
647 Darnstädt, aaO.
648 Vgl. dazu Götz, Polizeirecht, Rn. 150; Brandt/Smeddinck, Jura 1994, S. 229.
649 Darnstädt, S. 139.

bb) Enge bzw. klassische Auslegung des Begriffs der Gefahrenabwehr

Teilweise wird entsprechend der herkömmlichen Polizeirechtsdogmatik eine enge Auslegung des Gefahrenbegriffs der Aufgabenzuweisungsnorm befürwortet. Danach umfasse dieser Begriff entweder nur die konkrete Gefahr[650] oder aber sowohl die konkrete als auch die abstrakte Gefahr[651], keineswegs aber eine wie immer geartete „allgemeine“ Gefahr. Vertreter dieser Auffassung warnen vor einer „Entleerung und Entwertung des Gefahrenbegriffs“[652] im Falle der Annahme eines erweiterten Gefahrenbegriffs der Aufgabenzuweisungsnorm[653]. Der Begriff der Gefahrenabwehr als strikte Begrenzung polizeilicher Zuständigkeiten würde durch eine weite Interpretation diese Funktion verlieren. Nur schwer zu begrenzende Zuständigkeiten der Polizei könnten demnach die Folge sein[654].

cc) Weite Auslegung des Begriffs der Gefahrenabwehr

Vertreter einer weiten Auslegung des Gefahrenbegriffs der Aufgabenzuweisung gehen dagegen von einem Begriff aus, der als Oberbegriff einen weiteren Bereich der Gefahr umfaßt, als dies die Begriffe der konkreten und der abstrakten Gefahr tun[655].

Der Argumentationsweg dieser Auffassung läßt sich folgendermaßen nachzeichnen: Die allgemeine Aufgabenzuweisung weise der Polizei ausdrücklich die Aufgabe der Gefahrenabwehr zu[656]. Die einzelnen Eingriffsbefugnisse zur Erfüllung dieser Aufgabe richteten sich entweder nach Spezialermächtigungen oder aber nach der Generalermächtigung, die für den Einzeleingriff das Vorliegen einer konkreten oder abstrakten Gefahr fordere.

Daraus werde deutlich, daß die Gefahrenabwehraufgabe einen weiteren Bereich der Gefahrenabwehr bezeichne, während die Eingriffsbefugnisse dagegen einen

---

650 So deutlich H. Wagner, AK PolGNRW, § 1, Rn. 102.

651 So etwa Gusy, Polizeirecht , Rn. 187; Staats, DÖV 1979, S. 158.

652 Behrendes, Die Polizei 1988, S. 223.

653 Kritisch auch Staats, DÖV 1979, S. 159; H. Wagner, AK PolGNRW, vor § 1, Rn. 33 ff.

654 H. Wagner, AK PolGNRW, vor § 1, Rn. 33 ff.; dieser verleiht der genannten Befürchtung Ausdruck durch den „Ausruf“: „Rettet die 'Gefahr'!“, Rn. 33.

655 So Knemeyer, Polizeirecht, Rn. 63; Götz, Polizeirecht, Rn. 171; Darnstädt S. 22 f.; Kowalczyk, S. 93 ff.

656 Drews/Wacke/Vogel/Martens, S. 219; Götz, Polizeirecht, Rn. 174.

engeren Bereich umschreibe[657]. Der allgemeinere Gefahrenbegriff der Aufgabenzuweisungsnorm werde erst in den Eingriffsbefugnissen auf den Begriff der konkreten Gefahr verengt.

dd) Stellungnahme

Der Annahme einer im Vergleich zu den polizeilichen Befugnisnormen erweiterten Aufgabenzuweisungsnorm muß zugestimmt werden. Dies wird insbesondere durch die Überlegung verdeutlicht, daß anderenfalls eingriffsloses polizeiliches Handeln, das nicht der Abwehr konkreter oder abstrakter Gefahren dient, wohl aber dazu beitragen soll, mögliche Schäden zu vermeiden, nicht von der Aufgabenzuweisungsnorm gedeckt und damit unzulässig wäre. Beispiele für derartige Tätigkeiten wären etwa Streifenfahrten und -gänge oder auch polizeiliche Öffentlichkeitsarbeit wie Belehrungen und Warnungen[658].

Sinn einer rechtsstaatlichen Begrenzung polizeilicher Aufgaben, wie sie durch die Aufgabenzuweisungsnorm bezweckt wird, kann sicher nicht sein, solche neben der Abwehr konkreter und abstrakter Gefahren ebenfalls notwendigen polizeilichen Aktivitäten für unzulässig zu erklären[659].

Vielmehr sollen durch die Aufgabenzuweisungsnorm nur solche Tätigkeiten aus dem Bereich zulässiger polizeilicher Aktivitäten ausgeklammert werden, die in keinerlei Zusammenhang mit der Abwehr von der öffentlichen Sicherheit und Ordnung drohenden Schäden stehen.

Die Zwecksetzung der Aufgabenzuweisungsnorm liegt nämlich nicht nur in der generellen Begrenzung und abschließenden Beschreibung polizeilichen Handelns, sondern damit auch gleichzeitig in der Abgrenzung der Schadensabwehr von der Wohlfahrtspflege[660]. Wenn nun aber der Handlungsrahmen der Polizei durch die Aufgabenzuweisungsnorm und damit durch eine gesetzliche Bestimmung auf die Schadensabwehr begrenzt wird, so gebietet der Vorrang des Gesetzes, daß für alle polizeilichen Tätigkeiten, die im Zusammenhang mit der Schadensabwehr stehen, eine gesetzliche Grundlage vorhanden sein muß.

---

[657] Götz, Polizeirecht, Rn. 171; Darnstädt, S. 22.
[658] Kniesel, ZRP 1987, S. 379; Kniesel/Tegtmeyer, DRiZ 1986, S. 252.
[659] Kowalczyk, S. 96; Kniesel/Vahle, DÖV 1987, S. 956; Kniesel, RuP 1988, S. 163.
[660] Darnstädt, S. 22 f.

Der Argumentation Wagners, der von einem engen Gefahrbegriff der Aufgabenzuweisungsnorm ausgeht, und eine Rechtsgrundlage für die angesprochenen polizeilichen Aktivitäten, die er für Tätigkeiten von „absonderlicher Nichtigkeit“[661] hält, nicht für notwendig erachtet[662], kann daher nicht zugestimmt werden.

Auf den ersten Blick beachtlich erscheint zwar der Einwand gegen die Annahme eines erweiterten Gefahrenbegriffs der Aufgabenzuweisungsnorm, daß auf diese Weise nahezu unbegrenzte Möglichkeiten zur Informationsbeschaffung durch die Polizei - und zwar auch im Wege von Vorfeldermittlungen - ermöglicht würden. In der Tat kann eine Begrenzung des Feldes polizeilicher Tätigkeit durch ungenaue Begriffe wie die „Möglichkeit“ eines Schadenseintritts nicht vorgenommen werden.

Diesem Einwand ist aber entgegenzuhalten, daß die Annahme eines erweiterten Gefahrenbegriffs der Aufgabenzuweisungsnorm keineswegs etwa unbegrenzte Handlungsmöglichkeiten für die Polizei zur Folge hätte; denn die Funktion der konkreten sowie der abstrakten Gefahr als rechtsstaatliche Begrenzungen für polizeiliches Eingriffshandeln bleibt dennoch bestehen. Die Möglichkeit eines Schadenseintritts als Teil des Gefahrenbegriffs der Aufgabenzuweisungsnorm kann nämlich nur polizeiliches Handeln rechtfertigen, das nicht als Eingriff in Grundrechtspositionen der betroffenen Personen zu qualifizieren ist. Da aber insbesondere polizeiliche Vorfeldermittlungen regelmäßig Grundrechtseingriffe darstellen[663], können diese also nicht etwa auf einen erweiterten Gefahrenbegriff der Aufgabenzuweisungsnorm gestützt werden.

Als Ergebnis bleibt demnach folgendes festzuhalten: Der Gefahrenbegriff der Aufgabenzuweisungsnorm umschreibt einen weiteren Gefahrenbereich als die Begriffe der konkreten und abstrakten Gefahr. Einzubeziehen sind hier alle Tätigkeiten der Polizei, die im Zusammenhang mit der Schadensabwehr stehen. Es muß aber zumindest eine denkbare und nach allgemeiner Lebenserfahrung vorhersehbare Möglichkeit eines Schadenseintritts bestehen, so daß Tätigkeiten, die keinerlei Bezug zur Abwehr möglicher Schäden aufweisen, auch nicht als von der Aufgabenzuweisungsnorm gedeckt betrachtet werden können.

---

[661] H. Wagner, AK PolGNRW, vor § 1, Rn. 18.

[662] H. Wagner, ebenda; vgl. auch Behrendes, Die Polizei 1988, S. 223, der für Aktivitäten der Polizei wie Streifenfahrten etc. eine Rechtsgrundlage nicht für notwendig hält, da es sich dabei um Ausprägungen der Leistungsverwaltung handele.

[663] S.oben, S. 54 ff.

Festzuhalten bleibt aber auch, daß der Begriff der „allgemeinen" oder „dispositionellen" Gefahr als zu schwammig und wenig eindeutig anzusehen ist, was zu Unklarheiten in der Behandlung und Befürchtungen einer zu weiten Ausdehnung des Gefahrenbegriffs führt[664]. Diese Begriffswahl erscheint daher durchaus „wenig geglückt"[665]. Deutlich werden muß lediglich, daß auch eingriffslose Tätigkeiten im Umfeld von Gefahren von der Aufgabenzuweisungsnorm umfaßt werden.

b) Konsequenzen für den Bereich der Vorfeldermittlungen

Es stellt sich nun die Frage, welche Konsequenzen aus diesen Feststellungen für den Bereich der Vorfeldermittlungen zu ziehen sind.

Sollten Vorfeldermittlungen als polizeiliche Tätigkeiten im Umfeld von Gefahren, die mit der Schadensabwehr zumindest in Zusammenhang stehen, zu betrachten sein, so wären sie folglich von der Aufgabenzuweisungsnorm der Polizeigesetze gedeckt[666]. Ihre Zuordnung zum präventiven Bereich, also zum Bereich der Gefahrenabwehr und damit ihr Standort in den Länderpolizeigesetzen wäre dementsprechend nicht nur zutreffend, sondern sogar zwingend.

Anderenfalls wäre in der ausdrücklichen Einbeziehung der Aufgabe der vorbeugenden Bekämpfung von Straftaten in die Aufgabenzuweisungsnorm, wie sie § 1 Abs. 1 S. 2 VE ME PolG vornimmt, eine Erweiterung des polizeilichen Handlungsraums in gegenständlicher Hinsicht zu sehen[667]. Diese neuartige polizeiliche Aufgabe könnte dann nämlich nicht unter den herkömmlichen Gefahrenabwehrbegriff der Aufgabenzuweisungsnorm fallen - unabhängig davon, ob dieser herkömmliche Begriff auch Tätigkeiten im Umfeld der Gefahrenabwehr erfaßt[668].

[664] Vgl. etwa Staats, DÖV 1979, S. 160.

[665] Rachor, S. 17.

[666] So z.B. Knemeyer, Polizeirecht, Rn. 63; Götz, Polizeirecht, Rn. 86; Kowalczyk, S. 98; Rachor, S. 18; Braun, Die Polizei 1989, S. 216.

[667] So z.B. Gusy, Polizeirecht, Rn. 187; Hoffmann-Riem, JZ 1978, S. 336, der feststellt, daß der Gefahrenbegriff aus der Aufgabenzuweisungsnorm getilgt werden müßte, sollten auch Vorfeldermittlungen einbezogen werden.

[668] So im Ergebnis Weßlau, S. 140 f., die offenläßt, ob allgemeine oder dispositionelle Gefahren von der Aufgabenzuweisungsnorm umfaßt werden.

c) Zusammenhang der vorbeugenden Bekämpfung von Straftaten mit der Schadensabwehr

Zur Klärung der Frage, ob die vorbeugende Bekämpfung von Straftaten zumindest im Zusammenhang zur Schadensabwehr steht, muß zunächst noch einmal der mit Maßnahmen zur vorbeugenden Bekämpfung von Straftaten verfolgte Zweck betrachtet werden. Generell haben diese Maßnahmen eine doppelte Zielrichtung: Zum einen dienen sie der Verhütung von Straftaten, zum anderen aber auch der Vorsorge für die Verfolgung künftiger Straftaten[669]. Diese doppelte Zielrichtung von Vorfeldermittlungen, die unter dem Begriff der vorbeugenden Bekämpfung von Straftaten zusammengefaßt werden, wird generell bei der Erörterung des Problems der Zuordnung dieser Maßnahmen zu wenig, bzw. gar nicht berücksichtigt. Im Grunde handelt es sich nämlich um zwei verschiedene Maßnahmenkomplexe, die wesentliche Unterschiede aufweisen und daher, wie sich im folgenden auch zeigen wird, unter Umständen auch unterschiedlicher Behandlung bedürfen. Die Zusammenfassung dieser beiden Maßnahmenkomplexe unter dem Begriff der vorbeugenden Bekämpfung von Straftaten wird hier grundlegend angezweifelt.

aa) Zusammenhang der Verhütung von Straftaten mit der Schadensabwehr

Mit der Verhütung von Straftaten soll verhindert werden, daß es überhaupt zu dem schädigenden Ereignis, der Straftat, oder auch nur der Gefahr kommt. Dem Eintritt einer Gefahr soll vorgebeugt werden[670]. Vorfeldmaßnahmen, die der Verhütung von Straftaten dienen, bestehen demzufolge hauptsächlich in der Erhebung und Verarbeitung personenbezogener Daten im Vorfeld einer Gefahr, mit deren Hilfe die Entstehung einer Gefahr rechtzeitig erkannt und verhindert werden soll. Die Polizei soll so in der Lage sein, den Eintritt besonders schwerwiegender Gefahren nicht abwarten zu müssen, sondern bereits zu ihrer Verhütung tätig zu werden. Der Zusammenhang zur Schadensabwehr liegt hinsichtlich dieser Zweckrichtung der vorbeugenden Bekämpfung von Straftaten demnach auf der Hand. Die Verhütung von Straftaten als ein Teil der vorbeugenden Bekämpfung von Straftaten ist daher von der Aufgabenzuweisungsnorm der Polizeigesetze gedeckt.

---

[669] Vgl. § 1 Abs. 1 Satz 2 VE ME PolG.

[670] Vgl. Denninger, in: Lisken/Denninger (Hrsg.), HbdPolR, Kap. E, Rn. 157.

bb) Zusammenhang der Vorsorge für die Verfolgung zukünftiger Straftaten mit der Schadensabwehr

Mit der Vorsorge für die Verfolgung zukünftiger Straftaten wird dagegen die Planung und Ausrüstung für die Strafverfolgung in der Zukunft bezweckt. Sie bedeutet damit Vorbereitung auf eine effektive Strafverfolgung[671]. Die Rechtsprechung spricht von „vorsorgende(r) Bereitstellung von Hilfsmitteln für die sachgerechte Wahrnehmung von Aufgaben, die der Kriminalpolizei hinsichtlich der Erforschung und Aufklärung von Straftaten nach § 163 StPO zugewiesen sind“[672]. Teilweise wird im Zusammenhang mit der Vorsorge für die Verfolgung zukünftiger Straftaten ausdrücklich von „Ermittlungserleichterung“ gesprochen[673]. Bei späterem Vorliegen eines Verdachts soll die Polizei auf diese Weise bereits mit den Informationen ausgestattet sein, die sie für eine möglichst effektive Strafverfolgung benötigt. Damit bedeutet dieser Teil der vorbeugenden Bekämpfung von Straftaten das Erheben und Speichern von Informationen mit dem Ziel, die sich möglicherweise anschließende Durchführung eines Ermittlungsverfahrens zu erleichtern, wenn nicht erst zu ermöglichen[674]. „Vorbeugend bekämpft“ wird eine Straftat dadurch aber nicht. Damit läßt sich aber auch ein Zusammenhang zur Schadensabwehr schwerlich begründen. Es geht nicht darum, eine Straftat bzw. eine Gefahr an ihrem Eintritt zu hindern. Vielmehr werden aufgrund der Vermutung, daß eine Straftat in der Zukunft begangen werden wird, Vorbereitungen für die Situation nach Schadenseintritt getroffen. Damit besteht aber keinerlei Zusammenhang zur Abwehr des Schadens, dessen Eintritt gerade abgewartet wird. Die Deckung der Vorsorge für die Verfolgung zukünftiger Straftaten durch die Aufgabenzuweisungsnorm der Polizeigesetze müßte demnach konsequenterweise verneint werden.

(1) Argument des Sachzusammenhanges

Als einziges Argument, das für eine Regelung auch der Vorsorge für die Verfolgung von Straftaten im Zusammenhang mit dem präventiven Aufgabenbereich der Polizei spricht, kann der Sachzusammenhang der beiden Teile der vorbeugenden

---

[671] Vgl. Denninger, ebda.

[672] BVerwGE 66, 192 (196); BVerwG, DÖV 1990, S. 117; VGH Mannheim, NJW 1987, S. 3022.

[673] VG Darmstadt, DVBl. 1979, S. 743.

[674] Vgl. Rachor, in: Lisken/Denninger (Hrsg.), HbdPolR, Kap. F, Rn. 93.

Bekämpfung von Straftaten genannt werden[675]. Erhobene Informationen könnten häufig sowohl der Verhütung einer Straftat, als auch der Vorbereitung auf ihre Verfolgung dienen. Aus organisatorisch-technischer Sicht sind dann für die Verfolgung beider Zwecksetzungen identische Maßnahmen notwendig. Gefahrenabwehr und Strafverfolgung sind institutionell-zuständigkeitsmäßig bei der Polizei vereint, so daß aus praktischen Gesichtspunkten viel für die Zusammenfassung und einheitliche Regelung des gesamten Bereiches der vorbeugenden Bekämpfung von Straftaten spricht. Beide Teile könnten daher dem präventiven Aufgabenbereich der Polizei zuzuordnen sein. So ließe sich dennoch über den „Umweg" einer Zusammengehörigkeit mit Maßnahmen, die selbst im Zusammenhang mit der Schadensabwehr stehen, auch für diesen Bereich der vorbeugenden Bekämpfung von Straftaten ein solcher Zusammenhang konstruieren.

(2) Gegenargumente: Datenschutzrechtliches Gebot der Zweckbindung, Schwelle des Anfangsverdachts nach § 152 Abs. 2 StPO und Grundsatz des Verbots der Erleichterung der Polizeiarbeit

Gegen eine solche Zusammenfassung trotz des fehlendes Zusammenhanges der Vorsorge für die Verhütung künftiger Straftaten mit der Schadensabwehr spricht aber einerseits das datenschutzrechtliche Gebot der Zweckbindung für Eingriffe in das Recht auf informationelle Selbstbestimmung. Nach den Ausführungen des Bundesverfassungsgericht im Volkszählungsurteil ist eine zwangsweise Informationserhebung nur dann rechtmäßig, wenn der Verwendungszweck der Daten zuvor vom Gesetzgeber bereichsspezifisch festgelegt worden ist[676]. Demnach können Daten, die zum Zwecke der Prävention erhoben werden durften, nicht auch für repressive Zielsetzungen verwendet werden[677]. Die Erhebung und Verarbeitung personenbezogener Daten zu Zwecken der Strafverfolgung müßte daher aufgrund des datenschutzrechtlichen Zweckbindungsgebots in der Strafprozeßordnung geregelt werden.

Zum anderen würde auf diesem Wege die durch den Anfangsverdacht des § 152 Abs. 2 StPO gezogene Grenze quasi umgangen werden. Wie oben bereits erläu-

---

[675] So Denninger, in: Lisken/Denninger (Hrsg.), HbdPolR, Kap. E, Rn. 158; i. Erg. auch Kniesel, ZRP 1989, S. 329, 332.

[676] Vgl. BVerfGE 65, 1 (46).

[677] Sog. datenschutzrechtliches Zweckbindungsgebot.

tert, bestehen gegen eine Aufweichung dieser Grenze erhebliche rechtsstaatliche Bedenken[678]. Diese Bedenken sind sogar als schwerwiegender einzustufen, als diejenigen, die gegen Ausnahmen von der Grenzziehung durch das Erfordernis einer konkreten Gefahr im Polizeirecht sprechen[679]. Würde man aber eine Zusammenfassung beider Teilbereiche der vorbeugenden Bekämpfung von Straftaten und eine einheitliche Regelung in den Polizeigesetzen befürworten[680], hätte dies zur Folge, daß Daten, die aufgrund präventiv-polizeilicher Befugnisse erhoben wurden, auch noch bis zur Begehung einer zukünftigen Straftat gespeichert werden könnten, um sie dann zu verwenden. Damit könnte aber die Schwelle des Anfangsverdachts - mangels Regelung entsprechender Befugnisse in der Strafprozeßordnung zwar nicht ausdrücklich - wohl aber faktisch umgangen werden. Dies aber würde eine „heimliche Verabschiedung" von der Eingriffsschwelle des konkreten Anfangsverdachts bedeuten[681]. Aufgrund der schwerwiegenden rechtsstaatlichen Bedenken müßte diese Möglichkeit ebenso wie die ausdrückliche Erweiterung des in der Strafprozeßordnung vorgegebenen Handlungsspielraums als verfassungswidrig betrachtet werden. Diese Überlegungen führen zu dem Schluß, daß die Vorsorge für die Verfolgung künftiger Straftaten weder in der Strafprozeßordnung, noch in den Polizeigesetzen geregelt werden kann. Dieses Ergebnis wird auch gestützt durch den allgemeinen Rechtsgrundsatz, der die bloße Erleichterung der Polizeiarbeit verbietet[682]. Um eine solche handelt es sich bei der Vorsorge für die Verfolgung zukünftiger Straftaten aber letztendlich; denn durch Erhebung von Daten im Vorfeld zu diesem Zwecke soll die Strafverfolgung in der Zukunft erleichtert werden.

cc) Zwischenergebnis

Als Zwischenergebnis ist daher festzuhalten, daß ausschließlich die Verhütung von Straftaten als Teil der vorbeugenden Bekämpfung von Straftaten im Zusammenhang mit der Schadensabwehr steht. Diese Tätigkeit kann daher unter die Auf-

---

[678] S. oben, S. 145 ff..

[679] S. ebenfalls oben, S. 147 f.

[680] So derzeit in § 1 Abs. 3 ASOG Bln; § 1 Abs. 1 S. 2 PolG Bbg; § 1 Abs. 1 S. 2 PolG NW; § 1 Abs. 1 S. 3 PolG RP; § 2 Abs. 1 S. 2 ThürPAG.

[681] Rachor, in: Lisken/Denninger (Hrsg.), HbdPolR, Kap. F, Rn. 93.

[682] Vgl. BVerwGE 32, 204 (206); OVG Lüneburg OVGE 25, 411 (414); Drews/Wacke/Vogel/Martens, S. 415.

gabenzuweisungsnorm der Polizeigesetze subsumiert werden. Damit ist aber noch kein endgültiges Ergebnis hinsichtlich der Zulässigkeit einer Regelung von Vorfeldermittlungen in den Polizeigesetzen gefunden.

d) Versuch einer Systematisierung

Es stellt sich nunmehr die Frage, ob diese Maßnahmen der Vorfeldermittlungen, die wie geprüft unter die Aufgabenzuweisungsnorm fallen, auch unter das Tatbestandsmerkmal „Gefahr“ der polizeirechtlichen Befugnisnormen zu fassen sind. Andernfalls wären Vorschriften, die derartige Maßnahmen erlauben und somit der Polizei die Möglichkeit zu erheblichen Grundrechtseingriffen eröffnen, ohne dabei an das Erfordernis einer Gefahr im Sinne der Befugnisnormen gebunden zu sein, als systemwidrige Ausnahmevorschriften in den Polizeigesetzen anzusehen, deren Zulässigkeit kaum zu rechtfertigen wäre. Es bedarf daher einer Einordnung der Vorfeldermittlungen in die Systematik des materiellen Gefahrbegriffs. Dieser ist im Gegensatz zum Gefahrenbegriff der Aufgabenzuweisungsnorm enger[683]. Andernfalls wäre die Regelung von Vorfeldermittlungen in den Polizeigesetzen dennoch als unzulässig zu betrachten.

aa) Verdacht einer abstrakten Gefahr ?

Es wurde bereits festgestellt, daß Vorfeldermittlungen weder der Abwehr einer konkreten oder abstrakten Gefahr dienen, noch aber durch das Bestehen eines Gefahrenverdachts im herkömmlichen Sinne gerechtfertigt werden können[684]. Es stellt sich daher die Frage, ob neben diesen drei anerkannten Kategorien des Gefahrenbegriffs[685] Raum für eine weitere Kategorie ist. Die Verfasserin schlägt daher eine Einteilung in vier statt der oben erwähnten drei Kategorien vor. Neben der konkreten und abstrakten Gefahr und dem Gefahrenverdacht, der als Unterfall einer konkreten Gefahr behandelt wird, könnte eine weitere Form des Gefahrenverdachts bestehen. Diese stünde als Unterfall der abstrakten Gefahr systematisch neben dem herkömmlichen Gefahrenverdacht, so wie die abstrakte Gefahr neben der konkreten Gefahr steht. Der herkömmliche Gefahrenverdacht bezeichnet den

---

[683] Götz, Polizeirecht, Rn. 171; Darnstädt, S. 22; vgl. auch die Darstellung oben, S. 156 f.

[684] S. nochmals oben, S. 89 ff.

[685] Die Anscheinsgefahr soll hier außer acht gelassen werden.

Verdacht, daß eine konkrete Gefahrenlage entstehen wird[686]. So wie dieser Verdacht sich demnach ausschließlich auf die konkrete Gefahr bezieht, muß es aber auch eine Form des Verdachts geben, die auf eine abstrakte Gefahr gerichtet ist. Erfaßt wäre der Verdacht, daß eine abstrakte Gefahrenlage entstehen wird. Folgt man dem, so würde dieser „abstrakte" Gefahrenverdacht die Systematik des Gefahrenbegriffs komplettieren.

Bei dem anerkannten „konkreten" Gefahrenverdacht sind die Anforderungen an den Grad der Wahrscheinlichkeit eines Schadenseintritts im Vergleich zu den Anforderungen, die an eine konkrete Gefahr gestellt werden, abgesenkt[687]. Entsprechendes müßte folglich auch für den „abstrakten" Gefahrenverdacht gelten. Auch hier würde dann bereits eine geringere Wahrscheinlichkeit eines Schadenseintritts für die Annahme eines „abstrakten" Gefahrenverdachts ausreichen als bei der abstrakten Gefahr. Damit wird die Annahme einer abstrakt als gefährlich zu betrachtenden Situation oder Lage zeitlich ebenso vorverlagert wie die Annahme einer konkret als gefährlich zu betrachtenden Situation oder Lage beim „konkreten" Gefahrenverdacht.

bb) Einordnung von Vorfeldermittlungen in die Kategorie des „abstrakten" Gefahrenverdachts

Vorfeldermittlungen, die der Verhütung von Straftaten dienen sollen, sind auf die Beseitigung von Situationen und Konstellationen gerichtet, die als „gefahrgeneigt" gelten, von denen also nur abstrakt vermutet wird, daß aus ihnen Gefahren entstehen könnten. Sie dienen damit der Erforschung von Sachverhalten, die eine abstrakte Gefahrenlage vermuten lassen, mithin einer Situation, von der generell die Tendenz angenommen wird, Gefahren hervorzubringen. Vorfeldermittlungen sind auf die Verhütung erst in der Zukunft erwarteter Straftaten gerichtet. Damit liegt aber keine Anknüpfung an eine konkrete Sachlage vor. Vielmehr geht es um abstrakte Lebenssachverhalte, die aufgeklärt werden müssen, um feststellen zu können, ob eine abstrakte Gefahr entstehen könnte.

Aus dem oben Gesagten folgt, daß Vorfeldermittlungen ihrer Zielrichtung nach der Behandlung eines „abstrakten" Gefahrenverdachts dienen. Insbesondere die

---

686 Vgl. Drews/Wacke/Vogel/Martens, S. 226; Götz, Polizeirecht, Rn. 154; Hansen-Dix, S. 61.
687 Darnstädt, S. 96; O. Schneider, DVBl. 1980, S. 408.

Aufklärung der Organisierten Kriminalität, ihres Umfeldes und der Umstände ihrer Entstehung stellt sich als Erforschung von Sachlagen dar, von denen abstrakt angenommen wird, daß sich aus ihnen Gefahren entwickeln könnten. Systematisch sind Vorfeldermittlungen daher in diese bisher nicht eröffnete Kategorie des Gefahrenbegriffs einzuordnen. Damit steht aber auch fest, daß sie, ebenso wie Maßnahmen, die im Falle eines konkreten Gefahrenverdachts ergriffen werden dürfen, letztendlich doch der Abwehr einer Gefahr im Sinne der polizeilichen Befugnisnormen dienen.

cc) Voraussetzungen der Qualifizierung von Vorfeldermittlungen als Maßnahmen aufgrund des Verdachts einer abstrakten Gefahr

Aus dieser Erkenntnis, daß Vorfeldermittlungen ein Fall der Gefahrenabwehr sind, kann aber nicht geschlossen werden, daß sie im übrigen tatbestandlich und auf der Rechtsfolgenseite uneingeschränkt zulässig wären. Ebenso wie an die bei Vorliegen eines konkreten Gefahrenverdachts möglichen Maßnahmen beosnders strenge Anforderungen gestellt werden, müssen auch den Vorfeldermittlungen eng gesteckte und präzise Grenzen gesetzt werden. Anderenfalls würde bereits der Verdacht auf die Verwirklichung des allgemeinen Lebensrisikos als Auslöser und Rechtfertigung für Maßnahmen mit erheblicher Eingriffsintensität ausreichen. Damit jedoch würde sich die Zulässigkeit derartiger Maßnahmen letztendlich als bloße Erleichterung der Polizeiarbeit darstellen. Auch hier kommt wiederum der allgemeine Rechtsgrundsatz zum Tragen, der das Verbot der bloßen Erleichterung der Polizeiarbeit statuiert[688].

Im Anschluß stellt sich daher die Frage, inwieweit der Anwendungsbereich der Vorfeldermittlungen eingeschränkt werden muß, um als Ausnahme von der abstrakten Gefahr Maßnahmen zu umfassen, die bei Vorliegen eines Verdachts einer abstrakten Gefahr ergriffen werden dürfen.

Diese Frage stellt letztlich ein Problem der Verhältnismäßigkeit dar.

---

[688] Vgl. nochmals BVerwGE 32, 204 (206); OVG Lüneburg OVGE 25, 411 (414); Drews/Wacke/Vogel/Martens, S. 415.

B. Ergebnis und Konsequenzen für die Gesetzgebungskompetenz für den Bereich der Vorfeldermittlungen

Als Ergebnis bleibt daher folgendes festzuhalten: Maßnahmen der vorbeugenden Bekämpfung von Straftaten umfassen nach herkömmlichem Verständnis und nach den bisherigen Regelungen in den Länderpolizeigesetzen zwei verschiedene Maßnahmenkomplexe. Zum einen handelt es sich um Maßnahmen, die der Verhütung von Straftaten dienen, zum anderen um solche, deren Zielsetzung in der Vorsorge für die Verfolgung zukünftiger Straftaten liegt. Zwischen diesen beiden Maßnahmenkomplexen ist entgegen den gegenwärtigen Regelungen strikt zu unterscheiden; denn nur die Verhütung von Straftaten weist einen Zusammenhang zur Abwehr von Schäden auf. Ein solcher Zusammenhang kann dagegen für die Vorsorge für die Verfolgung zukünftiger Straftaten nicht bejaht werden. Aus der Feststellung, daß der in der polizeilichen Aufgabenzuweisungsnorm verwendete Gefahrenbegriff einen weiteren Bereich umfaßt, als derjenige der Befugnisnormen, folgt als Ergebnis, daß auch Maßnahmen, die nicht der Abwehr einer abstrakten oder konkreten Gefahr dienen, wohl aber in einem Zusammenhang zur Schadensabwehr stehen, von der Aufgabenzuweisungsnorm gedeckt sind.

Aus dem oben Gesagten folgt daher, daß zwar die Verhütung von Straftaten als ein Teil der vorbeugenden Bekämpfung von Straftaten von der polizeilichen Aufgabenzuweisungsnorm gedeckt ist. Dies gilt allerdings nicht für die Vorsorge für die Verfolgung zukünftiger Straftaten, deren Regelung in den Polizeigesetzen daher bereits an dieser Stelle ausscheidet. Die Regelung von Vorfeldermittlungen, die lediglich der Vorsorge für die zukünftige Strafverfolgung dienen, in den Länderpolizeigesetzen ist daher als unzulässig zu betrachten. Auch eine Regelung dieser Maßnahmen in der Strafprozeßordnung kommt allerdings nicht in Betracht, so daß auf diesen Maßnahmenkomplex insgesamt verzichtet werden muß. Ungeachtet praktischer Argumente, die für eine Zulässigkeit derartiger Maßnahmen sprechen, können daher der Polizei diese Befugnisse nicht zur Verfügung gestellt werden; denn rechtsstaatliche und verfassungsrechtliche Grenzen können allein mit der Argumentation der Effektivität der Polizeiarbeit nicht ausgehebelt werden.

Als systematisch korrekter Standort der Maßnahmen zur Verhütung von Straftaten im Vorfeld sind demnach die Länderpolizeigesetze zu betrachten. Aber dennoch stellt sich im Anschluß an dieses Ergebnis die Frage, ob Maßnahmen, die nicht der Abwehr einer konkreten oder abstrakten Gefahr dienen, auch vom Gefahrenabwehrbegriff der Befugnisnormen erfaßt werden; denn anderenfalls wäre eine systemwidrige Regelung von Eingriffsbefugnissen in den Polizeigesetzen außerhalb des bisherigen Gefahrenabwehrbegriffs die Folge. Dann aber stellte sich die Frage, ob eine derartige Erweiterung polizeilicher Befugnisse überhaupt als zulässig betrachtet werden könnte.

Der Versuch, Vorfeldermittlungen in das System der polizeilichen Befugnisnormen einzuordnen, hat aber zu dem Ergebnis geführt, daß als weitere Kategorie innerhalb des Gefahrenbegriffs der Verdacht einer abstrakten Gefahr anzuerkennen ist. Vorfeldermittlungen sind als Maßnahmen anzusehen, die geeignet sind, den Verdacht einer abstrakten Gefahr auszuräumen. Da es sich hierbei um eine Kategorie der Gefahr neben konkreter und abstrakter Gefahr und dem Gefahrenverdacht im herkömmlichen Sinne handelt, können so Vorfeldermittlungen in die Systematik der Gefahrenabwehr eingeordnet werden.

Damit steht aber nicht nur die Zuordnung dieser Maßnahmen zur Prävention fest. Auch führt diese Erkenntnis zu dem Ergebnis, daß die Polizeigesetze als der zutreffende Standort für Vorfeldermittlungen, also für Maßnahmen, die der Verhütung von Straftaten dienen, ohne an das Vorliegen einer konkreten Gefahr gebunden zu sein, zu betrachten sind.

Der herrschenden Meinung, die Maßnahmen der vorbeugenden Bekämpfung von Straftaten der Prävention zuordnet, ist daher im Ergebnis zuzustimmen. Jedoch ist die Begründung dieses Ergebnisses eine andere. Die herrschende Meinung leitet ihr Ergebnis im Grunde aus einem Zirkelschluß ab. Aus der Tatsache, daß Vorfeldermittlungen in den Polizeigesetzen geregelt sind, schließt sie nämlich, daß dementsprechend die polizeiliche Aufgabe um diesen Bereich erweitert wurde. Damit läßt sich aber eine systemwidrige Regelung von Maßnahmen, die nicht der Abwehr einer konkreten Gefahr im herkömmlichen Sinne dienen, in den Polizeigesetzen nicht begründen. Erst die Eingliederung dieser Maßnahmen in die Systematik des Gefahrenbegriffs kann zu dem Ergebnis führen, daß der zutreffende Standort für Vorfeldermittlungen tatsächlich die Polizeigesetze sind.

Daraus ergeben sich folgende Konsequenzen für die Gesetzgebungskompetenz für Vorfeldermittlungen: Eine Bundesgesetzgebungskompetenz für das allgemeine Polizei- und Ordnungsrecht besteht nicht[689]. Gem. Art. 70 Abs. 1 GG liegt die Gesetzgebungskompetenz für die Polizeigesetze und damit auch für den Bereich

[689] Götz, Polizeirecht, Rn. 57.

der Vorfeldermittlungen daher bei den Ländern. Die bisherigen Regelungen in den Länderpolizeigesetzen sind daher, soweit sie die Verhütung von Straftaten betreffen, in dieser Hinsicht als zulässig anzusehen.

Dessen ungeachtet setzt die endgültige Entscheidung über die Zulässigkeit der bestehenden Regelungen eine Überprüfung ihrer Verhältnismäßigkeit voraus.

C. Exkurs: Zuständigkeit der Verfassungsschutzbehörden für Vorfeldermittlungen im Bereich der Organisierten Kriminalität ?

Das Verbrechensbekämpfungsgesetz von 1994[690] hat die Aufgaben des Bundesnachrichtendienstes dahingehend erweitert, daß auch die Überwachung einzelner Aspekte der grenzüberschreitenden Kriminalität in seinen Zuständigkeitsbereich fällt. In diesem Zusammenhang stellt sich die Frage, ob nicht die Beobachtung des gesamten Bereiches der Organisierten Kriminalität dem Verfassungsschutz übertragen werden sollte. Die Diskussion um eine dahingehende Erweiterung der Aufgaben des Verfassungsschutzes wird angeregt durch die zunehmende Betonung einer Bedrohung der Inneren Sicherheit durch die Organisierte Kriminalität auch in Deutschland[691]. Als erstes Bundesland hat Bayern bereits sein Verfassungsschutzgesetz entsprechend geändert[692]. Der bayerische Nachrichtendienst soll danach nicht mehr nur verfassungsfeindliche Bestrebungen, sondern auch die Organisierte Kriminalität beobachten[693].

Der Beantwortung der Frage nach der Zuständigkeit des Verfassungsschutzes zur Beobachtung und Bekämpfung der Organisierten Kriminalität und der Zulässigkeit einer entsprechenden Aufgabenerweiterung muß eine Klärung des Begriffs der Organisierten Kriminalität vorausgehen. Erst wenn feststeht, was hierunter zu verstehen ist, kann die Rolle des Verfassungsschutzes in diesem Zusammenhang überprüft werden.

---

690 BundesG vom 29.10.1994, BGBl. S. 3186.

691 S. etwa Schelter, ZRP 1994, S. 53; Werthebach/Droste-Lehnen, ZRP 1994, S. 57 ff.; Albert, ZRP 1995, S. 105; Rupprecht, Kriminalistik 1993, S. 131 ff.; Zachert, Kriminalistik 1990, S. 623.

692 Vgl. Gesetz zur Änderung des BayVerfSchG vom 8.7.1994, GVBl. 1994, 551.

693 S. dazu Koch, ZRP 1995, S. 24 ff.

I. „Organisierte Kriminalität" - Begriffsklärung

Das Phänomen der Organisierten Kriminalität beschäftigt in zunehmendem Maße Politik und Öffentlichkeit[694]. Sowohl über den Begriffsinhalt als auch über das eigentliche Gefährdungspotential der Organisierten Kriminalität, das Staat und Bürger bedroht, besteht aber seit jeher Uneinigkeit[695]. Eine Nachzeichnung der Entwicklung des Begriffes der Organisierten Krinimalität und der daran geübten Kritik kann im Rahmen dieser Arbeit jedoch unterbleiben[696]. Jedenfalls wird die Bekämpfung der Organisierten Kriminalität zunehmend als „wichtige Herausforderung der Gegenwart"[697], bzw. als „herausragendes Thema der Inneren Sicherheit"[698] bezeichnet. Andererseits handelt es sich bei der Organisierten Kriminalität offenbar nach wie vor um ein „wenig klares Phänomen"[699], bzw. um einen „schillernden Begriff", dem lediglich eine „unscharfe [...] und variationsreiche Definition"[700] zugrundeliegt. Nach dieser in der Fachliteratur üblicherweise verwendeten Definition eines Arbeitskreises der Justizminister/-senatoren und der Innenminister/-senatoren der Länder aus dem Jahre 1990[701] ist Organisierte Kriminalität

> „die von Gewinn- oder Machtstreben bestimmte planmäßige Begehung von Straftaten, die einzeln oder in ihrer Gesamtheit von erheblicher Bedeutung sind, wenn mehr als zwei Beteiligte auf längere oder unbestimmte Dauer arbeitsteilig

---

[694] Vgl. aus der umfangreichen Literatur nur Schneider, Jura 1984, S. 169 ff.; Schwind/Steinhilper/Böden, Organisierte Kriminalität, 1987; Rebscher/Vahlenkamp, BKA-Forschungsreihe 1988; Lindlau, Der Mob, 1989; Raith, Mafia: Ziel Deutschland, 1989; Dörmann/Koch/Risch/Vahlenkamp, BKA-Forschungsreihe 1990; Kiehl, Neue Kriminalpolitik Heft 1/1990, S. 32 ff.; Schuster, Die Polizei 1990, S. 25 ff.; Schoreit, StV 1991, S. 535 ff.; Welp, StV 1994, S. 161 ff.; Gusy, StV 1995, S. 320 ff., U. Schmidt, Die Polizei 1997, S. 315 ff.

[695] Zur Kritik etwa Albrecht, KritV 1997, S. 230 f., der im Zusammenhang mit dem Begriff „Organisierte Kriminalität" von „abstrakter Bedrohungsvokabel" und „kriminalpolitischen Modewort" spricht, S. 231.

[696] Der Umfang Organisierter Kriminalität in Deutschland und das Ausmaß der Bedrohung vermag hier nicht bewertet zu werden.

[697] Gusy, KJ 1994, S. 251.

[698] Koch, ZRP 1995, S. 24.

[699] Gusy, StV 1995, S. 321.

[700] Rupprecht, Kriminalistik 1993, S. 131.

[701] Vgl. die Definition in den gemeinsamen Richtlinien der Justizminister/-senatoren und der Innenminister/-senatoren der Länder über die Zusammenarbeit bei der Verfolgung der Organisierten Kriminalität, in: Dörrmann/Koch/Risch/Vahlenkamp, BKA-Forschungsreihe 1990, S. 6.

- unter Verwendung gewerblicher oder geschäftsähnlicher Strukturen
- unter Anwendung von Gewalt oder anderer zur Einschüchterung geeigneter Mittel
- unter Einflußnahme auf Politik, Medien, öffentliche Verwaltung, Justiz oder Wirtschaft

zusammenwirken".

Diese Definition hat zwar mittlerweile in § 1 Abs. 7 HambPolDVG Eingang gefunden und damit Gesetzeskraft erlangt[702]. Auch liegt sie jedenfalls der Begründung des im Jahre 1992 in Kraft getretenen „Gesetzes zur Bekämpfung des illegalen Rauschgifthandels und anderer Erscheinungsformen der Organisierten Kriminalität (OrgKG)"[703] zugrunde[704], wenn auch auf eine gesetzliche Festschreibung in diesem Zusammenhang verzichtet wurde. Im Gesetzentwurf zum OrgKG wurde darüber hinaus eine Beschreibung des Bundesgerichtshofes der besonderen Merkmale der internen Vorgehensweise einer kriminellen Organisation sinn-, teilweise auch wortgleich wiederholt[705]. Der Bundesgerichtshof hat die Merkmale der Organisierten Kriminalität darin gesehen, daß die Vorgehensweise der Täter darauf angelegt sei, die Hauptperson möglichst nach außen nicht in Erscheinung treten zu lassen. Bei derart organisierten Gruppen könne die Polizei daher mit herkömmlichen Ermittlungsmethoden häufig nur solche Straftäter überführen, die innerhalb der Gruppierung eine untergeordnete Rolle spielen. Da diese aber in der Regel beliebig austauschbar und ersetzbar seien, würden die kriminellen Aktivitäten der Organisation durch eine Aufdeckung der Taten dieser Randfiguren nicht gestört. In der Regel hätten diese Randtäter auch keinen Einblick in Aufbau und Zusammensetzung der Gesamtorganisation. Unvermeidbare Mitwisser würden durch Schweigegelder oder mittels Drohung und Einschüchterung davon abgehalten, ihr Wissen preiszugeben. Oft gewähre die Organisation den Familienangehörigen eines gefaßten und in Haft genommenen Einzeltäters finanzielle Unterstützung, um diese gefügig zu machen und der Offenbarung von Wissen, das die Organisation betrifft, vorzubeugen[706].

---

[702] Vgl. Rachor, in: Lisken/Denninger (Hrsg.), HbdPolR, Kap. F, Rn. 110; Alberts/Merten, § 1, Rn. 26.

[703] BGBl. 1992 I, 1302; zur Vorgeschichte und den durch das OrgKG eingeführten wesentlichen Änderungen vgl. R. Krüger, Die Polizei 1993, S. 29 ff; zur verfassungsrechtlichen Bewertung wesentlicher Neuerungen, vgl. Groth, passim.

[704] S. die Amtliche Begründung, BT-Dr. 12/989, S. 24.

[705] Vgl. BT-Dr. 11/7663, S. 19 f.

[706] BGHSt 32, 115 (120).

Über die Tauglichkeit der oben genannten Definition, die teilweise scharf kritisiert wird[707], als Maßstab polizeilichen Handelns ist zwar noch nichts ausgesagt. Im Rahmen dieser Arbeit sollen aber Qualität und Tauglichkeit der Definition nicht überprüft werden; vielmehr soll diese geläufige Umschreibung auch hier als Arbeitsgrundlage zugrundegelegt werden.

II. Eignung des Verfassungsschutzes zur Beobachtung Organisierter Kriminalität?

Vor der Überprüfung der möglichen Zuständigkeit der Verfassungsschutzbehörden soll zunächst ihre Eignung zur Beobachtung der Organisierten Kriminalität kurz beleuchtet werden. Dazu ist auf die Merkmale der Organisierten Kriminalität einzugehen, die ihre Besonderheiten im Vergleich zu „normaler" Kriminalität ausmachen und die ein Tätigwerden des Verfassungsschutzes überhaupt sinnvoll erscheinen lassen.

1. Besondere Merkmale der Organisierten Kriminalität

Wie der Begriff schon nahelegt, ist das vorrangige Wesensmerkmal der Organisierten Kriminalität das Tätigwerden einer Organisation. Dagegen besteht ihre besondere Gefährlichkeit nicht in der Qualität oder der Summe einzelner Taten oder Straftatbestände[708]. Offenbar geht es daher nicht um die Begehung von im Einzelfall oder in der Summe besonders gefährlicher Straftaten, sondern um die Modalität der Vorbereitung, der Begehung sowie der Auswertung von Straftaten. Wesenseigen ist der jeweiligen Organisation eine hohe kriminelle Energie sowie die professionelle Umsetzung dieser Energie[709]. Hinter der Organisation stehen im Regelfall erhebliche finanzielle und logistische Möglichkeiten. Die Organisation selbst zeichnet sich durch einen hohen Grad an Konspiration, an Abschottung nach außen sowie der damit einhergehenden Undurchdringlichkeit aus[710]. Darüber

---

[707] Vgl. Rupprecht, Kriminalistik 1993, S. 131, der die Definition für unscharf und damit normativ untauglich hält; Rachor, in: Lisken/Denninger (Hrsg.), HbdPolR, Kap. F, Rn. 110; zur Kritik an der Begriffsbestimmung s. auch Eisenberg, NJW 1993, S. 1033 ff.; Hassemer, KJ 1992, S. 65; Ostendorf, JZ 1991, S. 63; Caesar, ZRP 1991, S. 243; Albrecht, KritV 1997, S, 320 f.

[708] Gusy, StV 1995, S. 321.

[709] Schoreit, MDR 1992, S. 1016; Rupprecht, Kriminalistik 1993, S. 132.

[710] Schelter, ZRP 1994, S. 53 f.; Zachert, DRiZ 1992, S. 355; Schoreit, MDR 1992, S. 1016; Rupprecht, Kriminalistik 1993, S. 132; Kube/Vahlenkamp, Die Polizei 1993, S. 241.

hinaus stellt sie ein nach streng hierarchischen Maßstäben geordnetes Gebilde dar, das bis in die unterste Ebene durchstrukturiert ist. Derartige gut funktionierende Strukturen und Vernetzungen sind ebenfalls geeignet, günstige Voraussetzungen für die massenhafte Begehung bestimmter, der Organisierten Kriminalität zugeordneter Delikte zu schaffen. Diese Vernetzungen reichen oft bis ins Ausland, so daß ein internationaler Bezug festzustellen ist[711]. Insbesondere die politischen Veränderungen in Osteuropa gelten als Auslöser einer Internationalisierung der Organisierten Kriminalität und einer Zunahme der grenzbezogenen und grenzüberschreitenden Delikte[712].

Auch sind mittlerweile Verknüpfungen zur legalen Geschäftswelt erkennbar, durch die Geldwäsche und Verwertung von Beute ohne großes Risiko durchgeführt werden können[713]. Die Möglichkeit des „jederzeitige(n) Rückzug(s) in den legalen Staat", indem „das inkriminierte Verhalten möglichst weitgehend dem Alltagsverhalten"[714] angenähert wird, stellt eine weitere Besonderheit dieser Kriminalitätsform dar.

Deliktsbereiche, die der Organisierten Kriminalität zugerechnet werden, sind insbesondere Drogenhandel, Prostitution und Menschenhandel, Kfz-Verschiebungen, Waffenhandel und Giftmülltransporte.

Aus dem Zusammenspiel dieser Merkmale ergibt sich einerseits die besondere Gefährlichkeit und das enorme Gefährdungspotential der Organisierten Kriminalität. Die Schäden, die Wirtschaft und Gesellschaft bereits jetzt und erst recht durch eine weitere Ausdehnung der Organisierten Kriminalität[715] drohen, werden als

---

[711] Nicht zuletzt diese Tatsache führte zu der Entwicklung einer länderübergreifenden Polizeiorganisation, EUROPOL; s. dazu etwa Storbeck, Die Polizei 1993, S. 229 ff.; Kölbach, Die Polizei 1996, S. 245 ff.; B. Hirsch, Die Polizei 1998, S. 10 ff.; Aulehner, S. 161 ff.; Mokros, in: Lisken/Denninger (Hrsg.), HbdPolR, Kap. N, Rn. 136 ff.; vgl. auch das Interview mit dem Leiter von Europol Jürgen Storbeck „Europol-Konvention - Rechtswerk oder Machtwerk?", in SZ Nr. 233 vom 10.10.1997, S. 9; zur Frage der Immunität der Europol-Beamten vgl. die kritischen Artikel von Heribert Prantl „Die Wächter der polizeilichen Schatzkisten", SZ Nr. 291 vom 18.12.1997, S. 4 und „Die Fürsten sitzen in Den Haag", SZ Nr. 70 vom 25.3.1998, S. 4.

[712] Vgl. dazu Hellenthal, Die Polizei 1994, S. 4; Kersten, Die Polizei 1997, S. 337 f.

[713] Waechter, Der Staat 1988, S. 405 spricht in diesem Zusammenhang von „unbegrenzter" Regenerationsfähigkeit, welche die besondere Gefährlichkeit der Organisierten Kriminalität ausmache; vgl. auch Rupprecht, Kriminalistik 1993, S. 132.

[714] Waechter, Der Staat 1988, S. 409.

[715] S. zur Prognose etwa Dörmann/Koch/Risch/Vahlenkamp, BKA-Forschungsreihe 1990, S. 61 f.; Rupprecht, Kriminalistik 1993, S. 131 f., der die Rahmenbedingungen für die weitere Ausdehnung der Organisierten Kriminalität für äußerst günstig hält.

schwer eingestuft[716]. Andererseits werden auch die besonderen Schwierigkeiten, die eine effektive Bekämpfung mit sich bringt, deutlich; denn die Durchdringung der aufgebauten, sorgsam abgeschlossenen Strukturen ist ebenso schwierig wie das Durchschauen der vielfältigen, teilweise internationalen, Verflechtungen[717]. Die Professionalität und Skrupellosigkeit der Vorgehensweise tragen ebenfalls zu der erschwerten Aufklärbarkeit bei[718].

Eine wirksame Bekämpfung der Organisierten Kriminalität stellt also hohe Anforderungen an die zuständigen Behörden. Offenbar kann die Verfolgung bereits begangener und bekanntgewordener oder die Verhinderung unmittelbar bevorstehender Straftaten nicht dazu beitragen, das Phänomen „Organisierte Kriminalität" in den Griff zu bekommen. Vielmehr erscheint es notwendig, die Strukturen zu durchblicken und zu erfassen, um an die Wurzeln der Organisation zu gelangen[719]. Nur so können Systeme und Logistik zerstört werden[720]. Dies ist aber nur durch eine intensive Beobachtung und Informationssammlung möglich, die nicht an eine konkrete Straftat geknüpft ist, sondern an Anhaltspunkte, die das Bestehen einer kriminellen Organisation vermuten lassen.

2. Möglichkeiten des Verfassungsschutzes

Da die bisherigen Versuche einer Aufklärung und Bekämpfung der Organisierten Kriminalität mit den „herkömmlichen" Mitteln von Polizei und Justiz noch nicht den gewünschten Erfolg herbeizuführen scheinen[721], stellt sich die Frage, ob die Verfassungsschutzbehörden für diese Aufgabe geeignet wären. Die deliktsunabhängige und langfristige Beobachtung von Strukturen ist „ureigne Domäne der Nachrichtendienste"[722]. Auf den Gebieten der Quellenwerbung und der verdeckten Informationsbeschaffung, etwa durch Einsatz verdeckter Ermittler, haben die Nachrichtendienste bereits große Erfahrung[723]. Maßnahmen der Brief- und Tele-

[716] Hellenthal, Die Polizei 1994, S. 4.

[717] Gusy, StV 1995, S. 323; Rupprecht, Kriminalistik 1993, S. 132; Kube/Vahlenkamp, Die Polizei 1993, S. 241 f.

[718] Gusy, StV 1995, S. 323; Kube/Vahlenkamp, Die Polizei 1993, S. 242.

[719] Etwa Werthebach/Droste-Lehnen, ZRP 1994, S. 60.

[720] Zur „Logistik-Prävention" im Bereich der Organisierten Kriminalität vgl. Kube/Vahlenkamp, Die Polizei 1993, S. 243 ff.

[721] So Koch, ZRP 1995, S. 24.

[722] Werthebach/Droste-Lehnen, ZRP 1994, S. 61; ähnlich Rupprecht, Kriminalistik 1993, S. 133.

[723] Rupprecht, ebda; Werthebach/Droste-Lehnen, ebda.

phonüberwachung nach dem G 10 setzen lediglich konkrete Anhaltspunkte für bestimmte Straftaten voraus; dabei genügt die Annahme eines noch straflosen Planungsstadiums[724]. Damit steht fest, daß der Verfassungsschutz durch den Einsatz nachrichtendienstlicher Mittel zu einem Zeitpunkt, der vor dem Bestehen eines Anfangsverdachts nach § 152 Abs. 2 StPO, bzw. einer konkreten Gefahr liegt, Strukturen der Organisierten Kriminaliät beobachten könnte. Es bestünde also durchaus eine Eignung des Verfassungsschutzes, die Organisierte Kriminalität aufzuklären und damit Möglichkeiten ihrer Bekämpfung zu schaffen. Fraglich bleibt aber seine Zuständigkeit.

III. Zuständigkeit der Verfassungsschutzbehörden zur Beobachtung der Organisierten Kriminalität?

Die Zuständigkeit der Polizei zur Bekämpfung der Organisierten Kriminalität wird auch im Rahmen der Diskussion um eine mögliche Zuständigkeit der Verfassungsschutzbehörden nicht bestritten. Es stellt sich also die Frage, ob Polizei und Verfassungsschutz nebeneinander für die Aufklärung der Organisierten Kriminalität zuständig sein könnten[725]. Denkbar wäre dann eine „phasenspezifische Aufgabenverteilung"[726] zwischen Verfassungsschutz und Polizei dahingehend, daß den Behörden des Verfassungsschutzes der gesamte Bereich der Vorfeldaufklärung hinsichtlich der Organisierten Kriminalität übertragen wird. Dann aber würde eine Zuständigkeit der Polizei zur Vorfeldaufklärung entfallen[727]. Die Klärung einer eventuellen Zuständigkeit des Verfassungsschutzes im Bereich der Aufklärung Organisierter Kriminalität ist daher für die Problemstellung dieser Arbeit von Bedeutung.

Es sind daher die vorhandenen gesetzlichen Grundlagen zu prüfen, um zu klären, ob die Behörden des Verfassungsschutzes bereits nach bestehender Gesetzeslage zur Aufklärung der Organisierten Kriminalität befugt sind[728].

---

[724] Rupprecht, ebda; Werthebach/Droste-Lehnen, S. 60 f.; jeweils mit dem Hinweis, daß Art. 1 § 2 G 10 noch um weitere Straftaten ergänzt werden müßte; zum G 10 s. auch oben, S. 117 ff.

[725] So Rupprecht, Kriminalistik 1993, S. 131: Schelter, ZRP 1994, S. 52 ff., s. auch Werthebach/Droste-Lehnen, ZRP 1994, S. 61, mit Hinweis auf eine entsprechende Praxis der europäischen Nachbarländer.

[726] Rupprecht, Kriminalistik, S. 135.

[727] So Gusy, StV 1995, S. 325 f.; Werthebach/Droste-Lehnen, ZRP 1994, S. 63.

[728] So jedenfalls Werthebach/Droste-Lehnen, ZRP 1994, S. 62.

1. § 3 Abs. 1 Nr. 1 BVerfSchG als Rechtsgrundlage für die Aufklärung Organisierter Kriminalität ?

Als bereits nach geltender Gesetzeslage bestehende Rechtsgrundlage für die Aufklärung Organisierter Kriminalität durch den Verfassungsschutz wird teilweise § 3 Abs. 1 Nr. 1 BVerfSchG angeführt[729]. Danach ist Aufgabe des Verfassungsschutzes neben den in Absatz 2 geregelten Mitwirkungspflichten die Sammlung und Auswertung von Informationen über „Bestrebungen, die gegen die freiheitliche demokratische Grundordnung, den Bestand oder die Sicherheit des Bundes oder eines Landes gerichtet sind oder eine ungesetzliche Beeinträchtigung der Amtsführung der Verfassungsorgane des Bundes oder eines Landes oder ihrer Mitglieder zum Ziele haben".

Nach der Legaldefinition des § 4 Abs. 1 BVerfSchG müssen solche in § 3 Abs. 1 Nr.1 BVerfSchG genannten Bestrebungen aber eine politische Bestimmung aufweisen.

Eine Zuständigkeit des Verfassungsschutzes wäre also dann zu bejahen, wenn die besondere Gefährlichkeit der Organisierten Kriminalität in einem Angriff auf das staatliche Gewaltmonopol läge, wenn sie die Funktionsfähigkeit von Gesetzgebung, Verwaltung und Justiz beinträchtigte[730]. Dies könnte etwa durch die Praxis massiver Bestechungen geschehen, die in der Folge das Vertrauen der Bürger in die Integrität der Staatsorgane zerstören würde. Die freiheitliche demokratische Grundordnung wäre dann als gefährdet zu betrachten, wenn eine in Deutschland operierende kriminelle Organisation die Bindung der Staatsgewalt an Recht und Gesetz durch Korruption untergraben wollte, um ein kriminelles „Parallelsystem" zu schaffen[731]. Sicher spielt zwar die Korruption, bzw. die Beeinflussung von Staatsorganen mit kriminellen Mitteln auch in Deutschland mittlerweile eine nicht zu unterschätzende Rolle[732]. Auch ist nicht zu bestreiten, daß die Organisierte Kriminalität eine Gefährdung von Menschenrechten darstellt[733]. Hauptziel der Organisierten Kriminalität in Deutschland ist aber nicht die Schaffung eines

---

729 Vgl. Werthebach/Droste-Lehnen, ZRP 1994, S. 62 f.

730 Vgl. Gusy, StV 1995, S. 322; Rupprecht, Kriminalistik 1993, S. 134, der auf eine derartige Problematik im Zusammenhang mit der sizilianischen Mafia hinweist.

731 S. dazu Rupprecht, Kriminalistik 1993, S. 134; Ferse, KJ 1994, S. 257.

732 Vgl. Gusy, StV 1995, S. 323 f.

733 So Rupprecht, Kriminalistik 1993, S. 135; Werthebach/Droste-Lehnen, ZRP 1994, S. 63; Denninger, KJ 1994, S. 235.

„anderen Staates“[734], sondern Gewinnmaximierung und -sicherung[735]. Beeinträchtigungen des politischen Systems, etwa durch massive Bestechungen, können lediglich als Neben-, nicht aber als Hauptziel der in Deutschland operierenden kriminellen Organisationen gelten[736]. Außerdem betreffen diese staatsbezogenen Aktivitäten derzeit nicht die Verfassungsorgane. Aufgrund der Ausrichtung auf Gewinnerzielung muß der Organisierten Kriminalität - jedenfalls zum gegenwärtigen Zeitpunkt - die in § 4 Abs. 1 BVerfSchG vorausgesetzte politische Bestimmung abgesprochen werden[737]. Damit aber sind die Voraussetzungen, die die Zuständigkeit des Verfassungsschutzes zur Beobachtung der Organisierten Kriminalität begründen würden, jedenfalls gegenwärtig nicht gegeben[738].

2. Ausweitung der Befugnisse der Verfassungsschutzbehörden ?

Im Anschluß an diese Feststellung könnte die Überlegung erfolgen, ob eine Erweiterung der Kompetenzen der Verfassungsschutzbehörden möglich und sinnvoll wäre, um so eine Zuständigkeit des Verfassungsschutzes zur Aufklärung der Organisierten Kriminaliät zu schaffen[739]. Dann stellte sich aber die Frage, ob nicht das sog. „Trennungsgebot“ einer entsprechenden Regelung entgegenstünde[740]. Fraglich wäre dann auch, ob überhaupt eine dahingehende Notwendigkeit bejaht werden könnte[741].

---

[734] Ferse, KJ 1994, S. 257.

[735] Denninger, KJ 1994, S. 234; Ferse, KJ 1994, S. 257; i. Erg. auch Rupprecht, Kriminalistik 1993, S. 134 f.

[736] Denninger, KJ 1994, S. 234; Gusy, StV 1995, S. 324.

[737] Denninger, KJ 1994, S. 234; Rupprecht, Kriminalistik 1993, S. 134; Ferse, KJ 1994, S. 257; a. A. Werthebach/Droste-Lehnen, ZRP 1994, S. 60 ff., die davon ausgehen, daß sich die Organisierte Kriminalität bereits jetzt „in ihren Auswirkungen als eine Erscheinung“ darstellt, „die die Grundwerte unserer Verfassung ganz oder teilweise außer Kraft setzt oder zumindest [...] darauf gerichtet ist“.

[738] Gusy, StV 1995, S. 324 f.; Rupprecht, Kriminalistik 1993, S. 134; zur Problematik, die sich bei einer Bejahung der Zuständigkeit des Verfassungsschutzes im Zusammenhang mit dem Trennungsgebot stellen würde, vgl. u. a. Gusy, KJ 1994, S. 242 ff.; Albert, ZRP 1995, S. 105; Denninger, KJ 1994, S. 235 ff.; Lisken, ZRP 1994, S. 266, s. auch Gusy, ZRP 1987, S. 45 ff.

[739] So Rupprecht, Kriminalistik 1993, S. 134, der eine Ergänzung des § 3 Abs. 1 BVerfSchG um eine weitere Ziffer („4. Bestrebungen der Organisierten Kriminalität“) befürwortet; auch Koch, ZRP 1995, S. 24; Jachmann, KJ 1994, S. 254, der aber einer Erweiterung dennoch kritisch gegenübersteht; ähnlich auch Ferse, KJ 1994, S. 257; Denninger, KJ 1994, S. 240, der aber eine Erweiterung ebenfalls für nicht empfehlenswert hält.

[740] So Albert, ZRP 1995, S. 105; Gusy, KJ 1994, S. 242 ff.

[741] Ablehnend Gusy, KJ 1994, S. 251; Ferse, KJ 1994, S. 257; kritisch auch Koch, ZRP 1995, S. 28; Lisken, ZRP 1994, S. 266.

In diesem Exkurs soll aber die Feststellung genügen, daß gegenwärtig die Voraussetzung für ein Tätigwerden des Verfassungsschutzes im Bereich der Organisierten Kriminalität nicht vorliegen.

3. Ergebnis

Trotz einer Eignung des Verfassungsschutzes, die Organisierte Kriminalität zu beobachten und so die Möglichkeit ihrer Bekämpfung zu verbessern, muß nach der gegenwärtigen Situation seine Zuständigkeit auf diesem Gebiet verneint werden. Damit steht fest, daß die Bekämpfung der Organisierten Kriminalität ausschließlich Aufgabe von Polizei und Justiz ist. Befugnisse zur Vorfeldermittlung können der Polizei daher nicht schon deshalb verwehrt werden, da hier eine Zuständigkeit des Verfassungsschutzes und mögliche Überschneidungen ein Tätigwerden der Polizei im Vorfeld ausschließen würden.

3. Teil: Verfassungsrechtliche Grenzen der Zulässigkeit von Vorfeldermittlungen

A. Verfahrensrechtliche Bedenken: Überprüfung der Verfassungsmäßigkeit hinsichtlich des Verfahrens bei Vorfeldermittlungen

Wie bereits mehrfach erwähnt, handelt es sich bei polizeilichen Vorfeldermittlungen im wesentlichen um verdeckt durchgeführte Maßnahmen. Das bedeutet, der Staat bedient sich eines heimlichen Vorgehens, so daß der Betroffene zunächst keine Kenntnis von der Maßnahme haben kann. Es ist auch gerade Sinn und Zweck der Vorfeldermittlungen, Informationen erheben zu können, ohne den Betroffenen bereits vor Durchführung der Maßnahme in Kenntnis setzen zu müssen. Es handelt sich um Informationssammlung, die gerade nicht auf der freiwilligen Auskunfterteilung des Betroffenen beruht[742]; denn wüßte er von den gegen ihn gerichteten Maßnahmen zur Informationserhebungen, wäre der Erfolg der Maßnahmen wohl bereits vereitelt.

Es stellt sich aber die Frage, ob es dem Staat überhaupt erlaubt ist, heimlich gegen seine Bürger vorzugehen, oder ob nicht die Verfassung einem verdeckten staatlichen Handeln entgegensteht.

I. Generelle Zulässigkeit der Durchführung heimlicher Maßnahmen durch den Staat

Heimlich durchgeführte staatliche Maßnahmen könnten als mit dem in einer auf rechtsstaatlichen und freiheitlichen Grundsätzen basierenden Demokratie geltenden Offenheits- und Publizitätsgebot staatlichen Handelns nicht vereinbar anzusehen sein[743]. Teilweise wird die Offenheit staatlichen Handelns als aus dem nach gängiger Auffassung in Art. 20 Abs. 3 GG verankerten[744] Rechtsstaatsprinzip

---

[742] S. dazu oben, S. 54.

[743] S. dazu Amelung/Schall, JuS 1975, S. 569 ff.; Evers, Privatsphäre und Ämter für Verfassungsschutz, S. 70, Scholz/Pitschas, S. 175; Haas, S. 91, Lisken, DRiZ 1987, S. 188.

[744] BVerfGE 35, 41 (47); 39, 128 (143); Schnapp, in: von Münch/Kunig, Art. 20, Rn. 21; Herzog, in: Maunz/Dürig/Herzog/Scholz, Art. 20, VII, Rn. 3 ff.; Schmidt-Bleibtreu/Klein, Art. 20, Rn. 9; zum Ganzen auch Stern, Staatsrecht I, § 20 III 3 b) und IV; kritisch aber Bäumlin/Ridder, in: AK I, Art. 20 Abs. 1-3 III, Rn. 35 f., die darauf hinweisen, daß das Rechtsstaatsprinzip in Art. 20 Abs. 3 GG keine Erwähnung findet.

abzuleitender Grundsatz betrachtet[745]. Zwar ist die Rechtssicherheit als wesentliches Element des Rechtsstaatprinzips anerkannt[746], als deren Verbürgungen die Meßbarkeit und Vorhersehbarkeit staatlichen Handelns gelten können[747]. Daraus läßt sich durchaus die Forderung nach prinzipieller Offenheit staatlichen Handelns ableiten[748]. Auch wäre die grenzenlose Möglichkeit heimlicher Informationssammlung nicht mit der in Art. 1 Abs. 1 GG garantierten Menschenwürde vereinbar. Die Menschenwürde ist dann nicht mehr gewahrt, wenn der Bürger durch staatliche Maßnahmen zum bloßen Objekt herabgewürdigt wird[749]. Auch das Gebot des effektiven Rechtsschutzes aus Art. 19 Abs. 4 GG spricht für die prinzipielle Offenheit staatlichen Handelns. Art. 19 Abs. 4 GG gilt als Ausprägung des Rechtsstaatsprinzip, durch das die allgemeinen Grundsätze des Rechtsstaats für die gerichtliche Kontrolle von Akten der öffentlichen Gewalt eine spezielle Konkretisierung erfahren[750]. Das Offenheits- bzw. Publizitätsgebot kann daher durchaus als ein verfassungsrechtliches Prinzip gelten[751].

Dieses Prinzip ist nach den Ausführungen des Bundesverfassungsgericht im sog. Abhörurteil aber dann einschränkbar, wenn dem Staat eine Aufgabe zugewiesen ist, die sich nur im Wege eines verdeckten Vorgehens effizient bewältigen läßt[752]. Für die Zulässigkeit heimlicher Grundrechtseingriffe ist darüber hinaus zu beachten, daß nur dann kein Verstoß gegen die Menschenwürde anzunehmen ist, wenn die Maßnahmen zum Schutz hochrangiger Güter ergriffen werden[753]. Außerdem

---

[745] So Amelung/Schall, JuS 1975, S. 569 f.; Evers, Privatsphäre und Ämter für Verfassungsschutz, S. 70; Lisken, DRiZ 1987, S. 188.

[746] BVerfGE 2, 380 (403); std. Rspr.; Stern StaatsR I, § 20 IV.

[747] Schnapp, in: von Münch/Kunig, Art. 20, Rn. 23; Schmidt-Bleibtreu/Klein, Art. 20, Rn. 11; Schmidt-Aßmann, in: Isensee/Kirchhof (Hrsg.), HbdStR, Bd. I, § 24, Rn. 81 ff.; Kunig, S. 316 ff.

[748] So auch Weßlau, S. 207; anders Deutsch, S. 14; anders auch BGHSt 42, 139 (150 f.): Der Große Senat stellt hier fest, daß sich ein „Grundsatz der Offenheit staatlichen Handelns" den das Ermittlungsverfahren regelnden Vorschriften der Strafprozeßordnung nicht entnehmen lasse; die grundsätzliche Freiheit der Polizeibehörden in der Wahl ihrer Ermittlungsmethoden schließe daher auch die Möglichkeit ein, verdeckt gegenüber einem Tatverdächtigen vorzugehen.

[749] Vgl. BVerfGE 30, 1 ff.

[750] Schulze-Fielitz, in: Dreier, Art. 19 IV, Rn. 26 f.; Schmidt-Aßmann, in: Maunz/Dürig/Herzog/Scholz, Art. 19 IV, Rn. 15 ff.

[751] So auch Kunig, S. 364 ff.; Kniesel/Tegtmeyer/Vahle, Rn. 505; Amelung/Schall, JuS 1975, S. 569 f.

[752] Vgl. BVerfGE 30, 1 (20).

[753] S. dazu Vahle, S. 18; Deutsch, S. 18 f.

muß dem Betroffenen die Möglichkeit gewährt sein, auf derartige Maßnahmen zu reagieren und sich gegen sie zur Wehr zu setzen.

II. Verstoß gegen Art. 19 Abs. 4 GG?

Bedenken bestehen daher hinsichtlich der Vereinbarkeit verdeckt durchgeführter Maßnahmen mit der Rechtsschutzgarantie aus Art. 19 Abs. 4 GG; denn die unbemerkte Beeinträchtigung einer Grundrechtsposition läßt die Rechtsschutzgarantie nur noch formell bestehen. Faktisch aber wird dem Betroffenen die Möglichkeit, gerichtlichen Rechtsschutz gegen die Maßnahme zu erlangen, genommen[754]. Die durch Art. 19 Abs. 4 GG gewährleistete Rechtsschutzgarantie liefe dann praktisch leer[755]. Einer derartigen Entwertung der Rechtsschutzgarantie kann aber dadurch begegnet werden, daß eine nachträgliche gerichtliche Überprüfung innerhalb eines Zeitraumes ermöglicht wird, in dem effektiver Rechtsschutz noch gewährleistet werden kann[756]. Das bedeutet, daß die entprechende Ermächtigungsgrundlage die nachträgliche Benachrichtigung des Betroffenen grundsätzlich vorsehen muß[757]. Von dieser Benachrichtigungspflicht kann lediglich bei einer Gefährdung des Maßnahmezwecks oder der Anwendung geheimhaltungsbedürftiger Ermittlungsmethoden abgesehen werden[758]. Soweit die Vorschriften der Länderpolizeigesetze, auf deren Grundlage Vorfeldermittlungen durchgeführt werden können, eine solche Benachrichtigungspflicht nicht vorsehen, sind sie zwingend dahingehend zu ergänzen. Anderenfalls sind sie als nicht mit der durch Art. 19 Abs. 4 GG gewährleisteten Rechtschutzgarantie vereinbar zu betrachten[759].

---

[754] Staff, ZRP 1992, S. 386; Deutsch, S. 19.

[755] Staff, ZRP 1992, S. 386, 387; Wolter, GA 1988, S. 88.

[756] S. dazu Schenke, in: BK, Art. 19 IV, Rn. 294; Schulze-Frielitz, in: Dreier, Art. 19 IV, Rn. 80; Bachmann, S. 40.

[757] So auch Deutsch, S. 20; Kowalczyk, S. 75.

[758] Deutsch, S. 27.

[759] So auch Deutsch, S. 28; Staff, ZRP 1992, S. 389.

III. Ergebnis

Vorfeldermittlungen zur Verhütung Organisierter Kriminalität dienen zum einen dem Schutz hochrangiger Rechtsgüter; denn eine Verhütung von Straftaten, die im Zusammenhang mit der Organisierten Kriminalität begangen werden, bedeutet gleichzeitig eine Verhinderung schwerer Rechtsverletzungen der durch diese Straftaten Betroffenen. Zum anderen läßt sich diese Aufgabe auch nur im Wege der heimlichen Informationsgewinnung effektiv wahrnehmen. Eine offene Datenerhebung könnte den angestrebten Zweck nicht annähernd effizient verfolgen. Damit liegen jedenfalls die Voraussetzungen für eine Einschränkbarkeit des verfassungsrechtlichen Publizitätsgebots vor.

Unter der Maßgabe, daß die betreffenden Maßnahmen eine nachträgliche Benachrichtigungspflicht vorsehen, verstößt die Heimlichkeit der Vorfeldermittlungen auch nicht gegen die Rechtsschutzgarantie aus Art. 19 Abs. 4 GG.

B. Grenzen der Zulässigkeit einer Regelung von Befugnissen zur Vorfeldermittlung in den Polizeigesetzen

Nachdem festgestellt wurde, daß Maßnahmen zur Verhütung von Straftaten als Teilbereich der vorbeugenden Bekämpfung von Straftaten sowohl vom Gefahrenbegriff der Aufgabenzuweisungsnorm als auch von demjenigen der Befugnisnormen der Polizeigesetze gedeckt sind, stellt sich die Frage nach ihren verfassungsrechtlichen Grenzen. Zu überprüfen ist demnach die Vereinbarkeit von Vorfeldermittlungen mit dem Bestimmtheitsgebot sowie insbesondere auch mit dem Grundsatz der Verhältnismäßigkeit. Daran anschließen muß sich schließlich die Prüfung, ob absolute Grenzen für die Regelung von Vorfeldermittlungen existieren und wo diese Grenzen verlaufen. Erst dann ist feststellbar, ob und in welchem Umfang die Zulässigkeit von Vorfeldermittlungen in den Polizeigesetzen bejaht werden kann.

I. Vorfeldermittlungsbefugnisse und Bestimmtheitsgebot

Ein Problem stellt sich im Zusammenhang mit der Überprüfung, ob Vorfeldermittlungsbefugnisse den Anforderungen des aus dem Grundsatz der Gesetzmäßigkeit der Verwaltung, der seinerseits in Art. 20 Abs. 3 GG verankert ist[760], folgenden Bestimmtheitsgrundsatzes genügen.

Dieser fordert, daß Gesetze in Tatbestand und Rechtsfolge klar und bestimmt gefaßt sind[761]. Überwiegend wird die Funktion des Bestimmtheitsgrundsatzes in der Anforderung an gesetzliche Regelungen gesehen, aus der Perspektive des Einzelnen erkennbar und vorhersehbar zu machen, wann und in welchem Umfang er mit staatlichen Eingriffen rechnen muß[762]. Der Betroffene muß die Rechtslage erkennen und sein Verhalten darauf einrichten können[763]. Unklare und unbestimmte Gesetze können daher im Einzelfall wegen eines Verstoßes gegen den Bestimmtheitsgrundsatz nichtig sein[764]. Für die Vorfeldermittlungsbefugnisse stellt sich die Frage, ob einzelne verwendete Begriffe nicht zu unklar und unbestimmt im Sinne des Bestimmtheitsgrundsatzes sind. Insbesondere die Verwendung des Begriffs der „tatsächlichen Anhaltspunkte" könnte hier Bedenken begegnen.

Zunächst gilt, daß die Verwendung unbestimmter Rechtsbegriffe nicht generell durch die Geltung des Bestimmtheitsgrundsatzes ausgeschlossen ist[765]. Auch nimmt die Auslegungsbedürftigkeit einer Norm ihr noch nicht die rechtsstaatlich gebotene Bestimmtheit[766]. Im Gegenteil ist die Verwendung von unbestimmten Rechtsbegriffen und Generalklauseln oftmals unvermeidbar, um der Vielfältigkeit von Anwendungsbereichen gerecht werden zu können. Dies wurde gerade für die Verwendung der polizeilichen Generalklausel ausdrücklich festgestellt[767].

Das Problem liegt daher nicht in der Verwendung unbestimmter Rechtsbegriffe an sich, sondern vielmehr in der notwendigen Möglichkeit ihrer Konkretisierung und Präzisierung[768]. Sofern durch Interpretation der Norm der durch sie eröffnete Handlungsspielraum erschlossen werden kann, stellt sich die Verwendung unbestimmter Rechtsbegriffe noch nicht als Verstoß gegen den Bestimmtheitsgrundsatz dar. Dagegen dürfen die verwendeten Begriffe nicht derart unbestimmt sein,

---

760 Vgl. nur Stern, StaatsR I, § 20 IV 4 b.

761 Zu den Einzelheiten vgl. Schnapp, in: von Münch/Kunig, Art. 20, Rn. 25 ff.; Herzog, in: Maunz/Dürig/Herzog/Scholz, Art. 20, VII, Rn. 62; Wolff/Bachof/Stober, VerwR I, § 31, Rn. 13.

762 Vgl. nur Herzog, in: Maunz/Dürig/Herzog/Scholz, Art. 20, VII, Rn. 62 f.

763 Vgl. etwa BVerfGE 21, 73 (79).

764 Vgl. BVerfGE 1, 14 (45); 17, 67 (82); 25, 216 (227).

765 Wolff/Bachof/Stober, VerwR I, § 31, Rn. 13.

766 BVerfGE 21, 209 (215); 21, 245 (261); 63, 312 (324); 83, 130 (145).

767 Vgl. BVerfGE 8, 274 (302 f.); 14, 245 (253); 54, 143 (144 f.); 63, 312 (323).

768 Für die polizeiliche Generalklausel vgl. nochmals BVerfGE 54, 143 (144 f.).

daß nicht mehr zu erschließen ist, was ihnen unterfällt und was nicht[769]. Inhalt, Zweck und Ausmaß der Norm müssen daher erkennbar sein. Die Anforderungen an die Bestimmtheit lassen sich indessen nicht allgemein festlegen[770].

Bei der Verwendung unbestimmter Rechtsbegriffe in den Ermächtigungsgrundlagen für Vorfeldermittlungen liegt das Problem wiederum in der mangelnden Schärfe von Zwecksetzungen und Grenzziehungen. Es stellt sich daher die Frage, ob und wie den Bedenken hinsichtlich einer Vereinbarkeit mit dem Bestimmtheitsgebot durch Interpretation bzw. verfassungskonforme Auslegung begegnet werden kann. Für eine solche Interpretation ist auf die bereits herausgearbeiteten Ergebnisse zurückzugreifen. Festgestellt wurde, daß Vorfeldermittlungen als Verhütung von Straftaten systematisch dem „abstrakten" Gefahrenverdacht unterfallen. Dieser ist daher heranzuziehen, um die Voraussetzungen, unter denen Vorfeldermittlungen zulässig sein sollen, also die Begriffswendung „tatsächliche Anhaltspunkte", restriktiv auszulegen. Der herkömmliche „konkrete" Gefahrenverdacht beruht ebenso wie die konkrete Gefahr auf einer Wahrscheinlichkeitsprognose - wenn an diese auch geringere Anforderungen gestellt werden. Die Schwelle zur bloßen Möglichkeit eines Schadenseintritts wird aber auch hier nicht überschritten[771]. Entsprechendes muß aufgrund der systematischen Parallelität auch für den „abstrakten" Gefahrenverdacht gelten. Auch hier kann demnach die abstrakte Möglichkeit nicht ausreichen, vielmehr muß ebenfalls eine gewisse Wahrscheinlichkeit vorausgesetzt werden - wenn auch wiederum eine im Vergleich zur abstrakten Gefahr geringere.

Daraus lassen sich folgende Schlußfolgerungen für die Interpretation des Begriffs der „tatsächlichen Anhaltspunkte" ziehen. Diese müßten demnach geeignet sein, einen Grad der Wahrscheinlichkeit festzustellen, der für die Annahme eines „abstrakten" Gefahrenverdachts ausreicht. Anhaltspunkte, die eine abstrakte Gefahr lediglich möglich erscheinen lassen, könnten nach dieser Auslegung nicht vom Begriff der „tatsächlichen Anhaltspunkte" umfaßt werden.

Damit wird dieser Begriff aber einer Interpretation zugänglich, die erschließen läßt, was ihm unterfällt und was nicht. Im Wege dieser Auslegung könnten daher

---

[769] BVerfGE 21, 73 (79).

[770] Wolff/Bachof/Stober, VerwR I, § 31, Rn. 13.

[771] S. dazu oben, S. 90.

die Bedenken hinsichtlich einer Vereinbarkeit mit dem Bestimmtheitsgrundsatz ausgeräumt werden.

II. Vorfeldermittlungsbefugnisse und Grundsatz der Verhältnismäßigkeit

Der Grundsatz der Verhältnismäßigkeit gilt für alle staatlichen Maßnahmen. Es handelt sich um einen Grundsatz mit Verfassungsrang, der seine rechtsdogmatische Grundlage sowohl im Rechtsstaatsprinzip[772] als auch in den Grundrechten[773] findet. Ein Verstoß gegen den Grundsatz der Verhältnismäßigkeit führt in jedem Falle zur Rechtswidrigkeit der betreffenden Maßnahme.

Der Verhältnismäßigkeitsgrundsatz besteht aus drei Elementen[774]. Zunächst muß die Maßnahme sich als geeignet für die Erreichung des angestrebten Zweckes erweisen. Zudem muß ihre Erforderlichkeit feststehen. Danach ist eine staatliche Handlung nur dann gerechtfertigt, wenn zur Erreichung des angestrebten Zieles eine andere wirksame, aber weniger beeinträchtigende Maßnahme nicht zur Verfügung steht[775]. Schließlich muß auch die Zumutbarkeit oder Angemessenheit der Maßnahme - auch Verhältnismäßigkeit im engeren Sinne[776] - bejaht werden können[777]. Auf dieser Ebene der Prüfung hat eine Abwägung zwischen der Intensität, die der Eingriff für den Einzelnen entfaltet, und dem mit dem Eingriff verfolgten Zweck stattzufinden. Gefordert wird, daß Eingriff und Zweck in einem recht gewichteten und wohl abgewogenen Verhältnis zueinander stehen[778].

---

[772] Vgl. BVerfGE 23, 127 (133); 69, 161 (169); 76, 256 (359)

[773] Vgl. BVerfGE 19, 342 (348 f.).; Schnapp, in: von Münch/Kunig, Art. 20, Rn. 27; Herzog, in: Maunz/Dürig/Herzog/Scholz, Art. 20, Rn. 71.

[774] S. dazu Stern StaatsR I, § 20 IV 7; Wolff/Bachof/Stober, VerwR I, § 30, Rn. 8; Bull, VerwR, Rn. 238.

[775] BVerfGE 38, 281 (302), unter Bezugnahme auf BVerfGE 30, 292 (316 f.); 35, 382 (401); vgl. auch Stern, StaatsR I, § 20 IV 7; Wolff/Bachof/Stober, VerwR I, § 30, Rn. 8; Bull, VerwR, Rn. 238.

[776] Wolff/Bachof/Stober, VerwR I, § 30, Rn. 8.

[777] BVerfGE 15, 234; 16, 202; 17, 242 (276, 313 f.); 26, 239; std. Rspr.; vgl. auch Wolff/Bachof/Stober, VerwR I, § 30, Rn. 8.

[778] Vgl. BVerfGE 15, 234; 16, 202; 26, 239; std. Rspr.; auch Ossenbühl, Festgabe Gesellschaft für Rechtspolitik, 1984, S. 315; s. aber auch Schlink, Abwägung im Verfassungsrecht, 1976, der darauf hinweist, daß ein derartiges Abwägen der rationalen und verbindlichen Maßstäbe entbehrt.

1. Geeignetheit von Vorfeldermittlungen

Der Zweck der Vorfeldermittlungen liegt in der vorbeugenden Durchleuchtung kriminogener Strukturen und Zusammenhänge. Insbesondere ein Eindringen in die abgeschotteten Strukturen der Organisierten Kriminalität soll mit Hilfe von Vorfeldermittlungen ermöglicht werden[779]. In der Tat können mit Hilfe von Informationserhebungsmaßnahmen, die sich nicht am Vorliegen einer Gefahr im herkömmlichen Sinne orientieren, Einblicke gelingen, die der Aufklärung derartiger Strukturen dienen. Durch eine ausreichende Aufklärung und Erforschung kann die Begehung von Straftaten, die aus dem Kreis einer kriminellen Organisation zu erwarten sind, verhindert werden, indem rechtzeitig - mithin also vor Eintritt eines Schadens - die Organisation und ihre Zusammenhänge aufgedeckt, Logistik zerschlagen und Kommunikationswege gestört werden. Durch die in Frage stehenden Maßnahmen der Informationserhebung im Vorfeld einer Gefahr im herkömmlichen Sinne können die dafür notwendigen Informationen aus dem Innenbereich einer kriminellen Organisation beschafft werden.

Die Anwendung von Vorfeldermittlungen stellt sich damit durchaus als geeignet dar.

2. Erforderlichkeit von Vorfeldermittlungen

Die Bekämpfung der Organisierten Kriminalität stellt sich als ein Problem dar, dem bislang nicht wirksam begegnet werden konnte. Es handelt sich um eine neuartige Form der Kriminalität, die offensichtlich den Einsatz neuartiger Mittel verlangt[780]. Als milderes Mittel im Vergleich zu den Vorfeldermittlungen käme einerseits lediglich die Gefahrenabwehr im herkömmlichen Sinne, andererseits die Strafverfolgung auf der Grundlage eines Verdachts in Betracht. In diesen Fällen kann ein Tätigwerden erst erfolgen, wenn ein Schaden bereits wahrscheinlich ist, bzw. eine Straftat bereits begangen wurde. Beide Möglichkeiten greifen daher im Grunde für eine effektive Bewältigung des Problems „Organisierte Kriminalität" zu kurz. Gerade die Vorverlagerung der Eingriffsgrenze, wie durch die vorbeugende Bekämpfung von Straftaten vorgesehen, ermöglicht es erst, den aufgezeigten Besonderheiten, die das Phänomen „Organisierte Kriminalität" ausmachen,

---

[779] Kube/Vahlenkamp, Die Polizei 1993, S. 247.

[780] Vgl. etwa Denninger, JA 1987, S. 131; Kniesel/Vahle, DÖV 1987, S. 956.

Rechnung zu tragen. Nur durch die Informationsgewinnung im Vorfeld kann es gelingen, die Grundlagen der Organisierten Kriminalität aufzudecken. Dies ist aber Voraussetzung, um die Möglichkeit zu schaffen, die betreffenden Strukturen durchleuchten und Ansatzpunkte für die Verhütung von durch die Organisierte Kriminalität begangenen Straftaten erhalten zu können.

Auch die Heimlichkeit dieser Form der Informationserhebung stellt eine notwendige Vorgehensweise dar, um überhaupt das entsprechende Datenmaterial sammeln zu können. Offene Datenerhebung bei den Betroffenen würde den Zweck der Vorfeldermittlungen bereits vereiteln.

Es besteht daher durchaus eine tatsächliche Notwendigkeit der Zulässigkeit von Vorfeldermittlungen, um im Bereich der Organisierten Kriminalität effektiv vorbeugend tätig werden zu können. Auch die Erforderlichkeit von Vorfeldermittlungen für die Verhütung von Straftaten, die im Zusammenhang mit dem Phänomen „Organisierte Kriminalität" stehen, ist daher zu bejahen.

3. Angemessenheit bzw. Verhältnismäßigkeit im engeren Sinne

Der Prüfung, ob Vorfeldermittlungen auch als angemessen etrachtet werden können, muß eine Gegenüberstellung der gegen sie bestehenden Bedenken und der Bedeutung des mit ihrer Anwendung verfolgten Zieles vorausgehen.

a) Gegenüberstellung der Bedenken gegen Vorfeldermittlungen einerseits und ihrer Zielrichtung andererseits

Mit dieser Gegenüberstellung werden die Positionen umrissen, die die Elemente einer Abwägung darstellen. Dies ist Voraussetzung zur Klärung der Frage, ob die Bedeutung des Ziels, das mit Vorfeldermittlungen erreicht werden soll, die Schaffung derartiger Befugnisse rechtfertigen kann.

aa) Verfassungsrechtliche und rechtsstaatliche Bedenken gegen den Einsatz von Vorfeldermittlungen

Die derzeitigen gesetzlichen Regelungen von Vorfeldermittlungen, begrenzt auf die Verhütung von Straftaten, sehen sich vielfältigen rechtsstaatlichen Bedenken ausgesetzt. Die Grundrechtsbeeinträchtigungen, die den Betroffenen drohen, sind als äußerst erheblich einzustufen. Eingriffe drohen nicht nur in das Recht auf informationelle Selbstbestimmung aus Art. 2 Abs. 1 i.V.m. Art. 1 Abs. 1 GG[781], sondern ebenso in das allgemeine Persönlichkeitsrecht aus Art. 2 Abs. 1 GG in seinen Ausgestaltungen des Rechts am eigenen Bild und des Rechts am eigenen Wort, sowie in das Wohnungsgrundrecht aus Art. 13 Abs. 1 GG, die Kommunikationsgrundrechte aus Art. 8 Abs. 1 GG und Art. 9 Abs. 1 GG sowie aus Art. 5 Abs. 1 GG. Bedenklich erscheinen Vorfeldermittlungen auch hinsichtlich der aus Art. 1 Abs. 1 GG abgeleiteten Redlichkeitsvermutung sowie der Unschuldsvermutung des Art. 6 Abs. 2 EMRK.

Die Besonderheit der Vorfeldermittlungen liegt vor allem darin, daß die diesbezüglichen Befugnisnorm sich tatbestandlich vom Gefahrenbegriff gelöst haben. Dies führt aber zu einer im Grunde uferlosen Ausweitung der Tatbestände in sachlich-gegenständlicher Hinsicht. Überdies dürfen im Wege von verdeckter Informationserhebung Daten über einen nahezu unbegrenzten Kreis von Personen erhoben werden, indem auch Nichtstörer und Nichtverdächtige in den möglicherweise betroffenen Personenkreis einbezogen werden. Es überrascht daher, daß in der derzeitigen Form die Voraussetzungen für die Durchführung von Vorfeldermittlungen im Vergleich zu Maßnahmen, die bei Vorliegen einer polizeirechtlichen Gefahr ergriffen werden dürfen, nicht etwa enger umgrenzt, sondern durch die Verwendung des Begriffs der „tatsächlichen Anhaltspunkte“ ebenfalls erweitert sind.

Darüber hinaus erscheint eine weitere Besonderheit dieser Regelungen rechtsstaatlich bedenklich. Indem kaum eingrenzbare Eingriffsermächtigungen geschaffen wurden, fällt die Entscheidung über das Vorliegen von Eingriffsvoraussetzungen in weitem Umfang den Polizeibehörden selbst zu. Damit vollzieht sich indes eine Machtverlagerung von der gesetzgebenden auf die vollziehende Gewalt[782]. Nicht dem demokratisch legitimierten Gesetzgeber, sondern der polizeilichen Exekutive fällt die Verantwortung über die Einschätzung von Situationen zu, die Auslöser für polizeiliches Vorgehen sein könnten. Gleichzeitig erschweren die unkonturierten Eingriffsvoraussetzungen die gerichtliche Kontrolle der Normanwendung. Dies fällt umso schwerer ins Gewicht, als die Heimlichkeit der Maß-

---

[781] S. dazu oben, S. 54 f.

[782] Vgl. auch Rachor, in: Lisken/Denninger (Hrsg.), HbdPolR, Kap. F., Rn. 104; D. Neumann, S. 137 f.

nahmen die Möglichkeit, gerichtlichen Rechtsschutz zu erlangen, ohnehin behindert[783].

Die Zulässigkeit von Vorfeldermittlungen begegnet daher aufgrund von fehlender Rechtssicherheit und Rechtsklarheit Bedenken.

Diesen Bedenken könnte nur begegnet werden, wenn einerseits das durch sie angestrebte Ziel so bedeutsam ist, daß auch schwerwiegende Eingriffe gerechtfertigt sein könnten und wenn andererseits Vorfeldermittlungen für die Erreichung des angestrebten Ziels auch tatsächlich notwendig sind. Daher gilt es, die Frage nach der Zielrichtung von Vorfeldermittlungen zu stellen.

bb) Bedeutung des angestrebten Ziels

Als Zweck der vorbeugenden Bekämpfung von Straftaten wird vor allem immer wieder die Bekämpfung der Organisierten Kriminalität genannt[784]. Die Besonderheiten der Organisierten Kriminalität sollten ein Vorgehen der Polizei bereits im Vorfeld erforderlich machen, um so eine „Waffengleichheit"[785] zu gewährleisten. Als „Widerpart"[786] des organisierten Verbrechens müsse die Polizei ihre Ermittlungsmethoden „der Langfristigkeit und Weiträumigkeit der gegnerischen Strategien anpassen"[787]. Auch seien die Bedrohungen durch diese neuartige Form der Kriminalität derartig groß und vielfältig, daß in diesem Falle nicht abgewartet werden könne, bis eine konkrete Gefahr oder sogar eine Straftat vorliege[788].

In der Tat zeichnet die Organisierte Kriminalität sich durch ein besonders hohes Maß an Gefährdung und Sozialschädlichkeit aus[789]. Die Grundrechtsgefährdungen, die den Betroffenen durch die Organisierte Kriminalität drohen, sind gravierend. Die der Organisierten Kriminalität zugeordneten Deliktsbereiche sind durch besonders schwerwiegende

---

[783] S. dazu oben, S. 182 ff.

[784] So etwa Zachert, Kriminalistik 1990, S. 624; Rebscher/Vahlenkamp, S. 166; Kniesel/Vahle, DÖV 1987, S. 956; Kniesel, Die Polizei 1991, S. 189.

[785] Kniesel/Vahle, DÖV 1987, S. 956.

[786] Denninger, JA 1987, S. 131.

[787] Denninger, JA 1987, S. 131.

[788] Dazu Kniesel, Die Polizei 1991, S. 189 plastisch: „Die Polizei darf nicht mehr abwarten, bis das Kind in den Brunnen gefallen ist; sie muß schon vorher Vorkehrungen treffen dürfen (einen Deckel auf den Brunnen legen)".

[789] S. dazu die Darstellung S. 202 ff.

Rechtsverletzungen gekennzeichnet. Es geht beispielsweise um Menschenrechtsverletzungen durch Menschenhandel und Zwang zur Prostitution, um schwerwiegende Verletzungen der Eigentums- und Vermögensrechte durch Autoschieberei und Geldwäsche und um Gesundheits- und auch Lebensverletzungen durch Drogenhandel. Die massenweise Begehung der bezeichneten Delikte „im großen Stil“ verstärkt noch zusätzlich die Erheblichkeit der drohenden Rechtsverletzungen für die Betroffenen.

Aber nicht nur die Schwere der Straftaten, sondern auch ihre Vorgehensweise machen eine effektive Bekämpfung und ein rechtzeitiges Verhindern weiterer Ausdehnung notwendig. Nicht zuletzt sind es aber gerade die Besonderheiten der Organisierten Kriminalität, die eine effektive Bekämpfung mit „herkömmlichen“ Methoden so schwierig machen. Es stellt sich die Frage, wie dieser neuartigen Form der Kriminalität begegnet werden soll, die sich durch eine Undurchdringlichkeit ihrer Strukturen auszeichnet.

cc) „Grundrecht auf Sicherheit“ bzw. „Aufgabe der Informationsvorsorge“ als Legitimation für Vorfeldermittlungen ?

Als Legitimation für Vorfeldermittlungen werden teilweise staatliche Verpflichtungen, die sich aus einem „Grundrecht auf Sicherheit“[790] bzw. aus der staatlichen „Aufgabe der Informations- bzw. Gefahrenvorsorge“ ergäben[791], angeführt. Zwar ist neben der Funktion der Grundrechte als unmittelbare Abwehrrechte gegen den Staat anerkannt, daß auch eine aus der Garantiefunktion der Grundrechte abgeleitete Pflicht des Staates besteht, den Einzelnen vor einer Beeinträchtigung seiner Grundrechte, insbesondere durch Dritte, zu schützen[792]. Dies folgt aus der Betrachtung der Grundrechte als Ausdruck einer objektiven Wertordnung[793]. Daher ist der Staat verpflichtet, Gefahren abzuwehren und Hindernisse zu beseitigen, die der Grundrechtsausübung des Einzelnen von dritter Seite drohen. Ob aber aus dieser Schutzpflicht des Staates ein Recht auf Schutz oder eben ein Grundrecht auf Sicherheit[794] als eigenständiges Grundrecht konstruiert werden kann, erscheint

[790] Isensee, passim.

[791] Scholz/Pitschas, S. 110 f.; Pitschas/Aulehner, NJW 1989, S. 2355; Aulehner, S. 442 f.

[792] Vgl. BVerfGE 7, 198 (204 f.); 21, 362 (371 f.); 39, 1 (44); 46, 160 (164); 56, 54 (80 ff.); Denninger, AK I, vor Art. 1, Rn. 33 ff.

[793] Denninger, AK I, vor Art. 1, Rn. 33.

[794] So aber Isensee, aaO.; auch Scholz/Pitschas, S. 110 ff.

äußerst fraglich[795]. Vielmehr ist das Recht auf Schutz und Sicherheit als eine Funktion der bestehenden Grundrechte anzusehen.

Darüber hinaus ist zu bedenken, die Herleitung einer Legitimation für Datenerhebungen aus einer staatlichen „Aufgabe der Informationsvorsorge"[796] letztlich dazu führen würde, daß sich jeder sachgerecht erscheinende Grundrechtseingriff rechtfertigen ließe[797]. Wenn der Gesetzgeber im Rahmen seines Gesetzgebungsauftrages jede „nützliche" Maßnahme auch als zur Erfüllung dieser „Staatsaufgabe" erforderliches Mittel zulassen dürfte, würde die Grundrechtsgarantie des Betroffenen leerlaufen[798].

Ein „Grundrecht auf Sicherheit" bzw. die staatliche „Aufgabe der Informationsvorsorge" kann daher nicht als Rechtfertigung für Informationseingriffe durch den Staat herangezogen werden.

Es bleibt daher dabei, daß aufgrund der schwerwiegenden Grundrechtseingriffe, die mit der Informationserhebung im Vorfeld verbunden sind, nur vergleichbar gravierende Grundrechtsstörungen solche Mittel rechtfertigen können[799].

b) Fehlende Kontrollfähigkeit durch die Verhältnismäßigkeit im engeren Sinne

Im Zusammenhang mit der Frage nach der Angemessenheit von Vorfeldermittlungen stellt sich aber vorab ein Problem: Das Vorfeld von Verdacht und Gefahr ist im Grunde nicht definierbar. Durch die Möglichkeit, polizeiliche Tätigkeit auf dieses Vorfeld zu erstrecken, wird ein Handlungsspielraum eröffnet, der ohne Konturen bleibt. Im Gegensatz zu Maßnahmen, die an das Vorliegen einer Gefahr im herkömmlichen Sinne gebunden sind, finden Vorfeldmaßnahmen aus ihrer begrifflichen Bestimmung heraus keine Grenze[800]; denn Maßnahmen, deren Zulässigkeit tatbestandlich an das Vorliegen einer Gefahr im herkömmlichen Sinne geknüpft ist, finden ihre Grenze in diesem Tatbestandsmerkmal. Indem Ermächti-

[795] Zur Kritik vgl. auch Denninger, in Hohmann (Hrsg.), Freiheitssicherung durch Datenschutz, S. 129 ff.; ders., JA 1987, S. 132; Weichert, S. 34 ff.; Kniesel/Vahle, DÖV 1987, S. 186.

[796] Vgl. nochmals Scholz/Pitschas, S. 110 ff.; Pitschas/Aulehner, NJW 1989, S. 2355.

[797] Dazu auch Weichert, S. 35; Bäumler, in: Lisken/Denninger (Hrsg.), HbdPolR, Kap. J, Rn. 28.

[798] Lisken, DRiZ 1992, S. 254.

[799] Lisken, DRiZ 1992, S. 254.

[800] S. auch Denninger, Der gebändigte Leviathan, 1987, S. 436; ders., in: Lisken/Denninger (Hrsg.), HbdPolR, Kap. E, Rn. 163.

gungsgrundlagen für Vorfeldermittlungen geschaffen werden, wird diese Grenze jedoch überschritten, ohne daß eine neue an ihre Stelle tritt. Vielmehr wird durch begriffliche Unschärfen und fehlende Definitionsmöglichkeiten der Handlungsspielraum der Polizei geradezu uferlos ausgeweitet. Es wird daher vertreten, daß „weder sachliche noch zeitliche Grenzen gezeichnet" werden und so der „Anwendungsbereich der Rechtsnormen in einem Höchstmaß unstrukturiert" bleibe[801].

Es stellt sich somit die Frage, wie eine Kontrolle durch Anwendung des Grundsatzes der Verhältnismäßigkeit im engeren Sinne stattfinden kann, wenn notwendige tatbestandliche Grenzen fehlen und die Zwecksetzungen der Vorschriften lediglich unscharf formuliert sind[802]; denn für die Anwendung dieses Grundsatzes werden möglichst exakte Kriterien benötigt, die einer Überprüfung zugänglich sind[803]. Liegen aber weder eine abgrenzbare Situation wie die Gefahrensituation im herkömmlichen Sinn als Auslöser für Handlungsmöglichkeiten, noch exakte Zweckbestimmungen vor, so fehlt es an den Voraussetzungen für eine Kontrolle durch diesen Grundsatz[804]. Dies zwingt zu überlegen, welche Möglichkeiten der Kompensation sich für die Mängel, die Vorfeldermittlungsbefugnisse im Zusammenhang mit der Kontrollfähigkeit durch die Verhältnismäßigkeit im engeren Sinne aufweisen, bieten.

C. Kompensationsmöglichkeiten

Demnach zeigt sich, daß die Befugnisse zu Vorfeldermittlungen in den Polizeigesetzen erheblichen rechtsstaatlichen Bedenken ausgesetzt sind. Die Unschärfe der verwendeten Begriffe, die Grenzenlosigkeit des eröffneten Handlungsspielraums sowie die Machtverlagerung von der gesetzgebenden auf die ausführende Gewalt lassen die Zulässigkeit der Loslösung von der Schwelle der polizeirechtlichen Gefahr im herkömmlichen Sinne bedenklich erscheinen.

Fraglich ist, wie diesen Bedenken begegnet und so eine verfassungsrechtlich vertretbare Lösung gefunden werden kann. Gefordert ist hier der demokratisch legitimierte Gesetzgeber. Ausgehend vom einfachen Gesetzesvorbehalt, der für

---

[801] D. Neumann, S. 137.

[802] S. auch Denninger, Der gebändigte Leviathan, 1987, S. 436; D. Neumann, S. 130 ff.

[803] D. Neumann, S. 134.

[804] Denninger, aaO., S. 436; D. Neumann, S. 130, 134.

Grundrechtseingriffe der Verwaltung eine gesetzliche Grundlage erfordert, wird dies durch zwei Überlegungen verdeutlicht. Nach der vom Bundesverfassungsgericht geprägten Wesentlichkeitstheorie muß der Gesetzgeber in „grundlegenden normativen Bereichen, zumal im Bereich der Grundrechtsausübung, soweit diese staatlicher Regelung zugänglich ist, alle wesentlichen Entscheidungen selbst ... treffen"[805]. Aus der Wesentlichkeitstheorie folgt als Bestätigung des Gesetzesvorbehaltes zunächst, daß ein Eingriff nur durch Gesetz oder aufgrund eines Gesetzes erfolgen darf. Überdies müssen die wesentlichen Entscheidungen über Maßnahmen mit Eingriffscharakter vom Gesetzgeber selbst getroffen werden, dürfen also nicht der Verwaltung überlassen bleiben. Damit erstarkt der Gesetzesvorbehalt zum Parlamentsvorbehalt[806]. Die wesentlichen Entscheidungen sind insbesondere solche über wesentliche Eingriffe. Die Wesentlichkeit eines Eingriffs bemißt sich nach dessen Intensität[807].

Desweiteren ist aber nicht nur die Verwaltung, sondern auch die Gesetzgebung nach Art. 1 Abs. 3 GG an die Grundrechte gebunden. Damit werden über den Gesetzes- und den Parlamentsvorbehalt hinaus auch inhaltliche Anforderungen an das Gesetz gestellt, das sich als verhältnismäßig darstellen muß. Damit gilt auch der Vorbehalt des verhältnismäßigen Gesetzes, mit dem unverhältnismäßig in die Grundrechte eingreifende Gesetze abgewehrt werden[808].

Es wird daher deutlich, daß es nur Aufgabe des Gesetzgebers sein kann, die oben aufgezeigten Mängel zu kompensieren. Es wären Grenzen durch Schaffung präziser Zielvorgaben zu ziehen, Handlungsspielräume einzuengen und klar zu umreißen sowie Definitionen zu finden; denn mit den dargestellten Grundsätzen ist die Ausweitung von Tatbeständen bei gleichzeitiger Loslösung von herkömmlichen rechtsstaatlichen Grundsätzen unvereinbar.

In Anbetracht der Folgen einer Erweiterung der polizeilichen Befugnisse in das Vorfeld hinein kann ein rechtsstaatlich vertretbarer Ausgleich zwischen effektivem Rechtsgüterschutz und Gewährleistung von Rechtssicherheit - und damit zwischen Sicherheit und Freiheit - nur gelingen, sofern der Bereich der vorbeugenden Bekämpfung von Straftaten gegenständlich eng begrenzt und sein Umfang präzise festgelegt wird. Aufgrund der erheblichen Grundrechtsbeeinträchtigungen,

805 BVerfGE 61, 260 (275).
806 S. dazu Krebs, Jura 1979, S. 304; Pietzcker, JuS 1979, S. 710.
807 S. dazu etwa Pieroth/Schlink, Rn. 266 f.
808 Vgl. Schlink, EuGRZ 1984, S. 459 f.

die Folge verdeckter Informationserhebung sein können, dürfen derartige Maßnahmen losgelöst von der Gefahrenschwelle nur im Ausnahmefall zulässig sein und bedürfen außerdem einer beonderen Rechtfertigung. Dies wird durch folgendes unterstrichen: Die Unsicherheit, die schon der Prognose der Wahrscheinlichkeit eines Schadenseintritts immanent ist, wächst mit der Entfernung von der Wahrscheinlichkeit hin zur Möglichkeit des Schadenseintritts. Mit anderen Worten: Um eine polizeirechtliche Gefahr zu bejahen, bedarf es einer Prognoseentscheidung, die umso schwerer fällt, je weiter die Schadensverwirklichung entfernt scheint. Die Entscheidung, daß die Voraussetzungen für ein Ergreifen von Vorfeldmaßnahmen vorliegen, beruht damit auf einer viel größeren Unsicherheit, als die Annahme einer Gefahr im herkömmlichen Sinn; denn Vorfeldmaßnahmen sind im zeitlichen Vorfeld der herkömmlichen Gefahr und damit weiter entfernt vom Schadenseintritt verortet. Dieses Unsicherheitspotential ist aber aus rechtsstaatlichen Erwägungen nur dann hinnehmbar, „wenn die Eingriffsvoraussetzungen den Geboten hinreichender Klarheit, Vorhersehbarkeit und Kontrollfähigkeit belastender Maßnahmen genügen“[809].

I. Begrenzung der Tatbestände

Notwendig ist daher eine gegenständlich-sachliche Einengung der Tatbestände von Vorfeldermittlungen zulassenden Normen. Deren Tatbestände müssen Zweck und Zielrichtung der Vorfeldermittlungen widerspiegeln und ihren Anwendungsbereich angesichts der Ausweitung über die Schwelle der Gefahr im herkömmlichen Sinne hinaus auf das Unumgängliche beschränken.

Daraus folgt, daß nur wo eine tatsächliche Notwendigkeit für Vorfeldermittlungen bejaht werden kann, diese Ausweitung der Tatbestände zugelassen werden darf. Es muß deutlich werden, daß es sich hier um Ausnahmetatbestände handelt, die nur auf einen genau abgesteckten Bereich anwendbar sind. Anderenfalls sind Vorfeldermittlungsbefugnisse, die einen erheblich weiteren Handlungsspielraum eröffnen als Maßnahmen zur Abwendung einer Gefahr im herkömmlichen Sinn, als nicht mit dem rechtsstaatlichen Grundsatz vom Vorbehalt des verhältnismäßigen Gesetzes vereinbar zu betrachten; denn unter Loslösung bisheriger Auslöser für polizeiliches Eingriffshandeln können aus rechtsstaatlichen Gründen nicht erheblich ausgeweitete Befugnisse geschaffen werden. Daneben ist einer Entwicklung

---

809 SächsVerfGH, LKV 1996, S. 283.

Einhalt zu gebieten, die zu einer Ausweitung staatlicher Befugnisse bei gleichzeitig geringeren Anforderungen an diese und geringerer Überprüfbarkeit derselben führt; denn soweit Tatsachen geschaffen werden, ist zu befürchten, daß durch Gewöhnung an Bestehendes allmählich Akzeptanz erlangt wird.

Aus diesem Grunde scheint es unerläßlich, die Tatbestände der Vorfeldbefugnisse auf präzise abgesteckte Anwendungsfelder einzuengen. Die meisten Polizeigesetze beschränken weite Teile der Vorfeldermittlungen ausdrücklich auf die „Bekämpfung von Straftaten von erheblicher Bedeutung", bzw. „Straftaten mit erheblicher Bedeutung"[810]. Teilweise werden die betreffenden Straftaten in umfangreichen Deliktskatalogen aufgelistet, in denen auch Strafvorschriften wie etwa §§ 129, 138 StGB enthalten sind, die ihrerseits auf andere Strafvorschriften verweisen. So werden Delikte in die Kataloge integriert, ohne daß sie ausdrücklich benannt werden. Die Aufzählung von Strafvorschriften ist zum Teil als abschließender Katalog zu verstehen[811], zum Teil aber auch als beispielhafte Auflistung[812]. In einigen Gesetzen wurde aber auch ganz auf einen Deliktskatalog verzichtet und stattdessen eine Umschreibung des Begriffs der „erheblichen Straftaten" gewählt[813]. So sind als „erhebliche Straftaten" nach § 36 Abs. 1 Nr. 1 SächsPolG alle Verbrechen und nach § 36 Abs. 1 Nr. 2 auch zahlreiche Vergehen anzusehen, die nach ihrem Schutzgut bzw. nach den Modalitäten der Tatbegehung umschrieben sind.

Gesetzgeberisches Ziel war in allen Fällen, die effektive Bekämpfung der Organisierten Kriminalität zu ermöglichen. Mit den Deliktskatalogen, Verweisungen oder Umschreibungen wurde versucht, Straftaten, die in Zusammenhang mit Organisierter Kriminalität stehen könnten, mehr oder weniger umfassend zu erfassen. Insbesondere die offenen Straftatenkataloge, aber auch die gewählten Umschreibungen können mangels Präzisierung den genannten Anforderungen nicht genügen; denn auf diese Weise wird auch eine Vielzahl von Delikten erfaßt, die

[810] Z.B. in § 22 Abs. 5 PolG BW; Art. 30 Abs. 5 BayPAG; § 25 Abs. 1 S. 1 ASOG Bln; § 35 Abs. 1 Nr. 2 PolG Bbg; § 9 Abs. 1 Nr. 2 HambPolDVG; § 13 Abs. 3 HSOG; § 27 Abs. 3 SOG MV; § 34 Abs. 1 Nr. 2 NGefAG; § 18 Abs. 3 PolG NW; § 26 Abs. 2 SPolG; § 39 Abs. 1 Nr. 2 SächsPolG; § 15 Abs. 2 Nr. 1 SOG LSA; § 34 Abs. 3 Nr. 2 ThürPAG.

[811] So in § 1 Abs. 4 HambPolDVG; § 28 Abs. 1 Nr. 2 BremPOlG, der allerdings ausschließlich verweist; § 2 Nr. 9 NGefAG.

[812] So durch Voranstellung des Wortes „insbesondere" in Art. 30 Abs. 5 BayPAG; § 49 SOG MV; § 8 Abs. 3 PolG NW; § 31 Abs. 5 ThürPAG.

[813] So in § 22 Abs. 5 PolG BW; § 36 Abs. 1 SächsPolG.

nicht in einen Zusammenhang mit der besonderen Gefährlichkeit, die die Organisierte Kriminalität ausmacht[814], gebracht werden können. Das gilt namentlich für durch Einzeltäter gewerbsmäßig begangene Straftaten[815]; denn die gewerbsmäßige Begehung allein läßt noch nicht auf das Vorhandensein einer kriminellen Organisation schließen.

Da indessen nur die Gefährdung durch die Organisierte Kriminalität eine Ausweitung polizeilicher Befugnisse ins Vorfeld hinein rechtfertigen kann, weil nur die Bekämpfung der Organisierten Kriminalität ein derartiges Vorgehen erforderlich macht, kann das Verhindern von Delikten, die nicht in Zusammenhang mit der Organisierten Kriminalität stehen, nicht mit Hilfe von Vorfeldermittlungen zulässig sein. Aus diesen Gründen ist daher ein abschließender Straftatenkatalog zu fordern, der ausschließlich die Delikte umfaßt, welche die besondere Gefährlichkeit der Organisierten Kriminalität ausmachen. Dies wird durch folgende Überlegung verdeutlicht: In vielen Polizeigesetzen ist gegenwärtig die Formulierung verwendet, daß eine Vorfeldmaßnahme nur dann zulässig ist, „wenn die Datenerhebung zur vorbeugenden Bekämpfung dieser Straftaten erforderlich ist“[816]. Nach Sinn und Zweck der Norm ist eine verfassungskonforme Interpretation dahingehend vorzunehmen, daß die Zulässigkeit von Vorfeldermittlungen nur dann bejaht werden kann, wenn ein Zusammenhang zur Organisierten Kriminalität bejaht werden kann; denn eine Erforderlichkeit von Vorfeldermittlungen besteht eben nur für die Verhütung von Straftaten der Organisierten Kriminalität, nicht aber für sonstige Delikte.

Ein solcher abschließender Katalog bedeutet zwar die Festlegung auf bestimmte Delikte und damit einhergehend ein Weniger an Flexibilität. Ebenso ist mit abschließenden Straftatenkatalogen ein Weniger an Effektivität verbunden, da kaum eine umfassende Abdeckung aller denkbaren durch eine kriminelle Organisation verübten Delikte gelingen kann. Auf das Maximum an Flexibilität und Effektivität der Polizei muß aber zugunsten der Rechtssicherheit und der Rechtsklarheit verzichtet werden.

---

[814] Vgl. dazu nochmals oben, S. 174 ff..

[815] Erfaßt von Art. 30 Abs. 5 BayPAG; § 8 Abs. 3 PolG NW; § 31 Abs. 5 ThürPAG durch die Formulierung „gewerbs- *oder* bandenmäßig“.

[816] Art. 33 Abs. 3 Nr. 2 BayPAG; § 35 Abs. 1 Nr. 2 PolG Bbg; § 13 Abs. 2 Nr. 3 HSOG; § 16 Abs. 1 Nr. 2 PolG NW; § 39 Abs. 1 Nr. 3 SächsPolG; § 34 Abs. 3 Nr. 2 ThürPAG; ähnlich in § 25 Abs. 2 Nr. 2 ASOG Bln; § 34 Abs. 1 Nr. 3 NGefAG; § 17 Abs. 3 Nr. 2 SOG LSA.

Dieses Ergebnis der Abwägung zwischen dem Optimum an Sicherheit und dem Optimum an Freiheit führt zunächst zu der Feststellung, daß der Gesetzgeber gehalten ist, im Zusammenhang mit den polizeigesetzlichen Befugnissen zu Vorfeldermittlungen detaillierte und abschließende, auf im Zusammenhang mit der Organisierten Kriminalität stehende Delikte beschränkte Straftatenkataloge zu schaffen[817].

Außer abschließenden Deliktskatalogen ist aus Gründen der Klarstellung desweiteren eine klar umrissene und damit eindeutige Definition des Begriffs „Organisierte Kriminalität" notwendig, die möglichst wenig Spielraum für Interpretation läßt. Nur mit Hilfe einer solchen Definition kann eine angemessene Eingrenzung der Tatbestände erreicht werden. Dies ist der erste Schritt zur Kompensation der oben dargestellten Mängel, der unzureichenden Klarheit und Bestimmtheit sowie der fehlenden Grenzziehung der Tatbestände.

II. Präzisierung des Umfanges der Informationserhebung in personeller Hinsicht

Neben der Begrenzung des Anwendungsbereiches von Vorfeldermittlungen durch abschließende Deliktskataloge und die Erstellung einer eindeutigen und präzise umrissenen Definition des Begriffs „Organisierte Kriminalität" ist auch eine Präzisierung in personeller Hinsicht erforderlich.

Außer der generellen Weite des Anwendungsbereichs in sachlicher Hinsicht ist die mögliche Inanspruchnahme auch völlig unbeteiligter Personen nämlich ein weiterer Punkt, der für die Zulässigkeit von Vorfeldermittlungen zu Bedenken Anlaß gibt. Daten dürfen im Wege von Vorfeldermittlungen nicht nur über den vermuteten Täter einer zukünftigen Straftat, sondern auch über dessen Kontakt- und Begleitpersonen erhoben werden.

Teilweise wird der Personenkreis aber nicht einmal insoweit eingegrenzt. Zulässig ist dann die Datenerhebung über Störer, Nichtstörer und „andere Personen"[818]. In einzelnen Polizeigesetzen wird versucht, den durch die Verwendung des Begriffs „Kontakt- und Begleitpersonen" eröffneten Personenkreis einzugrenzen, indem

[817] Ähnlich wie in §§ 110 a Abs. 1 oder 110 c Abs. 1 Nr. 3 StPO.

[818] § 28 b Abs. 1 BayPAG;; § 18 Abs. 1 ASOG Bln; § 30 Abs. 1 PolG Bbg; § 37 Abs. 1 SächsPolG; § 32 Abs. 1 ThürPAG; § 31 Abs. 1 NGefAG sieht die Datenerhebung im Rahmen der Erforderlichkeit über „jede Person" vor.

entweder eine Verbindung „bezüglich künftiger Straftaten" gefordert wird[819], oder aber indem tatsächliche Anhaltspunkte die Annahme rechtfertigen müssen, daß die Verbindung „in einer Weise" besteht, die die Erhebung der Daten zur Verhütung von Straftaten mit erheblicher Bedeutung erfordert[820]. Diese Formulierungen stellen im Grunde gleichwohl keine Eingrenzung dar, da sie lediglich auf die Erforderlichkeit der Datenerhebung hinweisen und mithin etwas Selbstverständliches zum Ausdruck bringen.

Gegen die so eröffnete Möglichkeit, Informationen auch bei Kontakt- und Begleitpersonen zu erheben, bestehen aber erhebliche verfassungsrechtliche Bedenken. Diese gelten erst recht hinsichtlich der Datenerhebung bei nicht näher spezifizierten „anderen Personen"; denn der Personenkreis wird damit so weit gefaßt, daß selbst völlig Unbeteiligte betroffen sein könnten. Dies wäre beispielsweise der Fall bei einem rein zufälligen, flüchtigen Kontakt zu dem vermuteten Täter einer zukünftigen Straftat.

Damit drohen erhebliche Grundrechtsbeeinträchtigungen durch verdeckte Informationserhebungen im Vorfeld einer polizeirechtlichen Gefahr unterschiedslos jedermann. Es fehlt eine Differenzierung, die nicht nur aus Gründen der Rechtsklarheit zwingend geboten wäre.

Dies zeigt ein vergleichender Blick auf die sonstigen Möglichkeiten der Polizei, Unbeteiligte in Anspruch zu nehmen. Die Inanspruchnahme Unbeteiligter ist bisher regelmäßig nur als Inanspruchnahme eines Notstandspflichtigen in den Polizeigesetzen vorgesehen[821]. Die Tatbestandvoraussetzungen der Eingriffsbefugnisse, die der Inanspruchnahme Unbeteiligter als Notstandspflichtiger dienen, sind jeweils eingehend geregelt und eröffnen lediglich einen eng umgrenzten Handlungsspielraum. Nur ausnahmsweise und unter engen Voraussetzungen können bislang gegen andere Personen als die polizeirechtlich Verantwortlichen in den Grenzen der Verhältnismäßigkeit und der Zumutbarkeit Notstandseingriffe der Polizei erfolgen[822]. Voraussetzung ist dabei, daß Maßnahmen gegen den Störer nicht oder nicht rechtzeitig möglich sind oder keinen Erfolg versprechen und die Polizei die Gefahr auch nicht oder nicht rechtzeitig selbst oder durch Beauftragte

---

[819] So in § 26 Abs. 2 Nr. 2 SPolG.

[820] So in § 13 Abs. 2 Nr. 2 HSOG und ähnlich in § 36 Abs. 3 SächsPolG, sowie in § 6 Abs. 7 HambPolDVG

[821] S. dazu Götz, Polizeirecht, Rn. 261 ff.; Gusy, Polizeirecht, Rn. 301 ff.

[822] S. dazu etwa Drews/Wacke/Vogel/Martens, S. 331 ff.; Götz, Polizeirecht, Rn. 261.

abwehren kann[823]. Nur sofern der Polizei kein sonstiges Mittel aus dem Katalog ihrer Befugnisse zur Verfügung steht, kann sie auf nicht verantwortliche Personen zurückgreifen. Daraus wird deutlich, daß es sich bei der Inanspruchnahme Notstandspflichtiger um eine Ermöglichung effektiver Polizeiarbeit handelt. Ein solches Vorgehen gilt aber nur ausnahmsweise dann als gerechtfertigt, wenn ein Tätigwerden der Polizei unerläßlich erscheint. Dies ergibt sich auch aus den weiteren Voraussetzungen. Gefordert ist zum einen das Vorliegen einer gegenwärtigen[824], erheblichen Gefahr[825]. Der Schadenseintritt muß demnach fast mit Gewißheit, d.h. mit an Sicherheit grenzender Wahrscheinlichkeit, zu erwarten sein[826] und Schutzgütern von nennenswertem Gewicht drohen[827]. Zum anderen müssen die Maßnahmen gegen den Nichtverantwortlichen auf das sachlich und zeitlich Unumgängliche beschränkt bleiben[828]. Darüber hinaus sind Notstandseingriffe nur zulässig, wenn der Dritte ohne erhebliche eigene Gefährdung und ohne Verletzung höherwertiger Pflichten in Anspruch genommen werden kann[829]. Hier konkretisiert sich der Gedanke der Zumutbarkeit staatlichen Handelns[830].

Daraus ergibt sich, daß die Voraussetzungen, an die Notstandseingriffe gebunden sind, äußerst eng umgrenzt sind. Als Ausnahmevorschriften sind die jeweiligen Regelungen zudem streng und einschränkend auszulegen[831]. Deutlich wird also, daß Unbeteiligte mit dem Argument der Ermöglichung der Polizeiarbeit nur ausnahmsweise und unter engen Voraussetzungen herangezogen werden dürfen. Diese Grundsätze sind auch auf die Regelungen der Vorfeldermittlungen zu übertragen, soweit Unbeteiligte von ihnen betroffen sein können.

Daher ist im Ergebnis der möglicherweise betroffene Personenkreis viel zu weit gefaßt und steht in keinem Verhältnis zu der Schwere und Bedeutung der vorgesehenen Grundrechtseingriffe. Beruhen die Voraussetzungen für eine Datenerhebung auf reinem Zufall, kann der Einzelne nicht voraussehen, wann und aufgrund welcher Umstände eine staatliche Maßnahme in Form einer Informationserhebung

---

823 Götz, Polizeirecht, Rn. 264; Gusy, Polizeirecht, Rn. 303.

824 Vgl. die Definitionen in § 2 NGefAG, § 3 SOG LSA.

825 Gusy, Polizeirecht, Rn. 302; Drews/Wacke/Vogel/Martens, S. 332 f.

826 Vgl. BVerwGE 45, 51 (58); OVG Münster DVBl. 1973, S.924.

827 Drews/Wacke/Vogel/Martens, S. 333.

828 Götz, Polizeirecht, Rn. 264; Gusy, Polizeirecht, Rn. 304.

829 Götz, Polizeirecht, Rn. 265; Gusy, Polizeirecht, Rn. 303.

830 Drews/Wacke/Vogel/Martens, S. 335; Götz, Polizeirecht, Rn. 265.

831 Drews/Wacke/Vogel/Martens, S. 332.

gegen ihn durchgeführt werden kann. Dementsprechend ist es ihm unmöglich, sein Verhalten darauf einzustellen.

Daher ist eine Differenzierung des Umfangs der Datenerhebung nach möglicherweise betroffenen Personen erforderlich. Aus dem Gesetz muß klar hervorgehen, daß zwischen Kontaktpersonen im Sinne des Strafrechts, also etwa Mittätern und Teilnehmern, und Personen, zu denen der Kontakt nur zufälliger oder flüchtiger Natur ist, ein Unterschied besteht, der einen Unterschied in der Behandlung nicht nur rechtfertigt, sondern sogar erforderlich macht. Der Umfang der zulässigen Datenerhebung muß mit der Relevanz des Kontakts abnehmen.

Kann überhaupt kein Bezug zu einem vermuteten zukünftigen Straftäter festgestellt werden, dürfen auch keine Daten im Vorfeld der Gefahr erhoben werden. Hier kann keine Erforderlichkeit für die Verhütung von Organisierter Kriminalität festgestellt werden, so daß es an einer Rechtfertigung für derartige Grundrechtseingriffe fehlt. Liegt nur ein flüchtiger Bezug vor, muß der Umfang der Datenerhebung auf das unumgänglich Notwendige beschränkt werden.

Das bedeutet auch eine inhaltliche Einschränkung der Daten, die erhoben werden dürfen; denn die Erhebung von Daten, die das Privatleben betreffen, stellt eine weitergehende Belastung dar, als die Erhebung üblicher Personenidentifizierungsdaten wie Name, Adresse, Geburtsdatum, etc. Bei einem lediglich flüchtigen Bezug kann daher die Erhebung von Identifizierungsdaten und gegebenenfalls von gefahrbezogenen Informationen als zulässig gelten, nicht aber von darüber hinausgehenden privaten Daten. Ist ein Bezug festgestellt, der eine strafrechtliche Relevanz aufweist, kann unter der zwingenden Voraussetzung der Erforderlichkeit auch die Erhebung das Privatleben betreffender Daten als zulässig erachtet werden. In diesem Fall steht die Maßnahme im Verhältnis zu dem angestrebten Ziel.

III. Ergebnis der Abwägung

Als Ergebnis dieser Abwägung steht somit fest, daß Vorfeldermittlungen in den oben dargestellten Grenzen und unter der Voraussetzung der beschriebenen Eingrenzungen als zulässig zu betrachten sind[832]. Die neuartige und erhebliche Bedro-

[832] Darüber hinaus stellt sich die Frage, welche Vorgaben für eine wirksame Kontrolle zu fordern wären. Fraglich ist in diesem Zusammenhang, ob die teilweise vorgesehenen Richter- und Behördenleitervorbehalte, durch die jedenfalls die Verantwortlichkeit für Entscheidungen verlagert wird, als Kontrollmechanismen ausreichen können. Dies stellt aber ein weitergehendes Problem

hung durch die Organisierte Kriminalität macht den Einsatz staatlicher Mittel, die nicht an die Grenze der Gefahr im herkömmlichen Sinne gebunden sind, und die den Besonderheiten und den Schwierigkeiten der Bekämpfung Organisierter Kriminalität Rechnung tragen, notwendig. Andererseits müssen diese Mittel präzise auf eben diesen Zweck begrenzt bleiben. Die Gefahr des Mißbrauchs und der weiteren Ausuferung staatlicher Eingriffsbefugnisse verbieten einen weitergehenden Anwendungsbereich; denn es darf keine Zweifel daran geben, daß es sich bei den Vorfeldermittlungen um Ausnahmetatbestände handelt, die äußerst eng begrenzt bleiben müssen. Nur so kann den erheblichen Grundrechtsgefährdungen, die mit ihrer Zulässigkeit verbunden sind, Rechnung getragen werden und nur so können sie sich in das rechtsstaatliche System einfügen. Gleichwohl stellt sich aber die weitergehende Frage nach ihren absoluten Grenzen und damit nach den Grenzen des Abwägungsvorganges.

D. Absolute Grenzen der Zulässigkeit von Vorfeldermittlungen

Die Verfassung zieht jedem Abwägungsvorgang - so auch dem oben durchgeführten - Grenzen, und schafft damit einen der Abwägung entzogenen Bereich. Diese Grenzen sind zwingend zu beachten und dürfen nicht überschritten werden.

Gezogen werden sie zum einen durch die Geltung des Menschenwürdegrundsatzes und zum anderen durch die Wesensgehaltsgarantie der Grundrechte.

I. Menschenwürde, Art. 1 Abs. 1 GG

Die Menschenwürde ist als „oberster Wert in einer freiheitlichen Demokratie“[833] gekennzeichnet und stellt damit ein Konstitutionsprinzip und eine Grundnorm der Verfassung dar[834]. Daher scheidet bei einer Kollision mit Verfassungsgrundsätzen, die ebenfalls durch Art. 79 Abs. 3 GG einer Verfassungsänderung entzogen sind, eine Eingriffsrechtfertigung aus. Vielmehr legt der absolute Geltungsanspruch der Menschenwürde von Verfassungs wegen fest, daß ein Eingriff in Art. 1 Abs. 1 GG

---

dar, das an dieser Stelle nicht vertieft werden soll. Vgl. dazu aber die Ausführungen von D. Neumann, S. 180 ff.

[833] BVerfGE 27, 1 (6); 72, 105 (115).

[834] Geddert-Steinacher, S. 105; Pieroth/Schlink, Rn. 365.

unter keinen Umständen gerechtfertigt sein kann, sondern immer zugleich auch einen Verstoß gegen die Menschenwürde darstellt[835].

1. Grundrechtsqualität des Art. 1 Abs. 1 GG

Zunächst bedarf es einer Klärung der Rechtsnatur der durch Art. 1 Abs. 1 GG garantierten Menschenwürde, über die Uneinigkeit besteht[836].

a) Menschenwürde als Verfassungsprinzip

Es wird die Auffassung vertreten, daß Art. 1 Abs. 1 GG kein Grundrecht, sondern ein Rechtsprinzip darstelle, das Maßstab für die Auslegung und Abwägung der Grundrechte und damit der Verfassungsinterpretation sei[837]. Das aber habe zur Folge, daß die Würde des Menschen nur vermittelt über die Grundrechte ein subjektives Recht darstellen kann und eine Verletzung der Menschenwürde stets als Verletzung eines Grundrechts in Verbindung mit Art. 1 Abs. 1 GG gerügt werden muß[838]. Begründet wird diese Auffassung vor allem mit der Lückenlosigkeit des Schutzes, den die nachfolgenden Grundrechte liefern[839]. Auch die normative Struktur der Menschenwürdegarantie, die sich von derjenigen der anderen Grundrechte signifikant unterscheide, spreche dagegen, diese als eigenständiges Grundrecht zu betrachten[840].

b) Menschenwürde als eigenständiges subjektives Grundrecht

Nach der in der Literatur, aber wohl auch vom Bundesverfassungsgericht vertretenen Gegenansicht, enthält Art. 1 Abs. 1 GG dagegen ein eigenständiges subjektives Grundrecht[841]. Dafür spricht zum einen die Systematik der Grundrechte.

---

[835] Podlech, in: AK I, Art. 1 I, Rn. 73; Pieroth/Schlink, Rn. 365.

[836] Vgl. zu dieser Frage auch Kühne, S. 48.

[837] So Geddert-Steinacher, S. 166; Dürig, in Maunz/Dürig/Herzog/Scholz, Art. 1 Abs. 1, Rn. 13; Dreier, in: Dreier, Art. 1 I, Rn.72.

[838] Geddert-Steinacher, S. 166, 172.

[839] Dürig, in: Maunz/Dürig/Herzog/Scholz, Art. 1 Abs. 1, Rn. 13.

[840] Vgl. Dreier, in: Dreier, Art. 1 I, Rn. 71.

[841] Von Münch, in: von Münch/Kunig, Art. 1, Rn. 3; Podlech, in: AK I, Art. 1 Abs. 1, Rn. 61; Stern, Staatsrecht III/1, § 58 II 5.; Pieroth/Schlink, Rn. 350; BVerfGE 1, 322 (343); 15, 249 (255); 61, 126 (137).

Dieses Argument wird gestützt durch die Betrachtung der Überschrift dieses Abschnitts des Grundgesetzes „Die Grundrechte“, die sich vor Art. 1 GG findet, diesen Artikel also ebenso wie die nachfolgenden Grundrechte umfasse. Zum anderen läßt sich anführen, daß der durch Art. 1 Abs. 1 GG geschützte Wert ein Individualgut sei und daher auch nach der Entstehungsgeschichte zu den Grundrechten gehört[842]. Zudem spricht allein der proklamatorische Charakter sowie die Unbestimmtheit des Art. 1 Abs. 1 GG noch nicht dagegen, der Menschenwürde Grundrechtsqualität zuzumessen.

Dieser Auffassung folgend, ist davon auszugehen, daß Art. 1 Abs. 1 GG ein eigenständiges Grundrecht darstellt.

2. Begriff der Menschenwürde

Der Bestimmung des Schutzbereiches des Art. 1 Abs. 1 GG muß notwendigerweise eine Definition des Begriffes der Menschenwürde vorausgehen[843]. Dies bereitet Schwierigkeiten, da es um einen Begriff mit einer besonders langen und weitgefächerten philosophischen und theologischen Tradition geht, der das gesamte Spektrum menschlichen Handelns und menschlicher Erfahrung umfaßt[844].

a) Positive Begriffsbestimmung

Für eine positive Umschreibung des Schutzbereiches von Art. 1 Abs. 1 GG sprechen sich im wesentlichen zwei Auffassungen aus. Eine dieser Auffassungen betrachtet die Menschenwürde als Wert, nämlich als objektiven Eigenwert der Natur des Menschen[845]. Damit knüpft diese Begriffsbestimmung an die christliche Naturrechtslehre sowie an die Philosophie Kants an[846]. Die andere Ansicht stellt den Schutz des eigenen selbstbestimmten Verhaltens in den Vordergrund, das den eigentlichen Grund für die Würde des Menschen darstelle[847]. Damit wird der

[842] Pieroth/Schlink, Rn. 350.

[843] S. dazu Geddert-Steinacher, S. 57; Kühne, S. 47.

[844] Geddert-Steinacher, S. 22, 25; Pieroth/Schlink, Rn. 353.

[845] Nipperdey, in: Neumann/Nipperdey/Scheuner, S. 1 ff.; aus neuerer Zeit Vitzthum, JZ 1985, S. 205.

[846] Vgl. dazu Vitzthum, JZ 1985, S. 205.

[847] So Luhmann, S. 53 ff.

Schutz der Menschenwürde vor dem Hintergrund der einzelnen Freiheitsrechte betont[848].

Beide Auffassungen stimmen aber auch mit der Rechtsprechung insofern überein, als sie davon ausgehen, daß im Einzelfall nicht eine positive, sondern vielmehr eine negative, abgrenzende Begriffsbestimmung ausschlaggebend sein müsse.

b) Objektformel des Bundesverfassungsgerichts

Das Bundesverfassungsgericht bediente sich ursprünglich bei der Umschreibung des Begriffes der Menschenwürde der sog. Objektformel, nach der es der Würde des Menschen widerspreche, ihn zum bloßen Objekt staatlichen Handelns zu machen[849].

Dieser Formel liegt die Vorstellung vom Menschen als geistig-sittlichem Wesen zugrunde, das auf Selbstbestimmung und freie Entfaltung angelegt ist[850]. Das Bundesverfassungsgericht orientiert sich damit ebenfalls an der Begründung des Würdebegriffs bei Kant, die auf der Autonomie, also der Selbstbestimmung und Selbstverantwortung des Menschen fußt[851].

Eine solche allgemeine Formel kann aber für die Begriffsbestimmung nur die Richtung andeuten, in welche eine Konkretisierung des Begriffsinhalts zu gehen hat[852]; denn der Mensch ist nicht nur Individuum, sondern gleichzeitig auch Teil einer Gesellschaft, in der er ganz unvermeidbar auch zum Objekt der Verhältnisse, der gesellschaftlichen Entwicklungen und auch des Rechts wird, dem er sich ohne Rücksicht auf seine eigenen Interessen fügen muß[853].

Das Bundesverfassungsgericht hat daher in seinem Abhörurteil versucht, die Objektformel zu präzisieren[854]. Danach liegt nur dann ein Eingriff in die Menschenwürde vor, wenn der Einzelne zusätzlich zu einer Herabwürdigung zum Objekt

---

848 Podlech, AK I, Art. 1 I, Rn. 17 ff.

849 S. BVerfGE 9, 89 (95); 34, 369 (382) und dazu Dürig, in: Maunz/Dürig/Herzog/Scholz, Art. 1 Abs. 1, Rn. 28; Benda, in: Benda/Maihofer/Vogel (Hrsg.), HbdVerfR, S. 114; Pieroth/Schlink, Rn. 359.

850 Vgl. Geddert-Steinacher, S. 32; Blankenagel, KJ 1987, S. 387.

851 Geddert-Steinacher, S. 58; Blankenagel, KJ 1987, S. 387.

852 Benda, in: Benda/Maihofer/Vogel (Hrsg.), HbdVerfR, S. 114.

853 Benda, in: Benda/Maihofer/Vogel (Hrsg.), HbdVerfR, S. 115; Geddert-Steinacher, S. 45 f.

854 S. BVerfGE 30, 1 ff.

durch den Staat eine Behandlung erfährt, die eine willkürliche Mißachtung der Würde des Menschen zum Ausdruck bringt[855]. Das Bundesverfassungsgericht spricht dabei von einer „verächtlichen Behandlung"[856].

Das Abhörurteil ist in diesem Punkt auf harte Kritik gestoßen, nicht zuletzt in dem Sondervotum, das dem Präzisierungsversuch nicht gefolgt ist[857]. Kritisiert wird vor allem die Annahme, daß eine begründete Mißachtung der Menschenwürde für zulässig erachtet werden könne, sofern sie einem legitimen Zweck diene und damit nicht willkürlich erscheine[858]. Dieser Kritik ist zuzustimmen; denn in dieser Annahme liegt eine nicht hinnehmbare Abwertung der Bedeutung der Menschenwürde, deren sittlicher Kern jenseits staatlicher Zweckerwägungen liegt. Darüberhinaus enthält die Begründung des Bundesverfassungsgerichts einen Zirkelschluß: Ob der Zweck den Eingriff rechtfertigen kann, soll doch gerade unter Berücksichtigung der Menschenwürde geprüft werden[859].

Damit muß die Objektformel in ihrer ursprünglichen Fassung wieder Bedeutung für die Begriffsbestimmung der Menschenwürde erlangen. Allerdings muß auch die Gemeinschaftsbezogenheit des Einzelnen zumindest Berücksichtigung finden, ohne daß aber der Vorrang des Individuums dadurch eingeschränkt wird; denn die Menschenwürde des Grundgesetzes meint die Würde des einzelnen Menschen und nicht (lediglich) die Würde der Menschheit[860].

3. Vorfeldermittlungen und Menschenwürde

Nach diesen Überlegungen zum Begriff der Menschenwürde ist nun festzustellen, ob die generelle Möglichkeit der Polizei, Informationen im Wege der Vorfeldermittlungen zu erheben, einen Verstoß gegen die Menschenwürde bedeutet. Zu klären ist an dieser Stelle, ob ein Eingriff in den Schutzbereich des Art. 1 Abs. 1 GG vorliegt.

---

855 BVerfGE 30, 1 (26 f.).

856 BVerfGE 30, 1 (26).

857 S. das Sondervotum BVerfGE 30, 33 (39 f.) von Geller, v. Schlabrendorff und Rupp; zur Kritik s. ansonsten vor allem Häberle, JZ 1971, S. 145.

858 Vgl. Geddert-Steinacher, S. 48.

859 Geddert-Steinacher, S. 48.

860 Kunig, in: von Münch/Kunig, Art. 1, Rn. 17.

Vorfeldermittlungen wären dann nicht mit der Menschenwürde vereinbar und damit einer Abwägung nicht zugänglich, sofern sie eine Geringschätzung und Mißachtung des Individuums durch den Staat bedeuten würden. Die verdeckte Informationserhebung im Vorfeld einer Gefahr dient aber der Straftatverhinderung und geschieht nicht aus Mißachtung oder Geringschätzung zum Ausdruck bringenden Motiven. Dies gilt für alle möglicherweise betroffenen Personenkreise, also auch für Nichtverdächtige und Nichtstörer. Selbst die Erhebung von Informationen aus dem Bereich privater Lebensgestaltung beinhaltet für sich genommen noch keine Verletzung der Menschenwürde, sofern der Zweck der Verhinderung von Straftaten verfolgt wird.

Eine verfassungswidrige Mißachtung und Geringschätzung wäre allerdings dann zu bejahen, wenn der Staat jedermann als potentiellen Straftäter behandelte[861]; denn nach dem Menschenbild des Grundgesetzes darf „die Polizeibehörde nicht jedermann als potentiellen Rechtsbrecher betrachten"[862]. Es gilt daher eine Vermutung für die Verfassungs- und auch Rechtstreue des Bürgers.

Bei den Befugnissen zu Vorfeldermittlungen geht es aber gerade nicht darum, jeden, und damit auch Nichtverdächtige und Nichtstörer, als potentiellen Straftäter zu behandeln, sondern es geht um die Zulässigkeit von Datenerhebungen auch bei Personen, die gerade nicht als Rechtsbrecher betrachtet werden. Die Datenerhebung an sich bringt noch nicht die staatliche Vermutung zum Ausdruck, es handele sich bei den betroffenen Personen um potentielle Straftäter. Die Zulässigkeit von Datenerhebungen bei anderen Personen als vermuteten zukünftigen Straftätern ist daher kein Problem der Menschenwürde, sondern der Freiheitsverbürgungen der Grundrechte, das durch Abwägung gelöst werden muß - wie auch oben gezeigt.

Auch die bereits angesprochene Möglichkeit eines Mißbrauchs vorhandener Befugnisse kann diese noch nicht verfassungswidrig machen; denn das wechselseitige Vertrauen, daß die Beziehung zwischen Bürger und Staat in einem freiheitlichen und demokratischen Rechtsstaat prägen muß, drückt sich nicht nur im favor civis, sondern ebenso im favor legis aus. Daher muß einerseits die Vermutung für die Verfassungs- und Rechtstreue des Bürgers, andererseits aber auch die

---

[861] Vgl. BVerwGE 26, 169 (170 f.).

[862] BVerwGE 26, 169 (170).

Vermutung bestehen, daß staatliche Regelungen korrekt und fair angewendet werden[863].

II. Vorfeldermittlungen und Wesensgehaltsgarantie

Ein weiterer Bereich, dessen Antastung verfassungsrechtlich nicht gerechtfertigt werden kann, ist der Wesensgehalt der Grundrechte. Die Wesensgehaltsgarantie des Art. 19 Abs. 2 GG stellt somit eine weitere Grenze für staatliche Maßnahmen auf, die keinesfalls überschritten werden kann. Weitgehende Einigkeit besteht darüber, daß Art. 19 Abs. 2 GG die Grundrechtsbestimmungen als objektive Normen schützt[864].

Der Wesensgehalt ist bei jedem einzelnen Grundrecht gesondert zu bestimmen[865]. Nach der Theorie vom relativen Wesensgehalt[866] muß eine Bestimmung des Wesensgehalts sogar in jedem Einzelfall vorgenommen werden. Die relative Theorie betont das gegenüber den individuellen Grundrechtspositionen höherrangig einzustufende Allgemeininteresse. Der Wesensgehalt eines Grundrechts ist danach dann beeinträchtigt, wenn ein Eingriff sich als unverhältnismäßig darstellt. Damit wird aber lediglich der ohnehin geltende Grundsatz der Verhältnismäßigkeit in seiner Ausformung der Verhältnismäßigkeit im engeren Sinne wiederholt[867].

Nach der Theorie vom absoluten Wesensgehalt[868] stellt der Wesensgehalt einen festen und von Einzelfragen unabhängigen Kern dar, der nicht angetastet werden darf[869]. Worin genau dieser Kern besteht, muß aber erst dann geklärt werden, wenn in ein Grundrecht so intensiv eingegriffen wird, daß seine völlige Preisgabe droht[870].

---

[863] Vgl. BVerfGE 22, 254 (265); 30, 1 (27).

[864] Vgl. Dreier, in: Dreier, Art. 19 II, Rn. 9; so auch Denninger, in: AK I, Art. 19 Abs. 2, Rn. 5 f.; Stern Staatsrecht III/2, § 85 III 2 b.

[865] Vgl. BVerfGE 22, 180 (219); auch L. Schneider, 1983, S. 193; Dreier, in: Dreier, Art. 19 II, Rn. 11.

[866] Etwa Maunz, in Maunz/Dürig/Herzog/Scholz, Art. 19 II, Rn. 16 ff.; Krebs, in: von Münch/Kunig, Art. 19, Rn. 25.

[867] Vgl. Pieroth/Schlink, Rn. 299.

[868] Etwa Stern, Staatsrecht III/2, § 85, III 2 a.

[869] Stern, Staatsrecht III/2, § 85 III 2 a, b.

[870] Vgl. Pieroth/Schlink, Rn. 300.

Der Meinungsstreit bedarf daher hier keiner weitergehenden Stellungnahme; denn die Grundrechtseingriffe, die den Betroffenen durch verdeckte Informationserhebungen im Vorfeld einer Gefahr drohen, sind zwar vielfältig und erheblich. Keines der betroffenen Grundrechte droht jedoch völlig preisgegeben zu werden.

III. Ergebnis

Die absoluten verfassungsrechtlichen Grenzen der Menschenwürde und der Wesensgehaltsgarantie stehen somit der Zulässigkeit einer Regelung von Vorfeldermittlungen zur Verhütung von Straftaten im Bereich der Organisierten Kriminalität nicht entgegen. Der absolut geschützte Bereich, der durch diese Grundsätze garantiert wird, bleibt von der oben vorgenommenen Abwägung unberührt.

Zusammenfassung der Ergebnisse und Schlußbetrachtung

Durch die Schaffung von Befugnissen zur vorbeugenden Bekämpfung von Straftaten in den Länderpolizeigesetzen wurde der Polizei die Möglichkeit gegeben, bereits im Vorfeld einer Gefahr im herkömmlichen Sinne bzw. eines Verdachts im Sinne der Strafprozeßordnung tätig zu werden. Dabei handelt es sich um informationelle Tätigkeiten der Polizei, mithin um Maßnahmen der Datenerhebung und - verarbeitung. Dieser Bereich polizeilicher Tätigkeit hat in der letzten Zeit zunehmend an Bedeutung gewonnen.

Vorfeldermittlungen zeichnen sich vor allem dadurch aus, daß sie nicht mehr an die bislang geltende Eingriffsschwelle der Gefahr im herkömmlichen Sinne bzw. des Verdachts gebunden sind. Vielmehr sollen „tatsächliche Anhaltspunkte", die auf die Entstehung einer Gefahr bzw. der Begehung einer Straftat in der Zukunft schließen lassen, als Auslöser für das Ergreifen dieser Maßnahmen ausreichen. Damit einher geht aber auch eine Loslösung von den Begriffen des „Störers" sowie des „Beschuldigten" als Adressaten von Eingriffsmaßnahmen. Denn ein Störer kann nur exisitieren, wenn eine Gefahr vorliegt, so wie es nur einen Beschuldigten geben kann, wenn der Verdacht, daß eine Straftat begangen wurde, vorliegt.

Die Vollzugspolizei ist auf die Aufgabe der Gefahrenabwehr festgelegt. Dies zeigt die geschichtliche Entwicklung, in deren Verlauf durch die sich aus den Kreuzbergurteilen ergebenden Konsequenzen der Bereich der Wohlfahrtspflege aus dem polizeilichen Aufgabenspektrum ausgeklammert wurde. Die heutige Systematik der Aufgaben der Polizei bestätigt diese Entwicklung. Das aber bedeutet, daß Maßnahmen, die nicht im Zusammenhang mit der Gefahrenabwehr stehen, auch nicht in den Polizeigesetzen geregelt werden dürfen. Anderenfalls stünde der Polizei bei Schaffung entsprechender Befugnisse ein unbegrenzbarer Handlungsraum offen. Die Ausübung staatlicher Gewalt bedarf aber feststehender Grenzen.

Vorfeldermittlungen sollen einerseits der „Verhütung von Straftaten", andererseits der „Vorsorge für die Verfolgung künftiger Straftaten" dienen. Zusammengefaßt werden diese beiden Zielsetzungen herkömmlicherweise unter den Begriff der

„vorbeugenden Bekämpfung von Straftaten". Aufgrund der verschiedenen Zwecke, die jeweils verfolgt werden, sind die beiden Maßnahmenkomplexe jedoch bereits begrifflich zu unterscheiden. Deren Zusammenfassung als „vorbeugende Bekämpfung von Straftaten" ist irreführend und schafft Abgrenzungs- und Zuordnungsprobleme. Denn damit wird suggeriert, es handele sich um zwei Varianten eines Maßnahmenkomplexes, die die gleiche Zielrichtung aufweisen und daher auch gleicher Behandlung bedürfen. Nicht zuletzt diese begriffliche Zusammenfassung und fehlende Unterscheidung führte zu Uneinigkeit hinsichtlich der Zuordnung von Vorfeldermittlungen zum Bereich der Prävention oder zum Bereich der Repression.

Unter der Prämisse, daß die polizeiliche Aufgabennorm einen weiteren Begriff der Gefahrenabwehr umfaßt als die polizeilichen Befugnisnormen, läßt sich lediglich hinsichtlich solcher Vorfeldermittlungen, die der Verhütung von Straftaten dienen, ein Zusammenhang zur Schadensabwehr feststellen. Damit ist dieser Bereich der Prävention zuzuordnen. Das gilt jedoch nicht für den Bereich der Vorsorge für die Verfolgung künftiger Straftaten. Da hier der Schaden, nämlich die Straftat, nicht verhindert werden soll, sondern der Zweck der Maßnahme vielmehr darin liegt, Vorbereitungen für den Fall seines Eintritts zu treffen, kann von einem Zusammenhang zur Schadensabwehr nicht gesprochen werden. Damit kann die Vorsorge für die Verfolgung künftiger Straftaten aber auch nicht unter den Gefahrenabwehrbegriff der polizeilichen Aufgabenzuweisungsnorm gefaßt werden. Eine Regelung dieses Maßnahmenkomplexes in den Länderpolizeigesetzen ist daher als unzulässig zu betrachten.

Gleichermaßen scheidet für diese Maßnahmen aber auch eine Regelung in der Strafprozeßordnung aus. Denn aus rechtsstaatlichen Gründen erscheint eine Erweiterung des durch das Vorliegen eines Anfangsverdachts nach § 152 Abs. 2 StPO eröffneten Handlungsspielraums auf das Vorfeld dieses Verdachts nicht möglich. Für die Strafprozeßordnung muß gelten, daß die durch den Anfangsverdacht gezogene Eingriffsschwelle nicht überschritten werden kann. Das aber hat zur Folge, daß Vorfeldbefugnisse, die der Vorsorge für die Verfolgung künftiger Straftaten dienen, nicht in das geltende System von Gefahrenabwehr und Strafverfolgung einzupassen sind. Auf derartige polizeiliche Befugnisse muß daher verzichtet werden.

Bezüglich der Vorfeldermittlungen zur Verhütung von Straftaten wird hingegen der herrschenden Meinung, die die Vorfeldermittlungen der Prävention zuordnet, im Ergebnis zugestimmt. Hinsichtlich der Zulässigkeit einer Regelung derartiger Befugnisse in den Polizeigesetzen wird hier allerdings ein anderer Begründungsweg eingeschlagen. Da es sich bei den Vorfeldbefugnissen zur Verhütung von Straftaten um Maßnahmen mit Eingriffscharakter handelt, müßten sie auch vom - engeren - Gefahrenbegriff der polizeilichen Befugnisnormen umfaßt werden. Anderenfalls wäre eine Regelung in den Polizeigesetzen trotz Zusammenhangs zur Schadensabwehr im Sinne der Aufgabennorm unzulässig. Diese Maßnahmen müßten sich demnach in die Systematik des Gefahrenbegriffs der Befugnisnormen eingliedern lassen. Herkömmlicherweise wird - abgesehen von der Anscheinsgefahr - von drei Kategorien der Gefahr ausgegangen, die aus der abstrakten Gefahr, der konkreten Gefahr und dem Gefahrenverdacht als Unterfall der konkreten Gefahr bestehen. Vorfeldermittlungen als Maßnahmen zur Verhütung von Straftaten lassen sich allerdings in keine dieser drei Kategorien einordnen.

Als Lösung bietet sich an, diesen drei herkömmlichen Kate-gorien eine weitere zur Seite zu stellen. Der „Verdacht einer abstrakten Gefahr" könnte neben dem herkömmlichen Gefahrenverdacht, der auf eine konkrete Gefahr bezogen ist, in der Weise stehen, wie die abstrakte Gefahr neben der konkreten Gefahr. Mit dieser zusätzlichen Kategorie einer Gefahr ließen sich Situationen erfassen, in denen die Wahrscheinlichkeit des Eintritts einer abstrakten Gefahr als geringer zu beurteilen ist, als die Wahrscheinlichkeit, die für die Annahme einer abstrakten Gefahr vorausgesetzt wird. Der hinreichende Grad der Wahrscheinlichkeit würde dann demjenigen entsprechen, der für einen „konkreten" Gefahrenverdacht erreicht werden muß, nur daß der letztgenannte sich auf eine konkrete Gefahrenlage bezieht.

Vorfeldermittlungen zur Verhütung von Straftaten dienen der Erforschung von Sachverhalten, die eine abstrakte Gefahrenlage vermuten lassen. Insbesondere zielen sie auf die Aufklärung der Organisierten Kriminalität, ihrer Strukturen, ihrer Entstehung und ihres Umfeldes ab, um eine Verhütung von Straftaten, die im Zusammenhang mit dem Phänomen „Organisierte Kriminalität" stehen, zu ermöglichen. Es handelt sich demnach um Befugnisse, die notwendig wurden, um diesen neuartigen Gefahren zu begegnen. Mit ihrer Hilfe sollen „gefahrgeneigte" Situationen aufgeklärt werden, bei denen generell die Tendenz angenommen wird, Gefahren hervorzubringen. Diese Vermutungen beziehen sich demnach nicht auf konkrete, sondern auf abstrakte Gefahren, so daß sie ihrer Zielrichtung nach der Behandlung eines „abstrakten" Gefahrenverdachts dienen. Daraus folgt, daß Vorfeldermittlungen zur Verhütung von Straftaten sich in die Systematik des Gefahrenbegriffs einfügen lassen. Dieses Ergebnis entspricht der Notwendigkeit, auf neuartige Gefahren reagieren zu können. Es bleibt daher bei der herkömmlichen polizeilichen Aufgabe, ohne daß zur Eingliederung von Vorfeldermittlungen von einer Erweiterung dieser Aufgabe ausgegangen werden muß. Die herrschende Meinung, die zu letzterer Konstruktion tendiert, vollzieht damit einen Zirkelschluß, der die Zulässigkeit der Regelung von Vorfeldermittlungen in den Polizeigesetzen im Grunde nicht zu begründen vermag. Denn sie schließt von den bereits in den Polizeigesetzen geschaffenen Regelungen auf die Zulässigkeit einer solchen Erweiterung des polizeilichen Aufgabenbereichs, ohne die Vorfeldermittlungen systematisch in die Gefahrenabwehr eingliedern zu können.

Die derzeitigen Regelungen von Vorfeldermittlung sind tatbestandlich sowohl in sachlicher als auch in personeller Hinsicht äußerst weit gefaßt. Die geringeren Anforderungen an den Grad der Wahrscheinlichkeit eines Schadenseintritts machen aber tatbestandliche Einschränkungen der Vorfeldbefugnisse notwendig. Denn die Intensität des Grundrechtseingriffes einer Maßnahme steigt mit der sinkenden Wahrscheinlichkeit des Schadenseintritts, den diese abwenden soll. Dies beruht auf der größeren Unsicherheit und Ungewißheit der gestellten Prognose, auf der die Entscheidung über das Ergreifen der Maßnahme beruht. Es gilt aber der rechtstaatliche Grundsatz, daß Tatbestandsvoraussetzungen von Eingriffsermächtigungen um so enger und präziser gefaßt sein müssen, je intensiver in die Rechte von Bürgern eingegriffen wird.

Diese somit notwendigen tatbestandlichen Beschränkungen ergeben sich für die Vorfeldermittlungen aus Sinn und Zweck der Normen. Zielrichtung dieser Informationserhebungen ist die Bekämpfung der Organisierten Kriminalität. Dementsprechend müssen die Tatbestände dahingehend eingeengt werden. Lediglich für die angegebene Zielrichtung kann eine Erforderlichkeit von Vorfeldermittlungen bejaht werden. Für andere, „herkömmliche“ Deliktsbereich ist eine Erforderlichkeit von Vorfeldermittlungen hingegen nicht ersichtlich, so daß sie aus den Tatbeständen der Vorfeldermittlungsbefugnisse ausgenommen werden müssen.

Tatbestandliche Einschränkungen sind auch in personeller Hinsicht vorzunehmen. Die Intensität der Eingriffe in Freiheitsrechte des Bürgers verbietet es, den Anwendungsbereich von Vorfeldermittlungen auf „jedermann“ zu erstrecken. Nur unter besonders eng zu fassenden Voraussetzungen dürfen im Ausnahmefall etwa Unbeteiligte und Nichtverdächtige von derartigen Maßnahmen betroffen sein. Entsprechend der Nähe des Betroffenen zum sog. potentiellen Straftäter müssen tatbestandliche Abstufungen vorgenommen werden.

Nur unter diesen Voraussetzungen kann eine Zulässigkeit von Vorfeldermittlungen zur Verhütung von Straftaten aber letztlich bejaht werden.

Literaturverzeichnis

Ahlf, Ernst-Heinrich, Der Begriff des 'Eingriffes' insbesondere bei kriminalpolizeilicher Tätigkeit und die sog. 'Schwellentheorie zu § 163 Abs. 1 StPO', in: Die Polizei 1983, S. 41 ff.

Albert, Helmut, Das 'Trennungsgebot' - ein für Polizei und Verfassungsschutz überholtes Entwicklungskonzept?, in: ZRP 1995, S. 105 ff.

Alberts, Hans W.; Mertens, Karlheinz, Gesetz über die Datenverarbeitung der Polizei, Kommentar, Hamburg, 1995

Albrecht, Peter-Alexis, Prävention als problematische Zielbestimmung im Kriminaljustizsystem, in: KritV 1986, S. 55 ff.

ders., Organisierte Kriminalität: Das Kriminaljustizsystem und seine konstruierten Realitäten, in: KritV 1997, S. 229 ff.

Amelung, Knut; Schall, Hero, Zum Einsatz von Polizeispitzeln: Hausfriedensbruch und Notstandsrechtfertigung, Wohnungsgrundrecht und Durchsuchungsbefugnis - OLG München, DVBl. 1973, 221, in: JuS 1975, S. 565 ff.

Arbeitskreis Polizeirecht, AE PolG - Alternativentwurf einheitlicher Polizeigesetze des Bundes und der Länder, Neuwied, Darmstadt, 1979

Aulehner, Josef, 10 Jahre 'Volkszählungs'-Urteil, in: CR 1993, S. 446 ff.

ders., Polizeiliche Gefahren- und Informationsvorsorge - Grundlagen, Rechts- und Vollzugsstrukturen, dargestellt auch im Hinblick auf die deutsche Beteiligung an einem Europäischen Polizeiamt (EUROPOL), Berlin, 1998, (Speyer, Univ., Diss., 1996)

Bachmann, Gregor, Probleme des Rechtsschutzes gegen Grundrechtseingriffe im strafrechtlichen Ermittlungsverfahren, Berlin, 1994

Backes, Otto, Kriminalpolitik ohne Legitimität, in: KritV 1986, S. 315 ff.

Bäumler, Helmut, Neues schleswig-holsteinisches Polizeirecht, in: NVwZ 1992, S. 638 ff.

Baumann, Jürgen, Neue Haftgründe, in: JZ 1962, S. 649 ff. (Teil 1) und S. 689 ff. (Teil 2)

ders., Forum: Wie reformbedürftig ist die Strafprozeßordnung ?, in: JuS 1987, S. 681 ff.

Baumann, Reinhold, Stellungnahme zu den Auswirkungen des Urteils des Bundesverfassungsgerichts vom 15.12.1983 zum Volkszählungsgesetz 1983, in: DVBl. 1984, S. 612 ff.

Beck, Ulrich, Risikogesellschaft: auf dem Weg in eine andere Moderne, Frankfurt am Main, 1986

Behrendes, Udo, Von der Eilzuständigkeit zur Allzuständigkeit?, in: Die Polizei 1988, S. 220 ff.

Benda, Ernst, Das Recht auf informationelle Selbstbestimmung und die Rechtsprechung des Bundesverfassungsgerichts zum Datenschutz, in: DuD 1984, S. 86 ff.

Benda, Ernst; Maihofer, Werner; Vogel, Hans-Jochen, Handbuch des Verfassungsrecht, Berlin, New York, 1983 (zitiert: Bearb., in: Benda/Maihofer/ Vogel (Hrsg.))

Benfer, Jost, Eingriffsrechte - Voraussetzungen und Grenzen präventiver und repressiver Rechtseingriffe durch Polizei und Staatsanwaltschaft, München, 1997

Blankenagel, Alexander, Gentechnologie und Menschenwürde, in: KJ 1987, S. 379 ff.

Bleckmann, Albert; Eckhoff, Rolf, Der 'mittelbare' Grundrechtseingriff, in: DVBl. 1988, S. 373 ff. und S. 1057 ff.

Bölsche, Jochen, Der Weg in den Überwachungsstaat, Hamburg, 1979

Brandt, Edmund; Smeddinck, Ulrich, Der Gefahrenbegriff im Polizeirecht, in: Jura 1994, S. 225 ff.

Braun, Karl-Heinz, Die vorbeugende Bekämpfung von Straftaten als polizeiliche Aufgabe im Zusammenhang mit der Problematik der polizeilichen Kriminalakten und erkennungsdienstlichen Unterlagen, in: Die Polizei 1989, S. 213 ff.

ders., Videografieren bei Demonstrationen - endlich gesetzlich geregelt?, in: Die Polizei 1990, S. 49 ff.

Brohm, Winfried, Kompetenzüberschneidungen im Bundesstaat - Rechtsdogmatische Konsequenzen der Gondelbahn-Entscheidung des Bundesverfassungsgerichts -, in: DÖV 1983, S. 525 ff.

Bull, Hans Peter, Allgemeines Verwaltungsrecht, 5. Aufl., Heidelberg, 1997

Busch Heiner; Funk, Albrecht; Kauß, Udo; Narr, Wolf-Dieter; Werkentin, Falco, Die Polizei in der Bundesrepublik, Frankfurt am Main, New York, 1988

Caesar, Peter, Das Gesetz gegen die Organisierte Kriminalität - eine unendliche Geschichte?, in: ZRP 1991, S. 241 ff.

Darnstädt, Thomas, Gefahrenabwehr und Gefahrenvorsorge, Frankfurt/Main, 1983

Denninger, Erhard, Polizei in der freiheitlichen Demokratie, Frankfurt am Main, Berlin, 1968

ders., Das Recht auf informationelle Selbstbestimmung und Innere Sicherheit, in: KJ 1985, S. 215 ff.

ders., Das Recht auf informationelle Selbstbestimmung, in: Harald Hohmann (Hrsg.), Freiheitssicherung durch Datenschutz, S. 127 ff., Frankfurt/ Main, 1987 (zitiert: Denninger, in: Hohmann (Hrsg.), Freiheitssicherung durch Datenschutz)

ders., Zehn Thesen zum Ethos der Polizeiarbeit, in: JA 1987, S. 131 ff.

ders., Der Präventionsstaat, in: KJ 1988, S. 1 ff.

ders., Verfassungsrechtliche Grenzen polizeilicher Datenverarbeitung insbesondere durch das Bundeskriminalamt, in: CR 1988, S. 51 ff.

ders., Der gebändigte Leviathan, Baden-Baden, 1990

ders., Verfassungsschutz, Polizei und die Bekämpfung der Organisierten Kriminalität, in: KJ 1994, S. 232 ff.

Deutsch, Markus, Die heimliche Erhebung von Informationen und deren Aufbewahrung durch die Polizei, Heidelberg, 1992

Deutscher Richterbund, Stellungnahme zum Strafprozeßänderungsgesetz vom 29.10.1960, in: DRiZ 1960, S. 448

Dörmann, Uwe; Koch, Karl-Friedrich; Risch, Hedwig; Vahlenkamp, Werner, Organisierte Kriminalität - wie groß ist die Gefahr?, Expertenbefragung zur Entwicklung der Organisierten Kriminalität in der Bundesrepublik Deutschland vor dem Hintergrund des zusammenwachsenden Europas, BKA-Forschungsreihe, Sonderband, Wiesbaden, 1990

Dolzer, Rudolf (Hrsg.), Kommentar zum Bonner Grundgesetz, Stand: 83. Lieferung, Januar 1998, Heidelberg (zitiert: Bearb., in: BK)

Dreier, Horst, Erkennungsdienstliche Maßnahmen im Spannungsfeld von Gefahrenabwehr und Strafverfolgung, in: JZ 1987, S. 1009 ff.

ders., Grundgesetz - Kommentar, Band I, Art. 1-19, Tübingen, 1996 (zitiert: Bearb., in: Dreier)

Drews, Bill; Wacke, Gerhard; Vogel, Klaus; Martens, Wolfgang, Gefahrenabwehr, 9.A., Köln, Berlin, Bonn, München, 1986

Ebert, Udo, Tendenzwende in der Straf- und Strafprozeßgesetzgebung?, in: JR 1978, S. 136 ff.

Eckl, Peter, Legalitätsprinzip in der Krise, in: ZRP 1973, S. 139 ff.

Eisenberg, Ulrich, Straf(verfahrens-)rechtliche Maßnahmen gegenüber 'Organisiertem Verbrechen', in: NJW 1993, S. 1033 ff.

Emmerig, Ernst, Die Doppelfunktion der Polizei, in: DVBl. 1958, S. 338 ff.

Ernesti, Günter, Staatsanwaltschaft, Polizei und die Zusammenarbeit mit den Nachrichtendiensten, in: ZRP 1986, S. 57 ff.

Evers, Hans-Ulrich, Privatsphäre und Ämter für Verfassungsschutz, Berlin, 1960

ders., Rechtsschutz und Verfassungsschutz, in: ZRP 1980, S. 110 ff.

Ferse, Hartmut, OK - (K)eine Aufgabe für den Verfassungsschutz, in: KJ 1994, S. 256 ff.

Folz, Hans-Ernst, Polizeiliche Zuständigkeiten und kollidierende Kompetenzen anderer Hoheitsträger, in: JuS 1965, S. 41 ff.

Fraenkel, Ernst, Der Doppelstaat, Frankfurt/Main, Köln, 1974

Funk, Albrecht, Polizei und Rechtsstaat - Die Entwicklung des staatlichen Gewaltmonopols in Preußen 1848-1914, Frankfurt/Main, New York, 1986

Funk, Albrecht; Werkentin, Falco, Der Musterentwurf für ein einheitliches Polizeigesetz - ein Muster exekutiven Rechtsstaatsverständnisses, in: KJ 1976, S. 407 ff.

Gallwas, Hans-Ullrich, Faktische Beeinträchtigungen im Bereich der Grundrechte, Berlin, 1970

Geddert-Steinacher, Tatjana, Menschenwürde als Verfassungsprinzip, Berlin, 1990

Geiger, Andreas, Verfassungsfragen zur polizeilichen Anwendung der Video-Überwachungstechnologie bei der Straftatbekämpfung, Berlin, 1994, (Freiburg i. Br., Univ., Diss., 1993)

Geis, Max-Emanuel, Der Kernbereich des Persönlichkeitsrechts, in: JZ 1991, S. 112 ff.

Geißdörfer, Josef W., V-Personen und Verdeckte Ermittler, in: Kriminalistik 1993, S. 679 ff.

Geißer, Hans, Das Anklagemonopol der Staatsanwaltschaft und die Gewährsperson als Aufklärungsmittel im Ermittlungs- und als Beweismittel im Strafverfahren, in: GA 1983, S. 385 ff.

Görgen, Friedrich, Strafverfolgungs- und Sicherheitsauftrag der Polizei, in: ZRP 1976, S. 59 ff.

Gössner, Rolf; Herzog, Uwe, Im Schatten des Rechts, Köln, 1984

Götz, Volkmar, Rechtsschutz gegen Maßnahmen der Polizei, in: JuS 1985, S. 869 ff.

ders., Polizeiliche Bildaufnahmen von öffentlichen Versammlungen, in: NVwZ 1990, S. 112 ff.

ders., Allgemeines Polizei- und Ordnungsrecht, 12. Aufl., Göttingen, 1995 (zitiert: Götz, Polizeirecht)

Gola, Peter, Zwei Jahre neues Bundesdatenschutzgesetz - Zur Entwicklung des Datenschutzrechts seit 1991, in: NJW 1993, S. 3109 ff.

Grimm, Dieter, Verfassungsrechtliche Anmerkungen zum Thema Prävention, in: KritV 1986, S. 38 ff.

Groth, Reimer, Verdeckte Ermittlung und Gewinnabschöpfung, Münster, 1996, (Hamburg, Univ., Diss., 1995)

Gusy, Christoph, Der Schutz vor Überwachungsmaßnahmen nach dem Gesetz zur Beschränkung des Art. 10 GG, in: NJW 1981, S. 1581 ff.

ders., Der Militärische Abschirmdienst, in: DÖV 1983, S. 60 ff.

ders., Grundrechtsschutz vor staatlichen Informationseingriffen, in: VerwArch 74 (1983), S. 91 ff.

ders., Das verfassungsrechtliche Gebot der Trennung von Polizei und Nachrichtendiensten, in: ZRP 1987, S. 45 ff.

ders., Befugnisse des Verfassungsschutzes zur Informationserhebung, in: DVBl. 1991, S. 1288 ff.

ders., Polizeiliche Befragung am Beispiel des § 9 NRWPolG, in: NVwZ 1991, S. 614 ff.

ders., Polizei und Nachrichtendienste im Kampf gegen die Organisierte Kriminalität, in: KJ 1994, S. 242 ff.

ders., Beobachtung Organisierter Kriminalität durch den Verfassungsschutz?, in: StV 1995, S. 320 ff.

ders., Polizeirecht, 3. Aufl., Tübingen, 1996 (zitiert: Gusy, Polizeirecht)

Haas, Hermann Heinrich, V-Leute im Ermittlungs- und Hauptverfahren, Pfaffweiler, 1986

Habermehl, Kai, Fortschritt durch Rückschnitt - zum Polizeigesetz-Urteil des SächsVerfGH, in: SächsVBl. 1996, S. 201 ff.

Häberle, Peter, Die Abhörentscheidung des Bundesverfassungsgerichts vom 15.12.1970, in: JZ 1971, S. 145 ff.

Hansen-Dix, Frauke, Die Gefahr im Polizeirecht, im Ordnungsrecht und im Technischen Sicherheitsrecht, Köln, Berlin, Bonn, München, 1982

Harbs, Gerhard, Polizei- und Strafprozeßrecht als selbständige Rechtsgrundlagen für die Polizei, in: Die Polizei 1962, S. 333 ff.

Harnischmacher, Robert; Semerak, Arved, Deutsche Polizeigeschichte, Stuttgart, Berlin, Köln, Mainz, 1986

Hassemer, Winfried, Telefonüberwachung und Gefahrenabwehr, in: ZRP 1991, S. 121 ff.

ders., Stellungnahme zum Entwurf eines Gesetzes zur Bekämpfung des illegalen Rauschgifthandels und anderer Erscheinungsformen der organisierten Kriminalität (OrgKG), in: KJ 1992, S. 64 ff.

Heise, Gerhard; Riegel, Reinhard, Musterentwurf eines einheitlichen Polizeigesetzes mit Begründungen und Anmerkungen, 2. Aufl., Stuttgart, München, Hannover, 1978

Hellenthal, Markus, Die aktuelle Entwicklung der illegalen Zuwanderung nach Deutschland insbesondere mit Blick auf die Schleuserkriminalität und andere Felder der grenzbezogenen organisierten Kriminalität und die Gegenmaßnahme des Bundesgrenzschutzes in seiner neuen Organisationsstruktur, in: Die Polizei 1994, S. 1 ff.

Herold, Horst, Gesellschaftlicher Wandel - Chance der Polizei?, in: Die Polizei 1972, S. 133 ff.

ders., Künftige Einsatzformen der EDV und ihre Auswirkungen im Bereich der Polizei, in: Kriminalistik 1974, S. 385 ff.

ders., Polizeiliche Datenverarbeitung und Menschenrechte, in: RuP 1980, S. 79 ff.

Hertlein, Heinz, Erfordernis und Grenzen verdeckter polizeilicher Maßnahmen, in: Die Polizei 1984, S. 322 ff.

Heußner, Hermann, Das informationelle Selbstbestimmungsrecht des Grundgesetzes als Schutz des Menschen vor totaler Erfassung, in: BB 1990, S. 1281 ff.

Himmler, Heinrich, Aufgaben und Aufbau der Polizei des Dritten Reiches, in: Hans Pfundter (Hrsg.), Dr. Wilhelm Frick und sein Ministerium. Aus Anlaß des 60. Geburtstages des Reichs- und Preußischen Ministers des Innern Dr. Wilhelm Frick am 12. März 1937 herausgegeben, München, 1937, S. 125

Hirsch, Burkhard, Immunität für Europol - eine Polizei über dem Gesetz?, in: Die Polizei 1998, S. 10 ff.

Hirsch, Joachim, Der Sicherheitsstaat: Das „Modell Deutschland“, seine Krise und die neuen sozialen Bewegungen, Frankfurt a.M., 1980

Hirsch, Martin; Majer, Dietmut; Meinck, Jürgen, Recht, Verwaltung und Justiz im Nationalsozialismus, Köln, 1984

Hoffmann-Riem, Wolfgang, 'Anscheinsgefahr' und 'Anscheinsverursachung' im Polizeirecht, in: Verfassung - Verwaltung - Finanzen, Festschrift für Gerhard Wacke zum 70. Geb., Hrsg.: Klaus Vogel und Klaus Tipke, S. 327 ff., Köln-Marienburg, 1972

ders., Abbau von Rechtsstaatlichkeit durch Neubau des Polizeirechts ? - Kritik am Musterentwurf eines einheitlichen Polizeigesetzes, dargestellt an den Normen über die Personalienfeststellung -, in: JZ 1978, S. 335 ff.

Hoppe, Werner, Grundrechtseffektuierung durch Bewertung privatrechtlicher Verwaltungshandlungen als enteignende Eigentumseingriffe, in: DVBl. 1981, S. 308 ff.

Hufen, Friedhelm, Das Volkszählungsurteil des Bundesverfassungsgerichts und das Grundrecht auf informationelle Selbstbestimmung - eine juristische Antwort auf '1984'?, in: JZ 1984, S. 1072 ff.

Hund, Horst, Polizeiliches Effektivitätsdenken contra Rechtsstaat, in: ZRP 1991, S. 463 ff.

ders., Überwachungsstaat auf dem Vormarsch - Rechtsstaat auf dem Rückzug?, in: NJW 1992, S. 2118 ff.

ders., Verdeckte Ermittlungen - ein gelöstes Problem ?, in: StV 1993, S. 379 ff.

Hust, Gerhard, Zum Auskunftsrecht der Polizei im Rahmen der Strafverfolgung, in: NJW 1969, S. 21 ff.

Isensee, Josef, Das Grundrecht auf Sicherheit - Zu den Schutzpflichten des freiheitlichen Verfassungsstaates, Berlin, New York, 1983

Isensee, Josef; Kirchhof, Paul, Handbuch des Staatsrechts der Bundesrepublik Deutschland, Band I, Heidelberg, 1987; Band V, Heidelberg, 1992; Band VI, Heidelberg 1992 (zitiert: Bearb., in: Isensee/Kirchhof (Hrsg.), HbdStR)

Jachmann, Lothar, Das Konkurrenzverhältnis von Polizei und Verfassungsschutz in der Bundesrepublik Deutschland, in: KJ 1994, S. 252 ff.

Jescheck, Hans-Heinrich; Weigend, Thomas, Lehrbuch des Strafrechts - Allgemeiner Teil, 5. Aufl., Berlin, 1996

Jeserich, Kurt G. A.; Pohl, Hans; von Unruh, Georg-Christoph, Deutsche Verwaltungsgeschichte, Band IV, Stuttgart, 1985 (zitiert: Bearbeiter, in: Jeserich/Pohl/von Unruh (Hrsg.), DVWG, Band IV)

Just, Steffen, Polizeibegriff und Polizeirecht im Nationalsozialismus - Unter besonderer Berücksichtigung der Arbeit des Ausschusses für Polizeirecht bei der Akademie für Deutsches Recht, Dissertation, Univ. Würzburg, 1990

Kaiser, Eberhard, Tatverdacht und Verantwortung des Staatsanwalts, in: NJW 1965, S. 2380 ff.

Keller, Rainer, Polizeiliche Observation und strafprozessuale Wahrheitserforschung, in: StrafVert 1984, S. 521 ff.

Kersten, Ulrich, Die Rolle des Bundeskriminalamtes als Zentralstelle bei der internationalen Zusammenarbeit, in: Die Polizei 1997, S. 337 ff.

Kickartz, Peter, Ermittlungsmaßnahmen zur Gefahrenerforschung und einstweilige polizeiliche Anordnungen, Gießen, 1984

Kiehl, Walter H., Vom Präventionsdilemma der 'OK'-Bekämpfung, in: Neue Kriminalipolitik, Heft 1/1990, S. 32 ff.

Kirchhof, Paul, Grundfälle zum Polizeirecht, in: JuS 1974, S. 781 ff.

Kleinknecht, Theodor; Meyer, Karlheinz; Meyer-Goßner, Lutz, Strafprozeßordnung, 42. A., München, 1995 (zit.: Kleinknecht/Meyer-Goßner)

Kloepfer, Michael, Datenschutz als Grundrecht, Königsstein/Ts., 1980

Knemeyer, Franz-Ludwig, Polizeibegriffe in Gesetzen des 15. - 18. Jahrhunderts, in: AöR (92) 1967, S. 153 ff.

ders., Datenerhebung und Datenverarbeitung im Polizeirecht, in: NVwZ 1988, S. 193 ff.

ders., Polizei- und Ordnungsrecht, 6. Aufl., München 1995 (zitiert: Knemeyer, Polizeirecht)

ders.; Keller, Bernhard, Verfassungsrechtliche Grenzen des Polizeigewahrsams und der polizeilichen Datenerhebung - Zum Urteil des Verfassungsgerichtshofs des Freistaates Sachsen vom 14. Mai 1996 - Vf 44-II-94, in: SächsVBl. 1996, S. 197 ff.

Kniesel, Michael, Neue Polizeigesetze contra StPO ?, in: ZRP 1987, S. 377 ff.

ders., Polizeirecht und Polizeirechtswissenschaft, in: RuP 1988, S. 161 ff.

ders., Vorbeugende Bekämpfung von Straftaten im neuen Polizeirecht - Gefahrenabwehr oder Strafverfolgung ?, in: ZRP 1989, S. 329 ff.

ders., Verhinderung von Gewalttätigkeiten bei Demonstrationen, in: Die Polizei 1989, S. 231 ff.

ders., Polizeiliche Gefahrenvorsorge im Spannungsfeld von Freiheit und Sicherheit, in: Die Polizei 1991, S. 185 ff.

ders., Vorbeugende Bekämpfung von Straftaten im juristischen Meinungsstreit - eine unendliche Geschichte, in: ZRP 1992, S. 164 ff.

ders.; Tegtmeyer, Henning, Weiterer Ausbau der zentralistischen polizeilichen EDV-Systeme zum Nachteil der Justiz ?, in: DRiZ 1986, S. 251 ff.

ders.; Tegtmeyer, Henning; Vahle, Jürgen, Handbuch des Datenschutzes für Sicherheitsbehörden, Stuttgart, Berlin, Köln, Mainz, 1986

ders.; Vahle, Jürgen, Fortentwicklung des materiellen Polizeirechts - Zum Vorentwurf zur Änderung des Musterentwurfs eines einheitlichen Polizeigesetzes des Bundes und der Länder (VE ME PolG), in: DÖV 1987, S. 953 ff.

ders;, Vahle, Jürgen, VE ME PolG - Musterentwurf eines einheitlichen Polizeigesetzes in der Fassung des Vorentwurfs zur Änderung des ME PolG, Text und amtliche Begründung, Heidelberg, 1990

Koch, Martin, Überwachung der Organisierten Kriminalität durch den bayerischen Verfassungsschutz, in: ZRP 1995, S. 24 ff.

Kölbach, Jochen Burkhard, Möglichkeiten und Grenzen von EUROPOL auf der Grundlage der Konvention, in: Die Polizei 1996, S. 245 ff.

Kowalczyk, Anneliese, Datenschutz im Polizeirecht, Köln, 1989

Krause, Peter, Das Recht auf informationelle Selbstbestimmung - BVerfGE 65, 1, in: JuS 1984, S. 268 ff.

Krebs, Walter, Zum aktuellen Stand der Lehre vom Vorbehalt des Gesetzes, in: Jura 1979, S. 304 ff.

Krüger, Ralf, Verfassungsrechtliche Grundlagen polizeilicher V-Mann-Arbeit, in: NJW 1982, S. 855 ff.

ders., Rechtsfragen bei verdeckten Ermittlungen aus verfassungsrechtlicher Sicht, in: JR 1984, S. 490 ff.

ders., Gesetz zur Bekämpfung des illegalen Rauschgifthandels und anderer Erscheinungsformen der organisierten Kriminalität (OrgKG), in: Die Polizei 1993, S. 29 ff.

Kube, Edwin; Vahlenkamp, Werner, Möglichkeiten und Chancen präventiver Maßnahmen zur Bekämpfung des Organisierten Verbrechens, in: Die Polizei 1993, S. 241 ff.

Kühne, Hans-Heiner, Strafprozessuale Beweisverbote und Art. 1 I Grundgesetz, Köln, Berlin, Bonn, München, 1970

ders., Die Definition des Verdachts als Voraussetzung strafprozessualer Zwangsmaßnahmen, in: NJW 1979, S. 617 ff.

Kunig, Philip, Das Rechtsstaatsprinzip, Tübingen, 1986

Lameyer, Johannes, Streitbare Demokratie contra Terrorismus ?, in: ZRP 1978, S. 49 ff.

Lange, Wilfried, Der neue Musterentwurf eines einheitlichen Polizeigesetzes - Fragwürdiges Schußwaffengebrauchsrecht, in: MDR 1977, S. 10 ff.

Lehmann, Rudolf, Die Strafprozeßnovelle vom 28. Juni 1935, in: DJ 1935, S. 999 ff.

Lindlau, Dagobert, Der Mob: Recherchen zum organisierten Verbrechen, 3. Aufl., Hamburg, 1987

Lisken, Hans, Polizei und Verfassungsschutz. Aspekte der gesetzlichen Zusammenarbeit, in: NJW 1982, S. 1481 ff.

ders., Neue polizeiliche Ermittlungsmethoden im Rechtsstaat des Grundgesetzes, in: DRiZ 1987, S. 184 ff.

ders., Ein Alternativentwurf aus der Praxis zur Novellierung des Polizeigesetzes NW (AEPol NW) - Stand 1986 -, in: Hans Peter Bull (Hrsg.), Sicherheit durch Gesetze?, S. 191 ff., Baden-Baden, 1987

ders., Über Aufgaben und Befugnisse der Polizei im Staat des Grundgesetzes, in: ZRP 1990, S. 15 ff.

ders., Polizeigesetz NW 1990, in: NWVBl 1990, S. 325 ff.

ders., Innere Gefahren für den Rechtsstaat des Grundgesetzes, in: DRiZ 1992, S. 250 ff.

ders., 'Sicherheit' durch 'Kriminalitätsbekämpfung' ?, in: ZRP 1994, S. 49 ff.

ders., Vorfeldeingriffe im Bereich der 'Organisierten Kriminalität' - Gemeinsame Aufgabe von Verfassungsschutz und Polizei ?, in: ZRP 1994, S. 264 ff.

Lisken, Hans; Denninger, Erhard, Handbuch des Polizeirechts, 2. Aufl., München, 1996 (zitiert: Bearb., in: Lisken/Denninger (Hrsg.), HbdPolR)

Loschelder, Wolfgang, Rasterfahndung - Polizeiliche Ermittlung zwischen Effektivität und Rechtsschutz, in: Der Staat 1981, S. 349 ff.

Löwe, Ewald; Rosenberg, Walter, Die Strafprozeßordnung und das Gerichtsverfassungsgesetz, Großkommentar, Erster Band: Einleitung, §§ 1 - 111 n,

24. Aufl., Berlin, New York, 1988, Zweiter Band: §§ 112 - 197, 24. Aufl., Berlin, New York, 1989 (zit.: Löwe/Rosenberg/Bearb.)

Lübbe-Wolff, Gertrude, Die Grundrechte als Eingriffsabwehrrechte: Struktur und Reichweite der Eingriffsdogmatik im Bereich staatlicher Leistungen, Baden-Baden, 1988

Lüderssen, Klaus, Zur 'Unerreichbarkeit' des V-Mannes, in: Festschrift für Ulrich Klug, Bd. II,S. 527 ff., Köln, 1983

Luhmann, Niklas, Grundrechte als Institution, 3. Aufl., Berlin, 1986

Maier, Hans, Die ältere deutsche Staats- und Verwaltungslehre, 2. Aufl., München, 1980

Majer, Dietmut, Justiz und Polizei im 'Dritten Reich', in: Ralf Dreier, Wolfgang Sellert (Hrsg.), Recht und Justiz im „Dritten Reich", S. 136 ff., Frankfurt am Main, 1989

Maunz, Theodor; Dürig, Günter; Herzog, Roman; Scholz, Rupert, Grundgesetz - Kommentar, Band I, Art. 1-12, Lieferungen 1 bis 32, Band II, Art 12 a-37, Lieferungen 1 bis 32, München, 1996 (zitiert: Bearb., in: Maunz/ Dürig/Herzog/Scholz)

Mayer, Franz, Das Opportunitätsprinzip, Berlin, 1963

Merten, Karlheinz, Das Abrufrecht der Staatsanwaltschaft aus polizeilichen Daten, in: NStZ 1987, S. 10 ff.

ders., Das geplante Polizeirecht in Nordrhein-Westfalen, in: ZRP 1988, S. 172 ff.

ders., Zulässigkeit der langfristigen Videoüberwachung, in: NJW 1992, S. 354 f.

Meyer, Hans-Jürgen, Rechtsfragen im Zusammenhang mit polizeilichen Beobachtungsmaßnahmen, Dissertation, Tübingen, 1982

Meyer, Jürgen, Zur prozeßrechtlichen Problematik des V-Mannes, in: ZStW 95 (1983), S. 834 ff.

Müller, Rolf-Georg, Polizeiliche Datenerhebung durch Befragung - Zugleich eine Analyse des § 9 nw. PolG, Berlin, 1997 (Bochum, Univ., Diss., 1997)

von Münch, Ingo; Kunig, Philip (Hrsg.), Grundgesetzkommentar, Band 1, Präambel bis Art. 20, 4. Aufl., München, 1992 (zitiert: Bearb., in: von Münch/Kunig)

von Münch, Ingo; Schmidt-Aßmann, Eberhard, Besonderes Verwaltungsrecht, 9. Aufl., Berlin, New York, 1992 (zitiert: Bearb., in: von Münch/ Schmidt-Aßmann)

Narr, Wolf-Dieter, Hin zu einer Gesellschaft bedingter Reflexe, in: Jürgen Habermas (Hrsg.), Stichworte zur „Geistigen Situation der Zeit", S. 512 ff., 3. Aufl., Frankfurt/M., 1980

Neumann, Dieter, Vorsorge und Verhältnismäßigkeit, Berlin, 1994

Neumann, Franz, Behemoth, Originalausgabe, Oxford University Press,1944 Neudruck Frankfurt am Main, 1984 (hrsg. von Gert Schäfer)

Neumann, Franz L; Nipperdey, Hans Carl; Scheuner, Ulrich, Die Grundrechte, Band II, Berlin, 1954 (zitiert: Bearb., Neumann/Nipperdey/Scheuner)

Ossenbühl, Fritz, Zumutbarkeit als Verfassungsmaßstab, in: Freiheit und Verantwortung im Verfassungsstaat, Festgabe zum 10jährigen Bestehen der Gesellschaft für Rechtspolitik, Hrsg.: Bernd Rüthers, Klaus Stern, S. 315 ff., München, 1984

Ostendorf, Heribert, Organisierte Kriminalität - eine Herausforderung für die Justiz, in: JZ 1991, S. 62 ff.

Otto, Gustav, Die preußische Staatsanwaltschaft, Berlin, 1899

Peitsch, Dieter, Vorbeugende Bekämpfung von Straftaten und Vorbereitung auf die Gefahrenabwehr als Aufgaben der Polizei und ihre Beschreibung in den Novellierungsentwürfen des Polizei- und Strafverfahrensrechts, in: Die Polizei 1990, S. 213 ff.

ders., Vom Polizeirecht zum Informationsrecht, in: Die Polizei 1991, S. 305 ff.

Pieroth, Bodo; Schlink, Bernhard, Grundrechte - Staatsrecht II, 13. Aufl., Heidelberg, 1997

Pietzcker, Jost, Vorrang und Vorbehalt des Gesetzes, in: JuS 1979, S. 710 ff.

Pinter, Stefan K., Organisatorische Veränderungen im Bereich der Polizei und die Verklammerung von Polizei und SS, in: Ernst-Wolfgang Böckenförde (Hrsg.), Staatsrecht und Staatsrechtslehre im Dritten Reich, S. 178 ff., Heidelberg, 1985

Pioch, Hans-Hugo, Das Polizeirecht einschließlich der Polizeiorganisation, 2. Aufl., Tübingen, 1952

Pitschas, Rainer; Aulehner, Josef, Informationelle Sicherheit oder 'Sicherheitsstaat'? in: NJW 1989, S. 2353 ff.

Prantl, Heribert, Die Wächter der polizeilichen Schatzkisten, in: SZ Nr. 291 vom 18.12.1997, S. 4

ders., Die Fürsten sitzen in Den Haag, in: SZ Nr. 70 vom 25.3.1998, S. 4

Preu, Peter, Polizeibegriff und Staatszwecklehre, Göttingen, 1983

Rachor, Frederik, Vorbeugende Straftatenbekämpfung und Kriminalakten, Baden-Baden, 1989

Raith, Werner, Mafia: Ziel Deutschland - Vom Verfall der politischen Kultur zur organisierten Kriminalität, Frankfurt am Main, 1992

Ramsauer, Ulrich, Die Bestimmung des Schutzbereiches von Grundrechten nach dem Normzweck, in: VerwArch 72 (1981), S. 89 ff.

Raum, Bertram; Palm, Franz, Zur verfassungsrechtlichen Problematik des 'Großen Lauschangriffs', in: JZ 1994, S. 447 ff.

Rebmann, Kurt, Der Einsatz verdeckt ermittelnder Polizeibeamter im Bereich der Strafverfolgung, in: NJW 1985, S. 1 ff.

Rebscher, Erich; Vahlenkamp, Werner, Organisierte Kriminalität in der Bundesrepublik Deutschland, - Bestandsaufnahme, Entwicklungstendenzen und Bekämpfung aus der Sicht der Polizeipraxis, BKA-Forschungsreihe, Sonderband, Wiesbaden, 1988

Riegel, Reinhard, Neueste Entwicklungstendenzen im Polizei- und Strafverfahrensrecht, in: ZRP 1978, S. 14 ff.

ders., Der unbescholtene Bürger als Objekt sicherheitsbehördlicher Informationsverarbeitung ?, in: DVBl. 1987, S. 325 ff.

ders., Nochmals: Polizeiliche Bildaufnahmen von öffentlichen Versammlungen, in: NVwZ 1990, S. 745 ff.

ders., Datenschutz bei den Sicherheitsbehörden, 2. Aufl., Köln, Berlin, Bonn, München, 1992

Rieger, Annette, Die Abgrenzung doppelfunktionaler Maßnahmen der Polizei, Frankfurt am Main, Berlin, Bern, New York, Paris, Wien, 1994, (Freiburg i. Br., Univ., Diss. 1993)

Riehle, Eckart, Verdacht, Gefahr und Risiko - Der V-Mann: ein weiterer Schritt auf dem Weg zu einer anderen Polizei ?, in: KrimJour 1985, S. 44 ff.

Ringwald, Gerhard, Gegenpol zu INPOL ?, in: ZRP 1988, S. 178 ff.

Rogall, Klaus, Stillstand oder Fortschritt in der Strafrechtsreform ?, in: ZRP 1982, S. 124 ff.

ders., Moderne Fahndungsmethoden im Lichte gewandelten Grundrechtsverständnisses, in: GA 1985, S. 1 ff.

ders., Strafprozessuale Grundlagen und legislative Probleme des Einsatzes Verdeckter Ermittler im Strafverfahren, in: JZ 1987, S. 847 ff.

Rohling, Walter, Untersuchungshaft zur Sicherung vor Verbrechen, in: DJ 1936, S. 333 ff.

Roth, Wolfgang, Faktische Eingriffe in Freiheit und Eigentum - Struktur und Dogmatik des Grundrechtstatbestandes und der Eingriffsrechtfertigung, Berlin, 1994 (Mannheim, Univ., Diss., 1994)

Roxin, Claus, Strafverfahrensrecht: ein Studienbuch, 24. Aufl., München, 1995

Rudolphi, Hans-Joachim, Strafprozeß im Umbruch, in: ZRP 1976, S. 165 ff.

ders., Die Gesetzgebung zur Bekämpfung des Terrorismus, in: JA 1979, S. 1 ff.

ders., Notwendigkeit und Grenzen einer Vorverlagerung des Strafrechtsschutzes im Kampf gegen den Terrorismus, in: ZRP 1979, S. 214 ff.

Rüping, Hinrich, Das Verhältnis von Staatsanwaltschaft und Polizei, in: ZStW 95 (1983), S. 894 ff.

ders., Strafjustiz im Führerstaat, in: GA 1984, S. 297 ff.

Rupprecht, Reinhard, Die Kunst, Aufgaben sinnvoll zu teilen, in: Kriminalistik 1993, S. 131 ff.

Schäfer, Herbert, Die Prädominanz der Prävention, in: GA 1986, S. 49 ff.

Schatzschneider, Wolfgang, Ermittlungstätigkeit der Ämter für Verfassungsschutz und Grundrechte, Frankfurt a.M., Bern, Las Vegas, 1979

Schelter, Kurt, Verbrechensbekämpfung mit elektronischen Mitteln - ein Tabu?, in: ZRP 1994, S. 52 ff.

Schenke, Wolf Rüdiger, Kompetenz des Landesgesetzgebers zur Regelung polizeilicher Befugnisse auf dem Gebiet der Strafverfolgung ?, in: JR 1970, S. 48 ff.

Schickedanz, Erich, Das informationelle Selbstbestimmungsrecht, in: BayVBl. 1984, S. 705 ff.

Schlink, Bernhard, Abwägung im Verfassungsrecht, Berlin, 1976

ders., Freiheit durch Eingriffsabwehr - Rekonstruktion einer klassischen Grundrechtsfunktion, in: EuGRZ 1984, S. 457 ff.

ders., Das Recht der informationellen Selbstbestimmung, in: Der Staat 1986, S. 233 ff.

Schlüter, Franz, Die Strafprozeßnovelle vom 28. Juni 1935 (RGBl. I, 844), Zweiter Teil, in: JW 1935, S. 2329 ff.

Schmidhäuser, Eberhard, Einführung in das Strafrecht, 2. Aufl., Opladen, 1984

Schmidt, Walter, Die bedrohte Entscheidungsfreiheit, in: JZ 1974, S. 241 ff.

Schmidt, Uwe, Aus dem Blickwinkel des 'Tatortes' Berlin und mit einem Seitenblick nach Ost-Europa: Die Erfolge von Internationaler Organisierter Kriminalität und Wirtschaftskriminalität, in: Die Polizei 1997, S. 315 ff.

Schmidt-Aßmann, Eberhard, Anwendungsprobleme des Art. 2 Abs. 2 GG im Immissionsschutzrecht, in: AöR 106 (1981), S. 205 ff.

Schmidt-Bleibtreu, Bruno; Klein, Franz, Kommentar zum Grundgesetz, 8. Aufl., Neuwied, Kriftel, Berlin, 1995

Schmitz, Monika, Rechtliche Probleme des Einsatzes Verdeckter Ermittler, Frankfurt a.M., Berlin, Bern, New York, Paris, Wien, 1996, (Bonn, Univ., Diss., 1995)

Schneider, Hans Joachim, Das organisierte Verbrechen, in: Jura 1984, S. 169 ff.

Schneider, Ludwig, Der Schutz des Wesensgehalts von Grundrechten nach Art. 19 Abs. 2 GG, Berlin, 1983

Schneider, Otmar, Grundsätzliche Überlegungen zur polizeilichen Gefahr, in: DVBl. 1980, S. 406 ff.

Schoch, Friedrich, Grundfälle zum Polizei- und Ordnungsrecht, in: JuS 1994, S. 754 ff.

Scholz, Die polizeiliche Gefahr. Begriff, Erkennbarkeit und richterliche Nachprüfung insbesondere bei Polizeiverordnungen, in: VerwArch 27 (1919), S. 1 ff.

Scholz, Rupert; Pitschas, Rainer, Informationelle Selbstbestimmung und staatliche Informationsvorsorge, Berlin, 1984

Schoreit, Armin, Keine Rechtsgrundlagen der zentralen Datenverarbeitung des Bundeskriminalamts, in: CuR 1986, S. 224 ff.

ders., Weiterer Ausbau der zentralistischen EDV-Systeme zum Nachteil der Justiz, in: DRiZ 1986, S. 54 ff.

ders., Gefahrenabwehr durch Datensammlung?, in: KritV 1989, S. 201 ff.

ders., Bekämpfung der organisierten Kriminalität und anderer neuer Formen von Straftaten aus der Sicht der Polizei und der Staatsanwaltschaft (Strafverfolgung), in: StV 1991, S. 535 ff.

ders., Organisierte Kriminalität - Dogmatische und praktische Probleme -, in: MDR 1992, S. 1013 ff.

Schroeder, Friedrich-Christian, Probleme der Staatsverunglimpfung, in: JR 1979, S. 89 ff.

Schröder, Jochen, Zielgerichtete polizeiliche Streifentätigkeit - Ein Strategiemodell auf der Basis der Anforderungen an eine moderne Polizei -, in: Die Polizei 1997, S. 258 ff.

Schuster, Leo, Organisierte Kriminalität - eine Bestandsaufnahme, in: Die Polizei 1990, S. 25 ff.

Schwabe, Jürgen, Die polizeiliche Datenerhebung in oder aus Wohnungen mit Hilfe technischer Mittel, in: JZ 1993, S. 867 ff.

Schwagerl, H. Joachim, Zu den Änderungen im Verfassungsschutzrecht, in: DÖV 1974, S. 109 ff.

Schwan, Eggert, Datenschutz, Vorbehalt des Gesetzes und Freiheitsgrundrechte, in: VerwArch 66 (1975), S. 120 ff.

ders., Die Abgrenzung des Anwendungsbereichs der Regeln des Straf- und Ordnungswidrigkeitenverfolgungsrechts von dem des Rechtes der Gefahrenabwehr, in: VerwArch 70 (1979), S. 109 ff.

ders., Auf dem Weg zum Überwachungsstaat ? - Plädoyer für eine rechtsstaatliche Datenverarbeitung der Polizei, in: Harald Hohmann (Hrsg.), Freiheitssicherung durch Datenschutz, S. 276 ff., Frankfurt a.M., 1987

Schweckendieck, Helmut, Dateien zur 'vorbeugenden Verbrechensbekämpfung' im Lichte der Rechtsprechung zu § 81 b Alt. 2 StPO, in: ZRP 1989, S. 125 ff.

Schwind, Hans-Dieter; Steinhilper, Gernot; Böden, Gerhard, Organisierte Kriminalität, Heidelberg, 1987

Scupin, Hans-Harald, Die Entwicklung des Polizeibegriffs und seine Verwendung in den neuen deutschen Polizeigesetzen, Dissertation Marburg, 1970

Seebode, Manfred, Schweigen des Beschuldigten zur Person, in: MDR 1970, S. 185 ff.

ders., Strafverfolgung nach Polizeirecht ?, in: MDR 1976, S. 537 ff.

Sigrist, Hans, Probleme der Identitätsfeststellung und der polizeilichen Razzia nach dem Berliner ASOG, in: JR 1976, S 397 ff.

Simitis, Spiros, Chancen und Gefahren der elektronischen Datenverarbeitung - Zur Problematik des Datenschutzes, in: NJW 1971, S. 673 ff.

ders., Die informationelle Selbstbestimmung - Grundbedingung einer verfassungskonformen Informationsordnung, in: NJW 1984, S. 398 ff.

Simon, Jürgen; Taeger, Jürgen, Grenzen kriminalpolizeilicher Rasterfahndung, in: JZ 1982, S. 140 ff.

Staats, Johann F., Zur Aufgabenzuweisung in den Polizeigesetzen, in: DÖV 1979, S. 155 ff.

Staff, Ilse, Öffentlichkeit als Verfassungsprinzip, in: ZRP 1992, S. 384 ff.

Steinke, Wolfgang, § 163 Abs. 1 StPO - eine Generalermächtigung für polizeiliche 'Eingriffe', in: MDR 1980, S. 456 ff.

Steinmüller, Wilhelm, Das Volkszählungsurteil des Bundesverfassungsgerichts, in: DuD 1984, S. 91 ff.

Stern, Klaus, Das Staatsrecht der Bundesrepublik Deutschland, Band I, 2. Aufl., München, 1984, Band III/1, München, 1988, Band III/2, München, 1994

Storbeck, Jürgen, EUROPOL - Sachstand und Ausblick, in: Die Polizei 1993, S. 229 ff.

Stümper, Alfred, Prävention und Repression als überholte Unterscheidung?, in: Kriminalistik 1975, S. 49 ff.

ders., Die Wandlung der Polizei in Begriff und Aufgaben, in: Kriminalistik 1980, S. 242 ff.

ders., Systematisierung der Verbrechensbekämpfung, Stuttgart, 1981

ders., Organisierte Kriminalität - ein ernstzunehmendes Problem, in: Klaus Lüderssen (Hrsg.), V-Leute. Die Falle im Rechtsstaat, S. 65 ff., Frankfurt a.M., 1985

Sydow, Fritz, Verbrechensbekämpfung nach neuem Recht, in: ZRP 1977, S. 119 ff.

Terhorst, Karl-Leo, Polizeiliche planmäßige Überwachung und polizeiliche Vorbeugungshaft im Dritten Reich, Heidelberg, 1985

Uhlig, Sigmar, Datenverarbeitung und Rechtspflege, in: DVR 1985, S. 1 ff.

Ulsenheimer, Klaus, Zur Regelung des Verteidigerausschlusses in §§ 138 a-d, 146 n. F. StPO, in: GA 1975, S. 103 ff.

von Unruh, Georg-Christoph, Polizei als Tätigkeit der leistenden Verwaltung, in: DVBl. 1972, S. 469 ff.

Utecht, Thomas, Bemerkungen zur Polizeiarbeit im Untergrund, in: Hans Peter Bull (Hrsg.), Sicherheit durch Gesetze?, S. 83 ff., Baden-Baden, 1987

Vahle, Jürgen, Polizeiliche Aufklärungs- und Observationsmaßnahmen, Dissertation, Bielefeld, 1983

Vitzthum, Wolfgang Graf, Die Menschenwürde als Verfassungsbegriff, in: JZ 1985, S. 201 ff.

Vogel, Hans-Jochen, Vier Jahre sozialdemokratische Rechtspolitik, in: ZRP 1976, S. 211 ff.

ders., 10 Jahre sozialliberale Rechtspolitik, in: ZRP 1980, S. 1 ff.

Vogel, Klaus, Über die Herkunft des Polizeirechts aus der liberalen Staatstheorie, in: Festschrift für Gerhard Wacke zum 70. Geburtstag: Verfassung - Verwaltung - Finanzen, S. 375 ff.; Hrsg. Klaus Vogel, Klaus Tipke; Köln-Marienburg, 1972

Vogelgesang, Klaus, Grundrecht auf informationelle Selbstbestimmung?, Baden-Baden, 1987

Waechter, Kay, Das Sicherheitsreccht in der Krise, in: Der Staat 1988, S. 393 ff.

Wagner, Heinz, PolG NRW Kommentar zum Polizeigesetz von Nordrhein-Westfalen und zum Musterentwurf eines einheitlichen Polizeigesetzes des Bundes und der Länder, Reihe Alternativkommentare (Gesamthrsg.: Rudolf Wassermann), Neuwied, Darmstadt, 1987

ders., Die Entwürfe zur Novellierung der Polizeigesetze oder Die nicht normierenden Normen, in: DuR 1989, S. 165 ff.

Wagner, Joachim, Terrorismus, Hochverrat und Abhörgesetz, in: NJW 1980, S. 913 ff.

Wagner, Walter, Staatsanwaltschaft oder Polizei ?, in: MDR 1973, S. 713 ff.

ders., Zum Legalitätsprinzip. Eine Studie, in: Festschrift für den 45. Deutschen Juristentag, überreicht von der Juristischen Studiengesellschaft in Karlsruhe, S. 149 ff., Karlsruhe, 1964

Walder, Hans, Grenzen der Ermittlungstätigkeit, in: ZStW 95 (1983), S. 862 ff.

Warschko, Jeannette, Vorbeugende Verbrechensbekämpfung - Prävention oder Repression?, Hamburg, 1995, (Dissertation, Trier, Wintersemester 1994/95)

Wassermann, Rudolf (Hrsg.), Kommentar zum Grundgesetz für die Bundesrepublik Deutschland, Reihe Alternativkommentare, Band 1, Art. 1-37, 2. Aufl., Neuwied, 1989 (zitiert: Bearb., in: AK I)

Weichert, Thilo, Informationelle Selbstbestimmung und strafrechtliche Ermittlung, Dissertation, Univ. Freiburg i. Br., 1990

Welp, Jürgen, Nachrichtendienstliche und strafprozessuale Eingriffe in das Post- und Fernmeldegeheimnis, in: DÖV 1970, S. 267 ff.

ders., Kriminalpolitik in der Krise - Der SPD-Entwurf eines Zweiten Gesetzes zur Bekämpfung der organisierten Kriminalität, in: StV 1994, S. 161 ff.

Werkentin, Falco, Die Restauration der deutschen Polizei. Innere Rüstung von 1945 bis zur Notstandsgesetzgebung, Frankfurt/Main, New York, 1984

Werle, Gerhard, Justiz-Strafrecht und polizeiliche Verbrechensbekämpfung im Dritten Reich, Berlin, New York, 1989

Werthebach, Eckart; Droste-Lehnen, Bernadette, Organisierte Kriminalität, in: ZRP 1992, S. 57 ff.

Weßlau, Edda, Die rechtsstaatlichen Tugenden der SPD - Zu Novellierung der Polizeigesetze in Hamburg und Hessen und zum IMK-Musterentwurf, Fassung März 1986, in: cilip, Heft 24, (Nr. 2/1986), S. 61 ff.

dies., Vorfeldermittlungen, Berlin, 1989, (Hamburg, Univ., Diss., 1988)

dies., Etikettenschwindel, in: Neue Kriminalpolitik, Heft 3/1991, S. 10 ff.

dies., Waffengleichheit mit dem 'Organisierten Verbrechen'?, in: KritV 1997, S. 239 ff.

Wessels, Johannes, Strafrecht Allgemeiner Teil, 27.Aufl., Heidelberg, 1997

Wilhelm, Friedrich, Die Polizei im NS-Staat - Die Geschichte ihrer Organisation im Überblick, Paderborn, München, Wien, Zürich, 1997

von Winterfeld, Achim, Terrorismus - 'Reform' ohne Ende ?, in: ZRP 1977, S. 265 ff.

Wolff, Hans J.; Bachof, Otto; Stober, Rolf, Verwaltungsrecht I, 10. Aufl., München, 1994

Wolff, Hans J.; Bachof, Otto, Verwaltungsrecht III, 4. Aufl., München, 1978

Wolter, Jürgen, Heimliche und automatisierte Informationseingriffe wider Datengrundrechtsschutz, in: GA 1988, S. 49 ff. (Teil 1) und S. 129 ff. (Teil 2)

Zachert, Hans-Ludwig, Brauchen wir den 'Großen Lauschangriff'?, in: DRiZ 1992, S. 355 ff.

Printed by
CPI books GmbH, Leck

FSC
www.fsc.org
MIX
Papier | Fördert gute Waldnutzung
FSC® C083411

Kolibri 360 GmbH
Ferdinand-Jühlke-Straße 7
99095 Erfurt, Deutschland
produktsicherheit@kolibri360.de